古典文獻研究輯刊

十八編

潘美月・杜潔祥 主編

第 6 冊

《淮南子》校補（第三冊）

蕭 旭 著

國家圖書館出版品預行編目資料

《淮南子》校補（第三冊）／蕭旭　著 — 初版 — 新北市：花
木蘭文化出版社，2014〔民 103〕
目 2+222 面；19×26 公分
（古典文獻研究輯刊 十八編；第 6 冊）
ISBN：978-986-322-614-7（精裝）
1. 淮南子　2. 校勘
011.08　　　　　　　　　　　　　　　　103001304

ISBN-978-986-322-614-7

9 789863 226147

古典文獻研究輯刊
十八編　第 六 冊　　　　　　　ISBN：978-986-322-614-7

《淮南子》校補（第三冊）

作　　者　蕭　旭
主　　編　潘美月　杜潔祥
總 編 輯　杜潔祥
副總編輯　楊嘉樂
編　　輯　許郁翎
企劃出版　北京大學文化資源研究中心
出　　版　花木蘭文化出版社
社　　長　高小娟
聯絡地址　235 新北市中和區中安街七二號十三樓
　　　　　電話：02-2923-1455 ／傳真：02-2923-1452
網　　址　http://www.huamulan.tw 信箱 hml 810518@gmail.com
印　　刷　普羅文化出版廣告事業
初　　版　2014 年 3 月
定　　價　十八編 22 冊（精裝）新台幣 40,000 元　　　版權所有·請勿翻印

《淮南子》校補（第三冊）

蕭　旭　著

目次

《氾論篇》校補　卷第十三

（1）古者有鍪而綣領以王天下者矣

高注：鍪，頭著兜鍪帽，言未知制冠也。綣領，皮衣屈而紩之，如今胡家韋襲反褶以爲領也。一說：鍪，放髮也。綣，繞頸而已，皆無飾。

按：王利器謂「放髮」當作「被髮」〔註1〕。《道應篇》：「於是乃去其瞀而載之木（术），解其劍而帶之笏。」許注：「瞀，被髮也。」考《文子‧上禮》：「古者被髮而無綣領以王天下。」《路史》卷4同。此許注、高注「被髮」之說所本。何寧指出本字爲髳，《說文》：「髳，髮至眉也，《詩》曰：『髧彼兩髦。』」字或作髦、髶，今《詩‧柏舟》作「髦」。《玉篇》：「髳，《說文》曰：『髮至眉也。』髶，同上。」《集韻》：「髳、髶、髦：髮至眉也，或省，亦作髦。」又考《晏子春秋‧內篇諫下》：「古者嘗有紩衣攣領而王天下者。」此高注「皮衣屈而紩之」之說所本。《荀子‧哀公》：「古之王者有務而拘領者矣。」楊倞註：「務，讀爲冒。拘，與句同，曲領也。《尚書大傳》曰：『古之人衣上有冒而句領者。』鄭康成注云：『言在德不在服也。古之人，三皇時也。冒，覆項也。句領，繞頸也。』」此高注「頭著兜鍪帽」之說所本。據《荀子》，「鍪而綣領」即「務而句領」，高注一說「繞頸」與鄭康成說合。朱駿聲謂鍪叚借爲冃，即今之「帽」字〔註2〕。郝懿行曰：「《尚書大傳》作『冒而句領』，古讀冒、務音同，拘讀

〔註1〕 王利器《文子疏義》，中華書局2000年版，第511頁。
〔註2〕 朱駿聲《說文通訓定聲》，武漢市古籍書店1983年版，第262頁。《通典》卷57：「古之人上有帽而勾領。」

若句。」〔註3〕劉師培曰：「項乃頭字之訛，《禮記‧冠義》疏引《書傳略說》正作『以冒覆頭』。」〔註4〕梁啓超曰：「務，讀爲鍪。」〔註5〕楊樹達曰：「鍪、務、冒古音並同。句、拘字同，皆謂曲。然則綣似當讀爲卷，訓爲曲。」王利器曰：「冒、鍪、務古音通用。」〔註6〕王天海曰：「務者，鍪之省也。」〔註7〕綣，《書鈔》卷129引作「卷」〔註8〕，《文子》、《路史》卷4同。《初學記》卷9引作「古有鍪頭而卷領以王天下」，引注作「卷領，皮衣屈而袂之，如今朝韋襲反攝以爲領」。《御覽》卷77引注作「綣領，皮衣屈而袂之，如今胡家韋襲文攝以爲領也」。「袂」、「袂」當作「紩」。「朝」當作「胡」，下脫「家」字。「文」當作「反」。「攝」當作「福」，「福」同「褶」，襲也，疊而覆上也。《文選‧魏都賦》李善註引作「古者有督而卷領以王天下」。「督」爲「晢」字形誤。據《大傳》、《晏子》、《荀子》，《文子》、《路史》「卷領」上衍「無」字，于鬯謂此文脫「無」字，于大成已駁之。俞樾曰：「而無卷領，本作『無而卷領』。無讀爲憮，憮乃冠名……淺人不知無爲憮之叚字，移無字於而字之下，失之甚矣。」〔註9〕亦曲說，于大成亦已駁之。《文選‧魏都賦》：「追亘卷領與結繩，睊留重華而比蹤。」《易林‧益之隨》：「卷領遁世，仁德不害。」梁‧何遜《爲西豐侯九日侍宴樂遊苑詩》：「垂衣化比屋，卷領愼爲君。」梁元帝《玄覽賦》：「遂撫運而登庸，謬垂旒而卷領。」此皆上古之民卷領之證。可知不當有「無」字。楊愼曰：「卷領：袞領。《淮南子》。」又「卷，與袞同。《禮‧玉藻》袞作卷。《莊子》：『卷領以玉（王）天下。』」〔註10〕袞、卷古聲同，袞亦曲也。

〔註3〕郝懿行《荀子補注》卷下，收入《四庫未收書輯刊》第6輯第12冊，北京出版社2000年版，第35頁。

〔註4〕劉師培《荀子斠補》，收入《劉申叔遺書》，江蘇古籍出版社1997年版，第937頁。按《玉海》卷81引鄭注作「冒，覆頂也」。則「項」爲「頂」之誤，形尤相近。

〔註5〕轉引自梁啓雄《荀子簡釋》，中華書局1983年版，第402頁。

〔註6〕王利器《文子疏義》，中華書局2000年版，第511頁。

〔註7〕王天海《荀子校釋》，上海古籍出版社2005年版，第1156頁。

〔註8〕此據孔廣陶校注本，陳禹謨本作「綣」。

〔註9〕俞樾《讀〈文子〉》，收入《春在堂全書》，《俞樓雜纂》卷21，光緒九年刻本。

〔註10〕楊愼《古音駢字》卷下，收入景印文淵閣《四庫全書》第228冊，臺灣商務

方以智曰:「務、帽聲通。」又「古冒、務一聲之轉。」又「務而句領,謂冒而圓領也。」〔註11〕《晏子》作「攣領」者,盧文弨曰:「攣領,即『卷領』,亦云『句領』。」〔註12〕攣、卷音之轉也。孫星衍曰:「攣,係也。」〔註13〕非也。

(2) 其德生而不辱,予而不奪

高注:予,予民財也。不奪,無所徵求於民也。

按:辱,《御覽》卷77引同,王念孫據《文子·上禮》、《書鈔》卷129〔註14〕、《文選·魏都賦》張載註、《荀子·哀公》「其政好生而惡殺焉」、《晏子春秋·內篇諫下》「其義好生而惡殺」校作「殺」,是也。《路史》卷4亦作「殺」字。奪,失也。《說文》:「奪,手持隹失之也。」《孟子·梁惠王上》:「勿奪其時。」又「無失其時。」予而不奪,言予而無所失也。高注蓋讀為斂,故云「無所徵求於民」,非也。《詮言篇》:「喜德者必多怨,喜予者必多奪。」又「足用之本,在於勿奪時。」奪亦此義。

(3) 天下不非其服,同懷其德

高注:非,猶譏呵也。懷,歸也。

按:《文子·上禮》、《路史》卷4脫「不」字。

(4) 當此之時,陰陽和平,風雨時節,萬物蕃息

按:何寧據《文子·上禮》、《御覽》卷77引謂「風雨時節」為注文,王利器說同〔註15〕。《路史》卷4亦無「風雨時節」四字。然考《急就篇》卷4:「百姓承德,陰陽和平,風雨時節,莫不滋榮。」則「風

印書館1986年初版,第418頁。楊慎《古音獵要》卷3、《轉注古音略》卷3,並收入景印文淵閣《四庫全書》第239冊,第284、373頁。

〔註11〕方以智《通雅》卷首一、卷36,收入《方以智全書》第1冊,上海古籍出版社1988年版,第28、1091、1104頁。

〔註12〕盧文弨《群書拾補》,收入《續修四庫全書》第1149冊,上海古籍出版社2002年版,第454頁。

〔註13〕孫星衍《晏子春秋音義》,收入《諸子百家叢書》,上海古籍出版社影印浙江書局本1989年版,第74頁。

〔註14〕此據孔廣陶校注本,陳禹謨本作「辱」。

〔註15〕王利器《文子疏義》,中華書局2000年版,第512頁。

雨時節」並非注文，《書鈔》卷 129 陳禹謨本亦有此四字。

（5）烏鵲之巢，可俯而探也；禽獸，可羈而從也

高注：從，猶牽也。

按：《莊子・馬蹄》：「是故禽獸可係羈而遊，烏鵲之巢可攀援而闚。」
《荀子・哀公》：「是以鳳在列樹，麟在郊野，烏鵲之巢，可俯而窺
也。」《鶡冠子・備知》：「是以烏鵲之巢，可俯而窺也；麋鹿群居，
可從而係也。」麥文郁、于大成指出三文為此文所本。探，《文子・
上禮》同，亦闚也、窺也。《史記・太史公自序》：「年二十而南游江
淮，上會稽，探禹穴，闚九疑。」探、闚對舉同義。本字為瞫，《說
文》：「瞫，深視也，一曰下視也，又竊見也。」《集韻》：「瞫，低目
視。」字或作覘，《玉篇》：「覘，深視也，或作瞫。」俗言「探子」、
「探視」者，當作「瞫」字。羈，《御覽》卷 77 引作「羈」，《文子・
上禮》作「係」，《路史》卷 4 作「繫」。

（6）豈必襃衣博帶句襟委〔貌〕章甫哉

高注：襃衣，謂方與之衣，如今吏人之左衣也。博帶，大帶。句襟，今
之曲領；曲領，襃衣也。委，委貌冠。章甫，亦冠之名也。

按：《御覽》卷 77「委」下有「貌」字。《釋名》：「委貌，冠形委曲之貌，
上小下大也。」委貌，下垂貌，狀冠之形〔註 16〕，故為冠名。方以
智曰：「古冒、務、無、毋、牟、莫、勉，皆一聲之轉。委貌之貌，
毋追之毋，章甫之甫，皆此聲也。」〔註 17〕方氏讀貌為冒（帽），非
也。

（7）古者民澤處復穴，冬日則不勝霜雪霧露，夏日則不勝暑熱蟁蝱

高注：復穴，重窟。一說：〔復〕穴，毀隄防岸（崖）岸之中，以為窟室
也。

〔註 16〕「委」字本義為下垂，參見蕭旭《〈說文〉「委，委隨也」義疏》，收入《群書
　　　　校補》，廣陵書社 2011 年版，第 1414～1419 頁。
〔註 17〕方以智《通雅》卷 36，收入《方以智全書》第 1 冊，上海古籍出版社 1988
　　　　年版，第 1091 頁。

按：復穴，《御覽》卷 174 引作「腹穴」；引注作「鑿崖岸之腹以爲密（窟）室」。王叔岷、何寧謂「毀」爲「鑿（鑿）」形誤，是也。《顏氏家訓‧書證》說俗字云：「鼓外設皮，鑿頭生毀。」是其證也。《莊子‧應帝王》：「以避熏鑿之患。」敦煌寫卷 S.1380《應機抄》「鑿」誤作「毀」。《說林篇》：「毀瀆而止水。」《覽冥篇》作「鑿寶而出水」。皆其比。蟁蝱，《御覽》卷 174 引作「蚊蝱」。《易‧繫辭下》：「上古穴居而野處。」爲此文所本。

（8）聖人乃作為之築土構木，以為宮室，上棟下宇，以蔽風雨，以避寒暑

按：于大成指出語本《易‧繫辭下》「後世聖人易之以宮室，上棟下宇，以待風雨」。待，《宋書‧謝靈運傳》《山居賦》自注引作「蔽」，《文選‧魏都賦》李善注引作「避」，《魯靈光殿賦》張載註引作「庇」〔註 18〕。《新語‧道基》：「於是黃帝乃伐木構材，築作宮室，上棟下宇，以避風雨。」《風俗通義‧五帝》：「以避風雨。」義並相會。待，禦也〔註 19〕。《墨子‧辭過篇》：「上足以待雪霜雨露。」《節用篇》「待」作「圉」，「圉」同「禦」。

（9）伯余之初作衣也，緂麻索縷，手經指挂

高注：伯余，黃帝臣。《世本》曰：『伯余製衣裳。』一曰：伯余，黃帝。緂，銳。索，功也。緂讀恬然不動之恬。

按：一說「伯余」即「黃帝」是也。《越絕書‧外傳記地傳》：「黃帝造衣裳。」《潛夫論‧五德志》：「黃帝軒轅……是始製衣裳。」《漢書‧百官公卿表》顏師古注引應劭曰：「黃帝氏作衣裳。」《路史》卷 14：「黃帝，有熊氏，姓公孫，名荼。」羅苹注：「《河圖挺輔佐》云：『黃帝告天老曰：「荼昔夢兩龍以白圖授予。」』……荼，古舒字，或作余。故《世本》云：『伯余製衣裳。』《淮南子》：『伯余之初作衣。』許註亦云：『黃帝。』」張澍《世本補注》「澍按伯余即黃帝」云云，即襲自羅苹說，而又誤以「荼，古舒字，或作餘」七字爲《河圖挺

〔註 18〕六臣本引仍作「待」。
〔註 19〕詳見王引之《經義述聞》，江蘇古籍出版社 1985 年版，第 426 頁。

輔佐》之文〔註20〕。《人間篇》:「婦人不得剡麻考縷。」王念孫謂「緂」
同「纗」、「剡」,訓續;「功」當作「切」,是也。朱駿聲讀緂爲剡,
亦是也;但訓爲銳則非是〔註21〕。張雙棣謂高注緂訓銳不誤,猶言
搓麻使細,非也。挂,《四庫》本《御覽》卷 825 引誤作「柱」,景
宋本不誤;宋·高承《事物紀原》卷 9 二引,並作「絓」字〔註22〕,
《四庫全書考證》卷 62:「原本緯訛絓,據《淮南子》改。」〔註23〕
未知館臣所據。《考證》非也。挂,讀爲絓,結也。《漢語大字典》:
「挂,區別,區分。」〔註24〕恐未確。趙宗乙據《考證》謂「挂」
當作「緯」〔註25〕,實無版本依據。

(10) 後世爲之機杼勝複以便其用

按:機杼勝複,宋·高承《事物紀原》卷 9 引作「機筶體服」,《集韻》:
「杼、筶:《說文》:『機之持緯者。』或從竹。」「體服」誤。勝複,
于大成讀爲「縢複」,引《說文》「縢,機持經者。複,機持會者」,
極是。

(11) 古者剡耜而耕,摩蜃而耨

高注:剡,利也。耜,臿屬也。蜃,大蛤。摩令利,用之耨。耨,除苗
穢也。

按:《御覽》卷 941 引正文及注同今本,又卷 823 引作「耨者剡耜而耕
摩蜃」,注作「蜃,大蚌也。摩令利,用耨除草也」。《御覽》卷 813
引《淮南子》:「上古之時,未有鐵器,磨蜃以耨。」〔註26〕蓋即此
文。

〔註20〕 張澍輯並補注《世本》,收入《叢書集成新編》第 110 冊,新文豐出版公司
1985 年印行,第 255 頁。張氏又誤倒「輔佐」爲「佐輔」。
〔註21〕 朱駿聲《說文通訓定聲》,武漢市古籍書店 1983 年版,第 130 頁。
〔註22〕 此據《叢書集成新編》本,新文豐出版公司 1985 年版,第 39 冊,第 288 頁。
〔註23〕 《四庫全書考證》,景印文淵閣《四庫全書》第 1499 冊,臺灣商務印書館 1986
年初版,第 380 頁。
〔註24〕 《漢語大字典》(第二版),崇文書局、四川辭書出版社 2010 年版,第 1972
頁。
〔註25〕 趙宗乙《淮南子札記》,黑龍江人出版社 2009 年版,第 196 頁。
〔註26〕 此據景宋本,《四庫》本「耨」作「耔」。《集韻》:「耨、耔:田治艸也,或從
禾。」

（12）古者大川名谷，衝絕道路，不通往來也

按：于省吾、楊樹達謂「衝絕」不詞，「衝」爲「橫」之誤，未必是。衝，衝擊。句言川谷衝擊隔絕道路，義自可通。

（13）乃為靯（靰）蹻而超千里肩荷負儋之勤也，而作為之楺輪建輿，駕馬服牛，民以致遠而不勞

按：一本「肩」下有「荷」字，非也，宋·高承《事物紀原》卷 8 引無「荷」字。儋，《事物紀原》引作「擔」，俗字。楺，《事物紀原》引作「剡」。

（14）故民迫其難則求其便，困其患則造其備

按：造，一本作「操」。《泰族篇》：「故因其患則造其備，犯其難則得其便。」《文子·上禮》：「故民迫其難則求其便，因其患則操其備。」造讀爲操，「因」爲「困」形誤。《路史》卷 4 亦誤作「因」。俞樾曰：「言困於患難則造作其備也。」〔註27〕失之。《呂氏春秋·先職》：「是棄其所以存，而造其所以亡也。」《氾論篇》「棄」作「釋」，《文子·上仁》「棄」作「舍」，餘同。《文子》舊注：「造，音操。」《治要》卷 41 引《氾論篇》「造」作「就」，就猶取也。《大戴禮記·武王踐阼篇》：「矛之銘曰：『造矛造矛，少間弗忍，終身之羞。』」我舊說曰：「造讀爲操，操矛在手，當有所忍，否則終身蒙羞，此戒鬥之辭。」〔註28〕黃懷信亦釋之云：「造，疑讀爲操，操持也。」〔註29〕《漢書·王吉傳》：「寡人造行不能無惰。」造行猶言操行，亦其例。

（15）則先王之法度有移易者矣

按：移，《文子·上禮》作「變」。

（16）王道缺，而《詩》作，周室廢，禮義壞，而《春秋》作，學之美者也

按：《史記·太史公自序》：「幽厲之後，王道缺，禮樂衰，孔子修舊起廢，

〔註27〕俞樾《諸子平議》，上海書店 1988 年版，第 654 頁。
〔註28〕見方向東《大戴禮記匯校集解》所引，中華書局 2008 年版，第 641 頁。
〔註29〕黃懷信主編《大戴禮記彙校集注》，三秦出版社 2005 年版，第 666 頁。

論《詩》《書》，作《春秋》，則學者至今則之。」可互參證。

（17）身若不勝衣，言若不出口

按：二句《韓詩外傳》卷 7 同。張雙棣謂爲秦漢時成語，舉《韓子·外
儲說左下》「立如不勝衣，言如不出口」爲證。考《禮記·檀弓下》：
「其中退然如不勝衣，其言吶吶然如不出諸其口。」鄭注：「中，
身也。退，柔和貌。」爲此文及《韓子》所本。《子華子·虎會問》：
「立若不勝衣，言若不出口。」《孔叢子·對魏王》：「其身如不勝
衣，其言如不出口。」《新序·雜事四》：「立若不勝衣，言若不出
於口。」

（18）洞洞屬屬，如將不能，恐失之

高注：洞洞屬屬，婉順貌。如將不能勝之，恐失之，慎之至也。

按：洞洞屬屬，詳《天文篇》「洞洞灟灟」條校補。一本「能」作「勝」。
《御覽》卷 621 引作「如不能，如將失之」。俞樾謂本作「而將不能
勝之」，劉文典從之。馬宗霍駁俞說，云：「能有勝義。」馬說是也，
劉殿爵說同〔註30〕。鄭良樹疑當作「將不能勝，如恐失之」，亦非。
《禮記·祭義》：「洞洞乎，屬屬乎，如弗勝，如將失之，其孝敬之
心至也。」又「洞洞屬屬然，如弗勝，如將失之。」爲此文所本。「不
能」即「弗勝」。恐，猶將也〔註31〕。「恐」上當補「如」字。向宗
魯謂「能」當作「勝」，「恐」當作「如將」，並失之。

（19）威動天地，聲懾海內

按：懾，《覽冥篇》作「震」。《韓詩外傳》卷 1 作「威動天地，振恐海
內」，振讀爲震。景宋本《御覽》卷 621 引同今本，《四庫》本「威」
作「感」，「懾」作「攝」。「感」爲「威」形誤，「攝」爲「懾」借
字。

（20）天下豈有常法哉？當於世事，得於人理，順於天地，祥於

〔註30〕 劉殿爵《讀淮南鴻烈札記》，香港《聯合書院學報》第 6 期，1967 年出版，第
171 頁。
〔註31〕 參見徐仁甫《廣釋詞》，四川人民出版社 1981 年版，第 214 頁。蕭旭《古書
虛詞旁釋》有補證，廣陵書社 2007 年版，第 135 頁。

鬼神，則可以正治矣

高注：當，合也。祥，順也。

按：馬王堆帛書《十大經・前道》：「闔（合）於天地，順於民，羊（祥）
　　於鬼神。」〔註32〕為此文所本。帛書「民」下脫「理」字〔註33〕。
　　豈，《文子・上義》作「幾」，王利器讀幾為豈〔註34〕。天地，《治要》
　　卷41引同，《文子》明刊本亦同，當從《纘義》本作「天道」。祥，
　　《文子》作「詳」。詳，讀為祥，福祥也。《管子・白心》：「故曰：『祥
　　於鬼者義於人。』」尹注：「義於人者，則鬼祐之以福祥也。」祥於
　　鬼神，受鬼神之福祐也。高注祥訓順，馬宗霍祥訓和，並非也。

（21）古者人醇工龐，商樸女重

高注：醇，厚，不虛華也。工龐，氣（器）堅緻也。商樸，不為詐也。
女重，貞正無邪也。

按：龐，一本作「厖」。《大戴禮記・王言》：「民敦工璞，商愨女憧。」
　　陳昌齊曰：「龐當作厖。」俞樾說同。洪頤煊曰：「重即童字，童、
　　憧古通用，謂憧愿無知之貌。」醇、敦並讀為惇，《說文》：「惇，
　　厚也。」《主術篇》：「其民樸重端愨。」「樸重」與此文同。「樸」、
　　「璞」同，木之素曰樸，玉未治曰璞，固同源也。《賈子・道術》：
　　「亟見窕察謂之慧，反慧為童。」陳廣忠引《廣韻》「重，善也」
　　以釋之〔註35〕，非也。《國語・周語上》：「敦厖純固於是乎成。」
　　韋注：「敦，厚也。厖，大也。」朱起鳳謂龐借為厖〔註36〕。「敦厖」
　　即此文之「醇龐」。厖、龐並讀為尨，《說文》：「尨，愨也。」即《大
　　戴》及《主術篇》「愨」字之義。韋、朱並失之。

〔註32〕馬王堆帛書《十大經・前道》，收入《馬王堆漢墓帛書（壹）》，文物出版社
　　　　1980年版，第76頁。
〔註33〕參見劉嬌《西漢以前古籍中相同或類似內容重複出現現象的研究》，復旦大學
　　　　2009年博士學位論文，第386頁。
〔註34〕王利器《文子疏義》，中華書局2000年版，第473頁。
〔註35〕陳廣忠《淮南子斠詮》，黃山書社2008年版，第680頁。《廣韻》「重，善也」
　　　　之訓本於《儀禮・覲禮》「重賜無數」鄭注，「善」是貴重義，而非善良之義。
　　　　善，大也，多也。
〔註36〕朱起鳳《辭通》，上海古籍出版社1982年版，第80頁。

（22）欲以樸重之法，治既弊之民，是猶無鑣銜橜策錣而御駻馬也

高注：鑣銜，口中央鐵大如雞子中黃，所〔以〕制馬口也。錣，揣頭箴也。駻馬，窆（突）馬也。

張雙棣曰：《韓子・五蠹篇》云：「如欲以寬緩之政，治急世之民，猶無轡策而御駻馬。」蓋為《淮南》所本。

按：《書・五子之歌》：「予臨兆民，懍乎若朽索之馭六馬。」為此文所本。王念孫謂「橜」字衍。楊樹達謂駻讀為騑，《說文》：「騑，馬突也。」楊說是，《韓子》正作本字。字或作捍，《鹽鐵論・刑德》：「而欲國之治，猶釋階而欲登高，無銜橜而禦捍馬也。」《文選・舞賦》：「良駿逸足，搶捍凌越。」李善注：「搶捍，馬走疾之貌曰搶捍。言馬駿逸奔突而走相凌越也。」字或作扞、悍，《家語・致思》：「孔子曰：『懍懍焉若持腐索之〔御〕扞馬。』〔註37〕王肅注：「扞馬，突馬。」《御覽》卷746引注作「扞馬，扞突之馬也」，又卷766引作「御悍馬」。《說林篇》：「君子之居民上，若以腐索御奔馬。」《說苑・政理》：「懍懍焉如以腐索御奔馬。」《新序・雜事四》：「懍乎如以腐索御犇馬。」「奔（犇）」亦馬突也。

（23）忍訽而輕辱，貪得而寡羞

按：訽，《文子・上義》作「垢」。垢，讀為詬、訽。

（24）古之兵，弓劍而已矣，槽柔無擊，脩戟無別（刺）

高注：槽柔，木矛也。無擊，無鐵刃也。刺，鋒也。槽，讀「領如蝤蠐」之蠐也。

按：《御覽》卷271引「槽」作「糟」，「擊」作「繫」，並誤。

（25）晚世之兵，隆衝以攻，渠幨以守

高注：隆，高也。衝，所以臨敵城，衝突壞之。渠，壍也。一曰：渠，甲名也。《國語》曰「奉文渠之甲」是也。幨，幰，所以禦矢也。

按：《兵略篇》：「晚世之兵，君雖無道，莫不設渠壍，傅堞而守。」銀雀

山漢簡《六韜》「毋（無）甲兵而勝，毋（無）衝龍（隆）而功（攻），毋（無）渠詹（幨）而守。」「隆衝」即「衝龍」之倒，指臨車與衝車，二種攻城之設施。「渠幨」即「渠詹」，也作「渠襜」，又音變爲「蛋寒」。渠，溝渠、渠壍。所以防逾越者也。高注後說「渠，甲名」非是。《廣雅》：「幨謂之幰。」《玉篇》：「幨，帷也，亦作襜、袩。」《兵略篇》：「薄縞之幨。」《御覽》卷 357 引作「襜」。此單言「幨（襜）」者，而未及「渠」。幨（襜），所以防矢石者也。《兵略篇》作「渠壍」者，單言一物，而未及「幨」也〔註38〕。「渠」、「幨（襜）」爲二種守城之設施。陳直曰：「渠幨，渠答也。渠答，鐵蒺藜也。」〔註39〕非是。

（26）連弩以射，銷車以鬭

高注：連車弩，通一絃，以牛挽之。以刃著左右，爲機開（關）發之，曰銷車。

按：（a）銷，讀爲䩬。《玉篇》：「䩬，兵車。」《集韻》：「䩬，兵車，以鹿皮爲飾。」據高注所釋，其詞源當爲削，《說文》：「削，鞞也。鞞，刀室也。」《玉篇》：「削，所以貯刀劍刃。」字或作鞘、鞘，《玄應音義》卷 12：「鞘中：《小爾雅》作鞘，《蒼頡篇》作削，同。盛刀者也。《方言》：『劍室也。』」又卷 13：「從削：又作鞘、鞘二形，同。《方言》：『劍削，關西曰鞞。所以藏刀之刃者。』」「䩬車」者，以車貯刀刃，用機關發射之，故專字從車作「䩬」。張雙棣曰：「高氏《修務篇》：『羊頭之銷』注：『白羊子刀。』以『刀』注『銷』，故此『銷車』以『刃著左右』注之。」未得其源。陳直曰：「銷車爲鞤車之假借字。」以爲登高而望敵之車〔註40〕，非是。（b）高注「開」字，當從一本作「關」，《御覽》卷271引亦誤。（c）高注「牛」字，景宋本《御覽》引同，《四庫》本《御覽》引作「手」。《抱朴子內篇·

〔註38〕 參見蕭旭《銀雀山漢簡〈六韜〉校補》，《文津學志》第 4 輯。
〔註39〕 陳直《讀子日札·淮南子》，收入《摹盧叢著七種》，齊魯書社 1981 年版，第 103 頁。
〔註40〕 陳直《讀子日札·淮南子》，收入《摹盧叢著七種》，齊魯書社 1981 年版，第 103 頁。

僊藥》：「楚文子服地黃八年，夜視有光，手上車弩也。」可知「手」字是。（d）高注「連車弩」者，《通典》卷 160：「作軸轉車，車上定十二石弩弓，以鐵鈎繩連，車行軸轉，引弩弓持滿……一發諸箭齊起，及七百步，所中城壘無不摧隕，樓櫓亦顛墜，謂之車弩。」《太白陰經》卷 6：「今有絞車弩，射七百步。」固人或牛所挽之也。《御覽》卷 271、《永樂大典》卷 8275 引作「連弓弩」〔註41〕，並誤。（e）通一絃，謂共一弦。《漢書・李廣傳》：「因發連弩射單于。」服虔曰：「三十弩共一弦也。」（f）高注「著」，猶置也。《漢語大字典》：「著，放置。」〔註42〕《吳越春秋・勾踐陰謀外傳》：「從陰收著。」徐天祐注：「著，陟畧切，置也。」《世說新語・規箴》：「索美酒，得，便自起，瀉著梁柱間地。」《晉書》卷 77、《白帖》卷 71、《建康實錄》卷 7、《通志》卷 128、《冊府元龜》卷 867「著」並作「置」。又《紕漏》：「因倒著水中而飲之，謂是乾飯。」《太平廣記》卷 236 引「著」作「置」〔註43〕。皆其例。

（27）古之伐國，不殺黃口，不獲二毛

按：《禮記・檀弓下》：「大宰嚭曰：『古之侵伐者，不斬祀，不殺厲，不獲二毛。』」《左傳・僖公二十二年》：「公曰：『君子不重傷，不禽二毛。』」〔註44〕于大成指出為此文所本。按馬王堆帛書《春秋事語》：「宋君曰：『吾聞〔之〕：君子不擊不成之列，不童（重）傷，不禽二毛。』」〔註45〕亦此文所本也。

（28）夫神農、伏羲不施賞罰而民不為非，然而立政者不能廢法而治民；舜〔執〕干戚而服有苗，然而征伐者不能釋甲兵

〔註41〕 《御覽》此據《四庫》本，景宋本作「車弓弩」。

〔註42〕 《漢語大字典》（第二版），崇文書局、四川辭書出版社 2010 年版，第 3442 頁。

〔註43〕 上二例，拙著《古書虛詞旁釋》誤釋為「在」，並當訂正；廣陵書社 2007 年版，第 213 頁。

〔註44〕 《穀梁傳・文公十一年》「傷」作「創」。《御覽》卷 282 引「禽」作「擒」，《韓子・外儲說左上》、《白虎通義・號》同。禽，擒，正、假字。

〔註45〕 馬王堆帛書《春秋事語》，收入《馬王堆漢墓帛書〔參〕》，文物出版社 1983 年版，第 17 頁。

而制彊暴

按：立，《治要》卷 41 引同，景宋本《御覽》卷 271 引作「位」，《四庫》本《御覽》引作「莅」。本字作埭，《說文》：「埭，臨也。」《說文繫傳》：「臣鍇曰：《春秋左傳》：『如齊涖盟。』今俗作涖，借也。」劉文典引《御覽》作「莅」，不知何本。釋，《治要》卷 41、《四庫》本《御覽》卷 271 引同，景宋本《御覽》引作「擇」，借字。《劉子・法術》：「建國君人者，雖能善政，未有棄法而成治也。故神農不施刑罰，而人善爲政者，不可廢法而治人。舜執干戚而服有苗，征伐者不可釋甲而制寇。」即本此文。

（29）法度者，所以論民俗而節緩急

按：論，《治要》卷 41、《御覽》卷 271 引同，《文子・上義》亦同。楊樹達謂「論」爲「諭」之誤，非也。

（30）夫聖人作法，而萬物制焉；賢者立禮，而不肖者拘焉。制法之民，不可與遠舉，拘禮之人，不可使應變

高注：制，猶從也。拘，猶檢也。

按：《商子・更法》：「故知者作法，而愚者制焉；賢者更禮，而不肖者拘焉。拘禮之人，不足與言事；制法之人，不足與論變。」《戰國策・趙策二》：「知者作教，而愚者制焉；賢者議俗，不肖者拘焉。夫制於服之民，不足與論心；拘於俗之眾，不足與致意。」爲此文所本。《新序・善謀》：「知者作法，而愚者制焉；賢者更禮，不肖者拘焉。拘禮之人，不足與言事；制法之人，不足與論治。」《劉子・法術》「教故智者作法，愚者制焉；賢者更禮，不肖者拘焉。拘禮之人，不足以言事；制法之士，不足以論理。」亦並本之。與、使，並猶以也。《治要》卷 41 引「使」正作「以」。舉，謀也。《呂氏春秋・異寶》：「其主，俗主也，不足與舉。」高注：「舉，猶謀也。」陳廣忠釋「遠舉」爲「遠游高舉」〔註 46〕，望文生義也。萬物，楊樹達據《商子》校作「愚民」，得之。于大成舉《策》、《序》以證之。石光瑛謂高注制訓從望文生誼〔註 47〕。

〔註 46〕陳廣忠《淮南子斠詮》，黃山書社 2008 年版，第 683 頁。
〔註 47〕石光瑛《新序校釋》，中華書局 2001 年版，第 1159 頁。

（31）是猶持方枘而周員鑿也

按：《文子・上義》「周」作「內」。《楚辭・九辯》：「圜鑿而方枘兮，吾
固知其鉏鋙而難入。」為此文所本。《史記・孟子傳》：「持方枘欲
內圜鑿，其能入乎？」《索隱》：「方枘是筍也，圜鑿是孔也。謂工
人斲木，以方筍而內之圓孔，不可入也。故《楚詞》云：『以方枘
而納圓鑿者，吾知其齟齬而不入也。』」楊樹達、馬宗霍謂周訓合，
是也。

（32）積陰則沉，積陽則飛

按：《文子・上仁》作「積陰不生，積陽不化」。

（33）太剛則折，太柔則卷

按：《呂氏春秋・別類》：「柔則錈，堅則折。」為此文所本。《集韻》：
「錈，屈鐵。」又「錈，屈金也。」曲膝為卷，屈金為錈，屈木盂
為棬（棬），曲髮為鬈，曲墻為埢，屈指為拳，揉竹為箞，身曲為
倦，手屈病為痯，曲角為觠，行曲脊為趢，曲齒為齤，跤跼不伸為
踡，其義一也。《漢書・雋不疑傳》：「太剛則折，太柔則廢。」《說
苑・敬慎》：「金剛則折，革剛則裂，人君剛則國家滅，人臣剛則交
友絕。」《鹽鐵論・訟賢》：「剛者折，柔者卷。」

（34）夫繩之為度也，可卷而伸（懷）也，引而伸之，可直而晞（睎）

高注：晞（睎），望也。

按：晞，一本作「睎」，是。《文子・上仁》作「布」。布，當作「希」，
形之誤也。

（35）夫脩而不橫，短而不窮，直而不剛，久而不忘者，其唯繩
乎

按：《時則篇》：「繩之為度也，直而不爭，修而不窮，久而不弊，遠而
不忘。」兩文並有脫誤，可互補。此文「久而不忘」當作「久而不
弊，遠而不忘」，彼文「修而不窮」當作「修而不橫，短而不窮」。
《文子・上仁》亦云：「夫繩之為度也……長而不橫，短而不窮，
直而不剛。」可為旁證。

（36）愛推則縱，縱則不令；刑推則虐，虐則無親

　　高注：縱，放也。虐，害也。喜害人，人無親之。

　　按：虐，《文子・上仁》作「禍」。禍，亦害也。

（37）此柔懦所生也……此剛猛之所致也

　　按：「所生」上亦當有「之」字，今本脫。

（38）舍人有折弓者，畏罪而恐誅，則因猘狗之驚以殺子陽

　　高注：國人逐猘狗以亂擾，舍人因之以殺子陽。

　　按：《呂氏春秋・適威》：「有過而折弓者，恐必死，遂應猘狗而弒子陽。」
　　　　高注：「家人有折弓者，恐誅，國人有逐狡狗之擾，而殺子陽，極於
　　　　刑之故也。」為此文所本。則，猶遂也。應，猶因也。《呂氏春秋・
　　　　首時》：「鄭子陽之難，猘狗潰之；齊高國之難，失牛潰之。眾因之
　　　　以殺子陽、高國。」亦作「因」字。《呂氏春秋・審己》：「其子恐必
　　　　死，因國人之欲逐豫。」文例亦同。

（39）此本無主於中而見聞舛馳於外者也

　　按：上文：「音有本，主於中。」《原道篇》：「故從外入者，無主於中；
　　　　不止從中出者，無應於外。」可以互證。此文言音之本無主於中也。
　　　　陳昌齊謂據下文「中有本主」，「本無主」當作「無本主」，失之。

（40）遇君子則〔得〕易道，遇小人則陷溝壑

　　按：《意林》卷2引作「遇君子則得其平易，遇小人則陷於溝壑」，《御覽》
　　　　卷740引作「遇君子則易道，遇小人則陷於溝壑」〔註48〕。

（41）故是非有處，得其處則無非，失其處則無是

　　按：《董子・精華》：「四者各有所處，得其處則皆是也，失其處則皆非也。」
　　　　可以互證。

（42）禹之時，以五音聽治，懸鐘鼓磬鐸，置鞀，以待四方之士，
　　　為號曰：「教寡人以道者擊鼓，諭寡人以義者擊鐘，告寡人
　　　以事者振鐸，語寡人以憂者擊磬，有獄訟者搖鞀。」

〔註48〕　《四庫》本《御覽》「陷」作「踣」，雖通，恐臆改。

劉文典曰：聽治，《初學記・樂部下》、《白帖》卷 62、《御覽》卷 576 引並作「聽政」。

按：《鬻子・禹政》：「禹之治天下也，以五聲聽〔治〕，門懸鐘鼓鐸磬，而置鞀，以得四海之士，爲銘於簨簴曰：『教寡人以道者擊鼓，教寡人以義者擊鐘，教寡人以事者振鐸，語寡人以憂者擊磬，教寡人以獄訟者揮鞀。』此之謂五聲。』」〔註49〕爲此文所本。《資治通鑑外紀》卷 2、《冊府元龜》卷 102、《群書考索》卷 47、50、《玉海》卷 90、《皇王大紀》卷 5 作「聽治」；《古今事文類聚》續集卷 23、《古今合璧事類備要》外集卷 14 作「聽政」。《記纂淵海》卷 78 三引，一作「聽治」，二作「聽政」。得，《路史》卷 22 引同，讀爲待〔註50〕。《文選・永明九年策秀才文》：「或揚旌求士，或設虡待賢。」是其證。《治要》卷 31、《書鈔》卷 9、121 引《鬻子》正作「待」字，《初學記》卷 9 引《說苑》亦作「待」字。

（43）一饋而十起，一沐而三捉髮

高注：饋者，食也。

按：《鬻子・禹政》：「是以禹嘗據一饋而七十起，日中而不暇飽食。」爲此文所本。此蓋古語。《呂氏春秋・謹聽》：「昔者禹一沐而三捉髮，一食而三起。」〔註51〕此事又屬之周公，《列女傳》卷 1：「周公一食而三吐哺，一沐而三握髮。」《說苑・敬愼》：「（周公）嘗一沐而三握髮，一食而三吐哺。」〔註52〕《說文》：「捉，一曰握也。」《鬻子》「七十起」，《書鈔》卷 8、143 引同，「十」涉「七」字形近誤衍。《治要》卷 31、《類聚》卷 11、《御覽》卷 82、849、《野客叢書》卷 21、《海錄碎事》卷 8 引並作「七起」。王叔岷謂此文「十」爲「七」字

〔註49〕「五聲聽」下當補「治」或「政」字，《文選・永明九年策秀才文》李善注、《路史》卷 22 引有「治」字，《書鈔》卷 121、《玉海》卷 109 引有「政」字。

〔註50〕參見裴學海《古書虛字集釋》，中華書局 1954 年版，第 448 頁。蕭旭《古書虛詞旁釋》有補證，廣陵書社 2007 年版，第 194～195 頁。茲再舉一例。《意林》卷 5 引楊泉《物理論》：「必得崑山之玉而後寶，則荊璞無夜光之美；必須南國之珠而後珍，則隋侯無明月之稱。」敦煌寫卷 S.1380《應機抄》「得」作「待」。得，讀爲待，與「須」同義對舉。

〔註51〕《御覽》卷 82 引「捉」作「握」。

〔註52〕《韓詩外傳》卷 3、《史記・魯世家》同，無二「而」字。

形誤，舉《劉子・誡盈》：「夏禹一饋而七起，周公一沐而三握髮。食不遑飽，沐不及晞」爲證。按《路史》卷22：「（禹）一饋而七起，一沐而三捉髮。」是其證。《華陽國志》卷5：「古人一饋十起，輟沐揮洗。」《書鈔》卷11：「一饋十起。」亦並誤。

（44）秦之時，高爲臺榭，大爲苑囿，遠爲馳道，鑄金人，發適戍，入芻稿

按：適戍，《御覽》卷86引作「邊戍」，又卷327引作「謫戍」。「邊」爲「適」形誤。適、謫，並讀爲謫。《說文》：「謫，罰也。」已詳《道應篇》校補。

（45）出百死而紿一生

高注：紿，至也。紿，讀仍代之代也。

按：紿，當從《御覽》卷327引作「紹」。《說文》：「紹，繼也。」《呂氏春秋・誡廉》高注：「紹，續。」《劉子・文武》作「出百死以續一生」，一本「續」作「績」。王叔岷曰：「績、續同義。《爾雅》：『續、績，繼也。』」〔註53〕《通鑑》卷195：「出百死得一生。」意同。高注讀仍代之代，則所見本已誤。高注紿訓至，其義不安。黃侃曰：「紿訓至猶佁訓至，皆隸之假借。」〔註54〕向宗魯謂紿與佁同，引《呂氏春秋・本生》高注「佁，至也」；趙宗乙謂紿讀爲迨，訓及〔註55〕，三氏皆申高注。傅山曰：「紿，取絲勞之義。此又曰至也，于文義亦不切。」〔註56〕朱駿聲謂紿借爲貸，訓借〔註57〕；吳承仕曰：「讀紿爲仍代之代者，即訓紿爲代。代，更也。注訓紿爲至，義無所施，疑傳寫失之。《御覽》卷327引紿作紹，蓋形近之譌。」〔註58〕于省吾、

〔註53〕王叔岷《劉子集證》，中華書局2007年版，第136頁。

〔註54〕黃侃《經籍舊音辨證箋識》，附於吳承仕《經籍舊音辨證》，中華書局2008年版，第411頁。

〔註55〕趙宗乙《淮南子札記》，黑龍江人出版社2009年版，第197頁。

〔註56〕傅山《讀子二・淮南存儁》，收入《霜紅龕集》卷33，《續修四庫全書》第1395冊，上海古籍出版社2002年版，第667頁。

〔註57〕朱駿聲《說文通訓定聲》，武漢市古籍書店1983年版，第173頁。

〔註58〕吳承仕《淮南子許慎、高誘注》，收入《經籍舊音辨證》，中華書局2008年版，第362頁。

馬宗霍亦謂紲借爲代，訓更、易；楊樹達謂紲借爲貰，訓求。諸說皆失之。

（46）奮武厲誠，以決一旦之命

按：誠，景宋本《御覽》卷 327 引同，《四庫》本引作「威」。「威」字誤，《劉子・文武》亦作「誠」。《文選・陽給事誄》：「厲誠固守。」趙宗乙據誤本四庫《御覽》校作「威」〔註 59〕，非也。

（47）逮至暴亂已勝

按：暴，《御覽》卷 327 引作「累」，誤。

（48）繼文之業，立武之功

高注：繼文王受命之業，武王誅無道之功。

按：《國語・晉語四》：「子犯曰：『繼文之業，定武之功。』」爲此文所本。《呂氏春秋・不廣》：「咎犯曰：『事若能成，繼文之業，定武之功。』」亦本之。韋昭注：「文，晉文侯仇也。平王東遷，文侯輔之，受圭瓚秬鬯。武，重耳之祖武公稱也，始并晉國。」高注「文王」、「武王」云云，失之。何寧援《呂氏》以說，未得其源。

（49）戴天子之旗

按：戴，讀爲載，《御覽》卷 327 引正作「載」字。

（50）建九斿

按：斿，《御覽》引作「旒」。

（51）奏咸池，揚干戚

按：揚，景宋本《御覽》卷 327 引作「陽」，《四庫》本引作「持」。

（52）此見隅曲之一指，而不知八極之廣大也。故東面而望，不見西牆；南面而視，不覩北方。唯無所嚮者，則無所不通

按：《呂氏春秋・去尤》：「東面望者，不見西墻；南鄉視者，不覩北方，

〔註 59〕趙宗乙《淮南子札記》，黑龍江人出版社 2009 年版，第 198 頁。

意有所在也。」爲此文所本。《意林》卷 2 引下「面」及「嚮」並作「向」。「鄉」、「嚮」同「向」。《廣雅》:「面,嚮也。」《集韻》:「鄉、嚮,面也,或從向。」指,讀爲恉。《說文》:「恉,意也。」《文心雕龍・知音》:「各執一隅之解,欲擬萬端之變,所謂東向而望,不見西墻也。」即本此文。

（53）道堯無百戶之郭,舜無置錐之地,以有天下;禹無十人之眾,湯無七里之分,以王諸侯

按:《戰國策・趙策二》:「臣聞堯無三夫之分,舜無咫尺之地,以有天下;禹無百人之聚,以王諸侯。」爲此文所本。《文選・上書諫吳王》「舜無立錐之地,以有天下;禹無十戶之聚,以王諸侯。」李善注引《史記》:「舜無咫尺之地,以有天下;禹無百人之聚,以王諸侯。」按見《蘇秦傳》。二「以」,猶終也、卒也〔註60〕。銀雀山漢簡《聽有五患》:「叚(假)而有(又)叚(假),果有天下;耤(借)而有(又)耤(借),果成王伯。」〔註61〕文例相同。果亦終也、卒也。馬宗霍謂「以」猶而也,失之。眾,當作「聚」,形近而譌。《御覽》卷 77 引此文已誤作「眾」,又卷 455 引《上書諫吳王》亦誤作「眾」。《漢書・枚乘傳》《上書諫吳王》顏師古注:「聚,聚邑也。」置,景宋本作「植」。置,讀爲植,與《上書諫吳王》「立」同義。《御覽》卷 77 引亦作「植」。無置錐之地,《莊子・盜跖》凡一見,《荀子・非十二子》、《儒效》、《王霸》凡四見,《韓子・安危》凡一見,《韓詩外傳》卷 4、5 凡三見,並用借字。無立錐之地,《呂氏春秋・爲欲》凡二見,《史記・留侯世家》、《淮南衡山傳》、《滑稽傳》凡三見。分,封疆爵土也。

（54）是釋其所以存,而造其所以亡也

按:造,《治要》卷 41 引作「就」。造,讀爲操,已詳上文。就,猶取也。于大成、張雙棣謂《治要》引非是,失考。

〔註60〕參見蕭旭《古書虛詞旁釋》,廣陵書社 2007 年版,第 12 頁。
〔註61〕銀雀山漢簡《聽有五患》,收入《銀雀山漢墓竹簡〔貳〕》,文物出版社 2010 年版,第 186 頁。

（55）故桀囚於焦門

　　按：焦門，已詳《主術篇》校補。

（56）紂拘於宣室而不反其過，而悔不誅文王於羑里

　　按：《本經篇》：「武王甲卒三千，破紂牧野，殺之于宣室。」高注：「宣室，殷宮名。一曰：宣室，獄也。」《類聚》卷 12 引《帝王世紀》亦云：「紂赴于京，自燔于宣室而死。」高氏前說是，宣讀爲暄。方以智曰：「未央有宣室、溫室。宣音暄，見《集韻》。按：《說文》：『宣，天子宣室也。』無獄名之說。」〔註62〕

（57）湯武救罪之不給，何謀之敢當

　　按：當，王念孫從《治要》卷 41 引校作「慮」，是也。《史記・仲尼弟子傳》：「死不敢忘，何謀之敢慮？」《鹽鐵論・險固》：「則勾踐不免爲藩臣海崖，何謀之敢慮也？」〔註63〕《越絕書・越絕內傳陳成恒》：「死且不忘，何謀敢慮？」《吳越春秋・夫差內傳》：「死且不敢忘，何謀之敢？」「敢」下脫「慮」字〔註64〕。向宗魯據上四例以申王說，王利器說同〔註65〕，蓋本師說，並是也。「謀」是名詞，作動詞「慮」的前置賓語。何寧又引《史記・蒙恬傳》「何慮之敢謀」以證之，亦是也。此例「慮」是名詞，作動詞「謀」的前置賓語。俞樾謂「當」疑「蓄」之誤，于省吾、譚獻、蔣禮鴻謂「當」讀爲「嘗」〔註66〕，馬宗霍謂「當」爲「畜」之誤，裴學海謂「當，猶爲也、作也」〔註67〕，並失之。

（58）若上亂三光之明，下失萬民之心，雖微湯武，孰弗能奪也

〔註62〕方以智《通雅》卷 38，收入《方以智全書》第 1 冊，上海古籍出版社 1988年版，第 1171 頁。

〔註63〕《通典》卷 194、《太平寰宇記》卷 190「慮」作「虜」，形之譌也。

〔註64〕參見李步嘉《越絕書校釋》，武漢大學出版社 1992 年版，第 189 頁。周生春、張覺並失校。周生春《吳越春秋輯校匯考》，上海古籍出版社 1997 年版，第 78 頁。張覺《吳越春秋校注》，嶽麓書社 2006 年版，第 114 頁。

〔註65〕王利器《鹽鐵論校注》，中華書局 1992 年版，第 531～532 頁。

〔註66〕蔣禮鴻《淮南子校記》，收入《蔣禮鴻集》卷 4，浙江教育出版社 2001 年版，第 226 頁。

〔註67〕裴學海《古書虛字集釋》，中華書局 1954 年版，第 453 頁。

按：《漢書‧枚乘傳》《上書諫吳王》：「上不絕三光之明，下不傷百姓之心。」可以互證。《御覽》卷 92 引薛瑩《漢紀贊》：「上虧三光之明，下傷億兆之望。」即本此文。奪，《文子‧上仁》作「承」，誤。下文：「桀紂之所以處彊大而見奪者，以其無道也。」「奪」字即承此而言。雖，《治要》卷 41 引同，景宋本作「誰」。雖微，猶言豈但、豈特〔註68〕。

（59）則天下納其貢職者迴也

高注：迴，迂難也。迴或作固，固，必也。

按：迴，讀為回。《說文》：「回，轉也。」即繞曲之義。別本作「固」，形誤。《御覽》卷 84 引亦作「迴」。《四庫》本《御覽》引注作「迴，造難也」，「造」字誤。

（60）昔蒼吾繞娶妻而美以讓兄，此所謂忠愛而不可行者也

高注：蒼吾繞，孔子時人。

按：《家語‧六本》：「蒼梧嬈娶妻而美，讓與其兄，讓則讓矣，然非禮之讓也。」《古今事文類聚》後集卷 13 引作「蒼梧遶」，《古今合璧事類備要》前集卷 60 引作「蒼吾繞」。《說苑‧建本》：「蒼梧之弟娶妻而美好，請與兄易，忠則忠矣，然非禮也。」《三國志‧鍾離牧傳》裴松之注引徐眾評語作「蒼梧澆」。《中論‧貴言》：「昔倉梧丙娶妻美而以與其兄，欲以為讓也，則不如無讓焉。」向宗魯曰：「『丙』或作『內』。『丙』與『內』皆『㚚』之譌。《廣韻》有『叏』字，與『鬧』同……『叏』、『鬧』俱俗字，『㚚』又『叏』之變體，正字作『嬈』，故《家語》作『嬈』，《中論》作『㚚』，寫者不識，因改為『丙』與『內』也。」〔註69〕向說是也。「蒼吾」同「蒼梧」，古南越之地。《漢書‧揚雄傳》《反離騷》：「馳江潭之汎溢兮。」應劭曰：「舜葬蒼梧，在江湘之南。」宋祁曰：「蕭本作『蒼梧』，今作『蒼吾』，恐非。」以為誤字，非也。朱子《楚辭集註》：「吾與梧同。」

〔註68〕參見徐仁甫《廣釋詞》，四川人民出版社 1981 年版，第 355 頁；王叔岷《古籍虛字廣義》，中華書局 2007 年版，第 412 頁。

〔註69〕向宗魯《說苑校證》，中華書局 1987 年版，第 71～72 頁。

《路史》卷 26：「蒼吾：梧之蒼吾縣，元始六年開蒼吾郡，地廣，東至湘潭。」其人行事乖於常理，故名爲「嬈」、「吏」也。《說文》：「嬈，一曰擾〔也〕。」本字爲撓，《說文》：「撓，擾也。」字又借作「繞」、「遶」、「澆」。《集韻》「撓」、「嬈」、「鬧」、「澆」同音女教切。趙幼文曰：「『澆』、『嬈』俱因形近而誤。」〔註70〕趙氏以「繞」爲正字，非也。蒼梧嬈者，蒼梧名嬈之人也。《說苑》「蒼梧之弟」，失載其名，即指「蒼梧嬈」也。劉文典曰：「『蒼梧』下當脫一字。」〔註71〕亦失之。《後漢書·南蠻傳》：「取妻美則讓其兄，今烏滸人是也。」李賢注：「萬震《南州異物志》曰：『烏滸，地名也，在廣州之南，交州之北。』」《通典》卷 188：「娶妻妾美，皆讓其兄，烏滸人是也。」「烏滸」亦湘南之地，與蒼梧風俗相類。

（61）孝子之事親，和顏卑體，奉帶運履；至其溺也，則捽其髮而拯，非敢驕侮，以救其死也

高注：運，正迴也。拯，升也，出溺曰拯。

按：《意林》卷 2 引作「父溺則攬父髮而拯之，非敢驕侮，以救死也」，《御覽》卷 396 引作「父溺則攬父髮而整之，非敢憍侮，以救死也」。《劉子·明權》：「孝子之事親，和顏卑體，盡孝盡敬；及其溺也，則攬髮而拯之，非敢侮慢，以救死也。」即本此文。蓋劉子所見，「捽」亦作「攬」，與《意林》、《御覽》合。「整」爲「拯」音誤。「憍」同「驕」。《神仙傳》卷 5：「執奴僕之役，親運履之勞。」「運履」即出此文，猶言搬鞋。李哲明謂「運」當作「進」，非也。

（62）孔子曰：「可以共學矣，而未可以適道也；可與適道，未可以立也；可以立，未可與權。」

按：《論語·子罕》：「子曰：『可與共學，未可與適道；可與適道，未可與立；可與立，未可與權。』」爲此文所本。四「以」字，猶與也。

（63）故忤而後合者謂之知權，合而後舛者謂之不知權

〔註70〕趙幼文《三國志校箋》，巴蜀書社 2001 年版，第 1912 頁。
〔註71〕劉文典《說苑斠補》，收入《劉文典全集（3）》，安徽大學出版社、雲南大學出版社 1999 年版，第 55 頁。

按：《兵略篇》、《人間篇》並有「先仵而後合」之語。此蓋漢代成語。《鹽鐵論・非鞅》：「小人先合而後仵。」仵，《文子・道德》、《微明》作「迕」。仵、迕，並當讀爲啎，《說文》：「啎，逆也。」

（64）號令行于天下而莫之能非矣

按：《說文》：「非，違也。從飛下翄，取其相背。」此文正用本義。

（65）猩猩知往而不知來，乾鵠知來而不知往

高注：《禮記》曰：「猩猩能言，不離走獸。」見人往走，則知人姓字。此知往也。又嗜酒，人以酒搏之，飲而不能息，不知當醉以擒其身，故曰不知來也。

按：《爾雅翼》卷 15：「說者以爲……猩猩能知捕者之名，則爲知往；竟遭網罟，則爲不知來。」又卷 19：「以能知誘之者爲知往，不知被禍爲不知來。」其說稍異。

（66）乾鵠知來而不知往

高注：乾鵠，鵲也。人將有來事憂喜之徵。則鳴。此知來也。知歲多風，多巢於木枝，人皆探其卵，故曰不知往也。

按：《爾雅翼》卷 15：「說者以爲巢避風爲知來，卵爲兒童所捕，則不知往也。」其說稍異。注「木枝」，吳承仕據《御覽》卷 921 引校作「下枝」，是也，《事類賦注》卷 19、《古今事文類聚》後集卷 44、《古今合璧事類備要》別集卷 72、《韻府群玉》卷 10、11、19 引注亦作「下枝」，《類說》卷 25 引《炙轂子》亦誤作「木枝」。注「來事」，亦當據《御覽》、《事類賦注》所引校作「吉事」。

（67）軥蹻嬴蓋

高注：嬴，囊也。蓋，步蓋也。

按：軥，上文「軥蹻而超千里」條王念孫校爲「軥」。嬴，朱駿聲謂借爲籯〔註72〕。並是也。《正字通》亦云：「軥：軥字之譌。」徐文靖曰：「按：《曲禮》：『君車已駕僕展軨。』盧云：『車轄頭軥也，舊云：車欄也。』又《淮南子・氾論訓》：『軥蹻嬴盖。』軥正非軥譌也。」

〔註72〕朱駿聲《說文通訓定聲》，武漢市古籍書店 1983 年版，第 859 頁。

〔註 73〕斯爲謬矣。「車轄頭粗」之「粗」，亦當作「粗」〔註 74〕。高
注「步」，讀爲鋪，《釋名》：「步，捕也。」《周禮・族師》鄭注：「故
書酺或爲步。」皆其相通之證。今俗猶有「鋪蓋」之語。

（68）徐偃王被服慈惠，身行仁義，陸地之朝者三十二國

高注：偃王於衰亂之世，脩行仁義，不設武備，楚王滅之。《七諫篇》曰
「荊文惧而徐亡」是也。

按：據高注，「身」當作「脩」，字之誤也。《論衡・非韓》：「徐偃王脩行
仁義，陸地朝者三十二國。」尤爲確證。《楚辭・七諫》：「偃王行其
仁義兮，荊文寤而徐亡。」王逸注：「言徐偃王修行仁義，諸侯朝之
三十餘國，而無武備。」是王逸所見亦作「修（脩）」也。《史記・
宋微子世家》：「襄公之時，修行仁義，欲爲盟主。」足爲旁證。

（69）大夫種輔翼越王句踐，而為之報怨雪恥

按：《廣雅》：「雪，除也。」《廣韻》：「雪，拭也。」王念孫曰：「雪之言
刷也。」桂馥、朱駿聲並謂雪借爲厰，《說文》：「厰，拭也。」「刷」
同「厰」。朱珔曰：「雪爲拭之假借，拭、雪音相近。」朱駿聲又曰：
「或曰皆借爲洒。洒、雪雙聲。」〔註 75〕各備一通。字或作屑，《小
爾雅》：「屑，潔也。」《廣韻》：「屑，清也。」

（70）大夫種……然而身伏屬鏤而死

高注：屬鏤，利劍也。一曰：長劍斸施鹿盧，鋒曳地，屬錄而行之也。

按：《鹽鐵論・非鞅》：「大夫種……終賜屬鏤而死。」《吳越春秋・勾踐
伐吳外傳》：「越王遂賜文種屬盧之劍。」徐天祐注：「盧，當作鏤。」
朱起鳳曰：「鏤、盧古讀同聲，故兩字通用。」〔註 76〕高注之「鹿

〔註 73〕徐文靖《管城碩記》卷 22，中華書局 1998 年版，第 397 頁。
〔註 74〕沈廷芳《十三經注疏正字》卷 44：「粗誤從且。」景印文淵閣《四庫全書》第
192 冊，臺灣商務印書館 1986 年初版，第 584 頁。
〔註 75〕王念孫《廣雅疏證》，收入徐復主編《廣雅詁林》，江蘇古籍出版社 1998 年版，
第 253 頁。桂馥《札樸》，中華書局 1992 年版，第 127～128 頁。朱駿聲《説
文通訓定聲》，武漢市古籍書店 1983 年版，第 673 頁。朱珔《説文假借義證》，
黃山書社 1997 年版，第 647 頁。
〔註 76〕朱起鳳《辭通》，上海古籍出版社 1982 年版，第 360 頁。

盧」、「屬錄」，與「屬鏤」並聲之轉也。字或作「屬婁」，《古文苑》卷 4 揚雄《太玄賦》：「斷跡屬婁，何足稱兮。」章樵註：「伍子胥忠謀，吳王賜之屬婁之劍，自刭而死。婁，《史記》作鏤。」又音轉作「屬鹿」，《廣雅》：「屬鹿，劍也。」又音轉作「獨鹿」。《荀子·成相》：「刭而獨鹿棄之江。」楊注：「獨鹿，與『屬鏤』同，本亦或作『屬鏤』，吳王夫差賜子胥之劍名。」朱起鳳曰：「婁即鏤字之省。獨、屬疊韻，形亦相似。鹿字北人呼爲溜，與鏤字音近。『屬鏤』借爲『屬鹿』，或爲『鹿盧』，並音之變。」〔註 77〕倒言則作「鹿盧」、「轆轤」，劍名。《意林》卷 2 引《燕丹子》：「轆轤之劍，可負而拔。」《御覽》卷 344 引作「鹿盧之劍」，《類聚》卷 85 引《范子》、《事類賦注》卷 11 引《說苑》、《御覽》卷 577 引《史記》同〔註 78〕。是「鹿盧」即「轆轤」。《宋書·禮志五》：「郫扇不得雉尾，劍不得鹿盧形。」〔註 79〕又《樂志三》《豔歌羅敷行》：「腰中鹿盧劍，可直千萬餘。」〔註 80〕方以智曰：「《古玉圖攷》有『鹿盧』，云『佩〔劍〕環也。』《古衣服令》曰：『鹿盧，玉具劍。』今見其物，蓋方環上有轆轤，銅轉紐耳。」〔註 81〕劍名「鹿盧」者，以其方環上有轆轤，取「圓轉」之義而名耳。《御覽》卷 344 引《博物志》：「劍後擊鹿盧，名曰屬鏤。」是「鹿盧」即「屬鏤」也。《御覽》卷 344 引梁·崔鴻《詠劍詩》：「匣氣衝牛斗，山形轉鹿盧。」可知其方環上有轆轤旋轉也。《荀子·榮辱》楊注：「鑷，刺也，故良劍謂之屬鏤，亦取其刺也。」此說未得其語源。

（71）此皆達於治亂之機，而未知全性之具者

按：性，讀爲生，《文子·微明》正作「生」。

（72）舒之天下而不窕，內之尋常而不塞

按：已詳《原道篇》校補。

〔註 77〕朱起鳳《辭通》，上海古籍出版社 1982 年版，第 360 頁。
〔註 78〕《史記》見《刺客列傳》《正義》引《燕太子篇》，非《史記》正文。
〔註 79〕《宋書·武三王傳》同。
〔註 80〕《古今事文類聚》後集引作「湛盧」，當爲臆改。
〔註 81〕方以智《通雅》卷 34，收入《方以智全書》第 1 冊，上海古籍出版社 1988 年版，第 1041 頁。

（73）甲冑生蟣蝨，燕雀處帷幄，而兵不休息

按：于大成指出語本《韓子・喻老》「甲冑生蟣蝨，鸇雀處帷幄，而兵不
歸」。按《尉繚子・武議》：「起兵直使甲冑生蟣蝨者，必爲吾所効用
也；鷙鳥逐雀，有襲人之懷、入人之室者，非出生也，後有憚也。」
亦其所本。

（74）而乃始服屬臾之貌，恭儉之禮，則必滅抑而不能興矣

高注：屬臾，謹也。

按：李哲明曰：「屬臾即從容之音轉。《漢書・衡山王傳》：『日夜縱臾王
謀反。』《史記》『縱臾』作『從容』，尤爲確證。」《衡山王傳》之
「縱臾」即「從容」，亦即「慫恿」，亦作「縱踊」、「聳踊」、「慫憑」，
非此之誼，李說非也。屬臾，當讀爲「從諛」。《史記・汲黯傳》：「從
諛承意。」又《儒林傳》：「董仲舒以弘爲從諛。」又《酷吏傳》：「杜
周從諛，以少言爲重。」「少言爲重」即「從諛」之注腳，亦與許
注「謹也」相合。字或作「從容」，《史記・儒林傳》：「寬在三公位，
以和良承意從容得久。」王念孫曰：「案從容者，從諛也。」〔註82〕
字或作「從欲」，《鹽鐵論・救匱》：「自此之後，多承意從欲，少敢
直言面議而正刺。」「少敢直言面議而正刺」亦即「從諛」之注腳，
與許注「謹也」相合。「欲」古讀爲「容」〔註83〕，「承意從欲」即
「從諛承意」、「承意從容」也，此文與《汲黯傳》、《酷吏傳》、《儒
林傳》正同義，王利器失注〔註84〕。朱起鳳謂「從」爲「道」字之
誤〔註85〕，非也。《史記》、《漢書》、《鹽鐵論》焉得盡誤？方以智
曰：「（屬臾），注『恭（謹）也』，或曰猶嘔臾，以其爲平皋，故以
比麗厚之貌耳。」〔註86〕傅山曰：「《說文》：『屬，連也。』束縛拌

〔註82〕王念孫《史記雜志》，收入《讀書雜志》卷3，中國書店1985年版，第44
頁。
〔註83〕《易・頤》：「其欲逐逐。」漢帛書作「容」。《禮記・樂記》：「感於物而動，
性之欲也。」《文子・道原》同，《史記・樂書》作「頌」，《集解》引徐廣曰：
「頌，音容。」《淮南子・原道》作「害」，爲「容」之誤。
〔註84〕王利器《鹽鐵論校注》，中華書局1992年版，第401頁。
〔註85〕朱起鳳《辭通》，上海古籍出版社1982年版，第313頁。
〔註86〕方以智《通雅》卷4，收入《方以智全書》第1冊，上海古籍出版社1988年
版，第208頁。

扡，從申從乙，合而解之，義最著也。」〔註87〕亦皆失之。

（75）而乃始立氣矜，奮勇力

高注：矜，自大也。

按：何寧謂「矜」同「懂」，訓勇，是也。王引之曰：「懂與矜，古同聲而通用，張湛注《列子》云：『懂，勇也。』」〔註88〕此何說所本。《戰國策・韓策二》：「勇哉，氣矜之隆。」義亦同。鮑彪注：「矜，自持也。」金正煒《補釋》引此文，又引《韓詩外傳》卷 6「外立節矜而敵不侵擾」，云：「氣矜猶言氣勢。鮑注非也。」〔註89〕「矜」當從令作「矜」，與「堇」聲字古通〔註90〕。

（76）物動而知其反，事萌而察其變

按：《文子・微明》作「睹物往而知其反，事一而察其變」。

（77）詘寸而伸尺，聖人為之；小枉而大直，君子行之

按：《御覽》卷 830 引《尸子》：「孔子曰：『詘寸而信尺，小枉而大直，吾為之者也。』」為此文所本。《文子・上義》：「屈寸而申尺，小枉而大直，聖人為之。」《治要》卷 35、《意林》卷 1 引「申」作「伸」。又「屈寸申尺，小枉大直，君子為之。」《孟子・滕文公下》：「陳代曰：『且《志》曰：「枉尺而直尋。」宜若可為也。』」詘、詘，正、俗字；屈，借字。申（伸）、信，正、借字。

（78）管仲輔公子糾而不能遂，不可謂智；遁逃奔走，不死其難，不可謂勇；束縛桎梏，不諱其恥，不可謂貞。當此三行者，布衣弗友，人君弗臣，然而管仲免於累絏之中，立齊國之政，九合諸侯，一匡天下，使管仲出死捐軀，不顧後圖，豈有此霸功哉

〔註87〕傅山《讀子二・淮南存雋》，收入《霜紅龕集》卷 33，《續修四庫全書》第 1395 冊，上海古籍出版社 2002 年版，第 667 頁。

〔註88〕轉引自王念孫《讀書雜志》，中國書店 1985 年版。

〔註89〕金正煒《戰國策補釋》，收入《續修四庫全書》第 422 冊，上海古籍出版社 2002 年版，第 568 頁。

〔註90〕參見許瀚《攀古小廬全集（上）》，齊魯書社 1985 年版，第 170～172 頁。

按:《戰國策·齊策六》《魯仲連與燕將書》:「昔管仲射桓公中鉤,篡也;遺公子糾而不能死,怯也;束縛桎梏,辱身也。此三行者,鄉里不通也,世主不臣也。使管仲終窮抑幽囚而不出,慙恥而不見,窮年沒壽,不免爲辱人賤行矣。然而管子并三行之過,據齊國之政,一匡天下,九合諸侯,爲五伯首,名高天下,光照鄰國。」爲此文所本。馬宗霍曰:「立,古通作涖。《禮記·曲禮上》鄭君注:『涖,臨也。』涖、臨雙聲字。涖又通作蒞。涖、蒞二字皆《說文》所無,古蓋假立爲之耳。」《說文》作「?」字,云:「?,臨也。」馬氏失考。軀,張雙棣本誤作「驅」。

(79) 故人有厚德,無問其小節;而有大譽,無疵其小故

按:王念孫據《文子·上義》校「問」爲「間」,訓非也。何寧據《文子》纘義本、景宋本作「問」,謂王說未必是。何說是也。《文子》子匯本亦作「問」,《治要》卷 35 引同。道藏本作「間」,誤。問,考察,追究。無問,今言不管。而,讀爲如。

(80) 故夫牛蹄之涔,不能生鱣鮪;而蜂房不容鵠卵,小形不足以包大體也

按:《俶眞篇》:「夫牛蹄之涔,無尺之鯉;塊阜之山,無丈之材。所以然者何也?皆其營宇狹小,而不能容巨大也。」可以互證。《抱朴子外篇·刺驕》:「寸鮒游牛迹之水,不貴橫海之巨鱗。」《御覽》卷 951 引作「寸鮒遊牛蹄之涔,不貴橫海之巨鱣也」,即本此文,所據乃高本。涔,《御覽》卷 936 二引同,《事類賦注》卷 29、《記纂淵海》卷 57、《天中記》卷 57 引亦同,《慧琳音義》卷 35、89 引作「窪」。陶方琦謂作「窪」爲許本。許匡一曰:「『塊阜』是『丘』之分音形式。」〔註91〕臆測不可信。

(82) 誠其大略是也,雖有小過,不足以為累;若其大略非也,雖有閭里之行,未足大舉

高注:誠,其實。略,其行。舉,用。

〔註91〕許匡一《〈淮南子〉分音詞試釋》,《武漢教育學院學報》1996 年第 4 期,第 38 頁。

按：《文子・上義》「誠」、「若」並作「成」，「舉」作「多」。《治要》卷
35 引《文子》並作「誠」。誠、若對舉，誠亦若也，假設之詞，字
或作「成」〔註92〕。高注非是。王利器改「成」爲「誠」〔註93〕，
亦非。《劉子・妄瑕》：「若其大略是也，雖有小過，不足以爲累；
若其大略非也，雖有衡門小操，未足與論大謀。」即本此文，正作
「若」字。舉，讀爲譽，與「多」訓贊同義。李定生、徐慧君謂「疑
舉爲譽」〔註94〕，未達通假之指。彭裕商謂「『成』或當讀爲程，
度量」〔註95〕，非也。

（83）小節伸而大略屈

高注：伸，用。屈，廢。

按：《劉子・妄瑕》作「小節不申而大節屈」，衍「不」字〔註96〕。

（84）故小謹者無成功，訾行者不容於眾

高注：好揜人之善，揚人之短，訾毀人行，自獨卑藏，眾人所疾而不容
之也。一說：訾，毀也。行有毀缺者，不爲眾人所容。

按：訾，《文子》明刊本同，《纘義》本作「疵」。高注上說以「訾」爲動
詞，則讀如字；後說以「訾」爲名詞，則讀爲疵。上說爲長。李定
生、徐慧君謂「訾，通『恣』」〔註97〕，非也。

（85）體大者節疏，蹠距者舉遠

高注：疏，長也。蹠，足也。距，大也。

按：張雙棣、何寧謂「距」借爲「巨」，何氏舉《說林篇》「蹠巨者志（走）
遠」以證之，並是也。《文子・上義》作「度巨者譽遠」，王利器曰：
「度之與蹠，譽之與舉，皆形近之誤也。」〔註98〕《劉子・觀量》：

〔註92〕參見吳昌瑩《經詞衍釋》，中華書局 1956 年版，第 203 頁。裴學海《古書虛
字集釋》，中華書局 1954 年版，第 830～831 頁。

〔註93〕王利器《文子疏義》，中華書局 2000 年版，第 483 頁。

〔註94〕李定生、徐慧君《文子校釋》，上海古籍出版社 2004 年版，第 436 頁。

〔註95〕彭裕商《文子校注》，巴蜀書社 2006 年版，第 219 頁。

〔註96〕參見盧文弨《群書拾補》，收入《續修四庫全書》第 1149 冊，上海古籍出版
社 2002 年版，第 513 頁。

〔註97〕李定生、徐慧君《文子校釋》，上海古籍出版社 2004 年版，第 436 頁。

〔註98〕王利器《文子疏義》，中華書局 2000 年版，第 483 頁。

「豈非質小者枝條概，而體大者節目踈乎？」即本《淮南》。

（86）方正而不以割，廉直而不以切

按：《文子・上義》作「廉而不劌」。《廣韻》：「劌，傷也，割也。」此爲
古成語。《老子》第 58 章：「聖人方而不割，廉而不劌。」《管子・
水地》：「廉而不劌，行也。」《家語・問玉》：「廉而不劌，義也。」
王肅注：「劌，割。有廉隅而不割傷也。」睡虎地秦簡《爲吏之道》：
「嚴剛毋暴，廉而毋刖。」又「斷割不刖。」〔註99〕《說文》：「刖，
絕也。」

（87）夫夏后氏之璜不能無考，明月之珠不能無纇

高注：考，瑕釁也。纇，磐，若絲之結纇也。

按：洪頤煊謂「考」爲「者」誤，朱駿聲、陶鴻慶謂「考」借爲朽、珛
〔註100〕。楊樹達駁洪說，從陶氏。朱、陶說是，《說林篇》：「白璧
有考，不得爲寶。」高注：「考，釁污也。」亦借字。《玉篇》：「考，
瑕釁，《淮南子》云：『夏后之璜不能無考。』」《廣韻》同。胡吉宣
亦謂「考」借爲朽〔註101〕。《類聚》卷83、《御覽》卷802、807、《玉
海》卷87引作「考」。《文選・辨命論》：「或曰：『明月之珠不能無
纇，夏后之璜不能無考。』」《梁書・劉峻傳》同。李善注引此文，
又引高注作「考，不平也。纇，瑕也。」何寧謂李氏所引注當乙作
「考，瑕也。纇，不平也」，是也。《左傳・昭公十六年》服虔注：「纇，
讀爲纇。纇，不平也。」「考」字不誤，何寧疑作「耇」，亦非。《文
子・上義》「考」作「瑕」，「纇」作「穢」。《類聚》卷 57 引梁武帝
《連珠》：「徑寸之珍有時而纇，盈尺之寶不能無瑕。」《劉子・妄瑕》：
「是以荊岫之玉，必含纖瑕；驪龍之珠，亦有微纇。」並本此文。
注「磐」字，傅山曰：「盤（磐）字不解。」〔註102〕疑當乙作「若
磐絲之結纇也」，磐讀爲盤。

〔註99〕睡虎地秦簡《爲吏之道》，收入《睡虎地秦墓竹簡》，文物出版社 1990 年版，
第 167 頁。
〔註100〕朱駿聲《說文通訓定聲》，武漢市古籍書店 1983 年版，第 280 頁。
〔註101〕胡吉宣《玉篇校釋》，上海古籍出版社 1989 年版，第 2223 頁。
〔註102〕傅山《讀子二・淮南存儁》，收入《霜紅龕集》卷 33，《續修四庫全書》第 1395
冊，上海古籍出版社 2002 年版，第 667 頁。

（88）今志人之所短，志（忘）人之所脩

按：下「志」，當從各本作「忘」，《類聚》卷 83 引亦作「忘」，《文子·
上義》同，于大成舉以爲證，是也。《劉子·妄瑕》：「今忌人之細短，
忘人之所長。」即本此文。「忌」爲「志」誤〔註103〕。

（89）洗之以湯沐，祓之以爟火

按：《呂氏春秋·本味》：「湯得伊尹，祓之於廟，爝以爟火，釁以犧狠，
明日設朝而見之。」又《贊能》：「桓公使人以朝車迎之，祓以爟火，
釁以犧狠焉。」爲此文所本。

（90）夫物之相類者，世主之所亂惑也；嫌疑肖象者，眾人之所
眩燿也

按：陶鴻慶謂「世主」當作「世俗」，非也。《治要》卷41引作「世主」，
《爾雅》宋邢昺疏引作「世人」。

（91）故狠者類知而非知，愚者類仁而非仁，戇者類勇而非勇

高注：狠者自用，像有知，非眞知。

按：《荀子·大略》：「藍苴路作，似知而非；懦弱易奪，似仁而非；悍戇好
鬥，似勇而非。」爲此文所本。狠，讀爲艮，《說文》：「艮，很也。」
字或作很、詪，《說文》：「很，不聽從也，一曰整也。」又「詪，很
戾也。」黃侃曰：「詪，同『艮』、『很』。」〔註104〕「艮」爲初文，「很
戾」之見於行爲者爲很，見於言語者爲詪，二字同源。高注「自用」，
正讀爲很。《爾雅》宋邢昺疏引正作「很」。俗字亦作「佷」，字亦借
「恨」爲之〔註105〕，《爾雅》：「鬩，恨也。」《釋文》：「恨，孫炎作
很，云：『相很戾也。』」《治要》卷41、《爾雅》卷8宋邢昺疏、《續
博物志》卷7引二「仁」字並作「君子」。宋·黃仲元《愚丘記》：「愚
之號，類君子而非君子。」是黃氏所見本亦作「君子」也。作「仁」
蓋高本，《荀子》亦作「仁」；作「君子」蓋許本。沈廷芳曰：「很誤
犬旁作，仁並誤作君子二字。」〔註106〕未是。《治要》卷41引許注：

〔註103〕參見傅亞庶《劉子校釋》引孫楷第說，中華書局1998年版，第265頁。
〔註104〕黃侃《說文同文》，收入《說文箋識》，中華書局2006年版，第15頁。
〔註105〕參見蕭旭《〈廣雅〉「狼，很也、整也」補正》。
〔註106〕沈廷芳《十三經注疏正字》卷81，收入景印文淵閣《四庫全書》第192冊，

「狠，慢也。」「狠」無慢訓，許本蓋本作「狙」字。《長短經・知人篇》：「狙者類智而非智也，愚者類君子而非君子也。」自注：「狙，音自舒反，慢也。」《荀子・大略》楊倞註：「未詳其義。或曰：苴讀爲姐，慢也。趙蕤注《長短經・知人篇》曰：『姐者類智而非智。』或曰讀爲狙，伺也。姐，才野反。」是楊氏所見《長短經》作「姐」字。《廣韻》：「姐，慢也。」趙少咸《廣韻疏證》正引楊倞註爲證〔註107〕。「姐」、「狙」通，本字當爲怚、嬐，《說文》：「怚，驕也。」又「嬐，嬌也。」《廣韻》：「嬐，憍也。怚，上同。」「驕」同「嬌」、「憍」，亦慢也。《廣雅》：「怚、慢，傷也。」「怚」、「慢」同訓傷，怚亦慢也。《文選・幽憤詩》：「恃愛肆姐，不訓不師。」李善注：「《說文》曰：『姐，嬌也。』」李善改「嬐」作「姐」字以從正文，即以爲「姐」同「嬐」也。《集韻》：「嬐，《說文》：『嬌也。』或作姐。」正可印證李氏。字或作駔，《呂氏春秋・審應》：「使人戰者，嚴駔也。」高注：「嚴，尊。駔，驕。」畢沅曰：「駔，與怚、姐同。」〔註108〕楊柳橋曰：「姐，乃『嬐』之借字，驕也。」〔註109〕楊說得之。朱起鳳曰：「苴，當作怚，即『慢』字之訛缺。」〔註110〕朱氏得其義，未得其字。「苴」爲「怚」借字，訓慢，而非訛缺。塚田虎謂苴訓麤，豬飼彥博、劉師培、于省吾謂苴讀爲狙，訓狙伺，蔣禮鴻謂「藍苴」即「鹽（姑）且」之誤，金其源謂「藍苴」即「濫竽」〔註111〕，郭在貽謂「藍苴」即「麁苴」，義爲麤粗〔註112〕。皆未得。

（92）故劍工或劍之似莫邪者，唯歐冶能名其種；玉工眩玉之似碧盧者，唯猗頓不失其情

按：失，《御覽》卷 344 引《淮南萬畢術》同，《記纂淵海》卷 61 引作

臺灣商務印書館 1986 年初版，第 1063 頁。
〔註107〕趙少咸《廣韻疏證》，巴蜀書社 2010 年版第 2179 頁。
〔註108〕畢沅《呂氏春秋新校正》，收入《叢書集成新編》第 20 冊，新文豐出版公司 1985 年版，第 572 頁。
〔註109〕楊柳橋《荀子詁譯》，齊魯書社 1985 年版，第 797 頁。
〔註110〕朱起鳳《辭通》，上海古籍出版社 1982 年版，第 2004 頁。
〔註111〕諸說並轉引自王天海《荀子校釋》，上海古籍出版社 2005 年版，第 1096 頁。
〔註112〕郭在貽《荀子札記》，收入《郭在貽文集》卷 3，中華書局 2002 年版，第 8 頁。

「謬」。盧，讀爲瓐，《廣雅》：「碧瓐，玉也。」《玉篇》引作「瓐，
碧玉也」。《廣韻》：「瓐，玉名。」王念孫曰：「碧瓐，蓋青黑色玉
也……盧與瓐通。」〔註113〕錢大昭亦謂「盧與瓐同」〔註114〕。

（93）臾兒、易牙，淄、澠之水合者，嘗一哈水而甘苦知矣

高注：哈，口也。

張雙棣曰：哈，《說文》無。《玉篇》：「哈，以口歃飲。」《集韻》謂「歃」
之或體。此處用作名量，蓋江淮之方言耶？

　　按：《道應篇》：「菑澠之水合，易牙嘗而知之。」可以互證。《集韻》：
　　　「欰、哈：呼合切，《說文》：『歠也。』或從口。」朱駿聲謂哈即欰，
　　　字又作齡〔註115〕。俗作「喝」字，吸也，飲也。今吳方言尚有「欰
　　　一口」之語。徐復曰：「復按今謂水漿入口，通謂之喝，即此欰字。」
　　　〔註116〕

（94）許由讓天子，終不利封侯

高注：許由，隱者，陽成人，堯欲以天下與之，洗耳而不就。

　　按：于大成據注，又引《道應篇》及《論衡・書虛》「許由讓天下，不嫌
　　　貪封侯」，謂「天子」當作「天下」，何寧說同；趙宗乙亦引群書證
　　　當作「天下」〔註117〕。諸家說未必是也。《潛夫論・交際》：「許由
　　　讓其帝位，俗人有爭縣職。」「帝位」即指天子也。《晉書・華譚傳》：
　　　「昔許由、巢父讓天子之貴，市道小人爭半錢之利。」

（95）故未嘗灼而不敢握火者，見其有所燒也；未嘗傷而不敢握
　　　刃者，見其有所害也

　　按：《鹽鐵論・周秦》：「故未嘗灼而不敢握火者，見其有灼也；未嘗傷而

〔註113〕王念孫《廣雅疏證》，收入徐復主編《廣雅詁林》，江蘇古籍出版社1998年版，
　　　　第761頁。
〔註114〕錢大昭《廣雅疏義》，收入徐復主編《廣雅詁林》，江蘇古籍出版社1998年版，
　　　　第764頁。
〔註115〕朱駿聲《說文通訓定聲》，武漢市古籍書店1983年版，第108頁。
〔註116〕徐復《方言溯源》，收入《語言文字學叢稿》，江蘇古籍出版社1990年版，第
　　　　218頁。
〔註117〕趙宗乙《淮南子札記》，黑龍江人出版社2009年版，第203頁。

不敢握刃者，見其有傷也。」即本此文。

（96）由此觀之，見者可以論未發也，而觀小節足以知大體矣

按：《說苑‧尊賢》：「一節見則百節知矣，由此觀之，以所見可以占未發，
觀小節固足以知大體矣。」即本此文。此文「見者」上脫「以」字。
何寧則謂「見」下脫「已形」二字。

（97）故論人之道，貴則觀其所舉，富則觀其所施，窮則觀其所
不受，賤則觀其所不為，貧則觀其所不取。視其更難，以
知其勇；動以喜樂，以觀其守；委以財貨，以論其人；振
以恐懼，以知其節；則人情備矣

按：楊樹達謂語本《呂氏春秋‧論人》「凡論人，通則觀其所禮，貴則觀
其所進，富則觀其所養，聽則觀其所行，止則觀其所好，習則觀其
所言，窮則觀其所不受，賤則觀其所不爲，喜之以驗其守，樂之以
驗其僻，怒之以驗其節，懼之以驗其特，哀之以驗其人，苦之以驗
其志」〔註118〕。按《鶡冠子‧道端》：「富者觀其所予，足以知仁；
貴者觀其所舉，足以知忠；觀其大袢，長不讓少，貴不讓賤，足以
知禮；達觀其所不行，足以知義；受官任治，觀其去就，足以知智；
迫之不懼，足以知勇；口利辭巧，足以知辯；使之不隱，足以知信；
貧者觀其所不取，足以知廉；賤者觀其所不爲，足以知賢；測深觀
天，足以知聖。」亦爲此文所本。更難，《文子‧上義》《纘義》本
作「處難」，明刊本作「患難」。更，經歷，與「處」同義。鄭良樹
謂「更」當作「患」，非也。此文「論其人」之「人」，張雙棣謂與
「仁」通，是也；《文子》正作「仁」字。

（98）古之善賞者，費少而勸眾；善罰者，刑省而姦禁

按：勸眾，《文子‧上義》作「勸多」。《劉子‧賞罰》：「故賞少而善勸，
刑薄而奸息。」即本此文。

（99）故賞一人而天下譽之，罰一人而天下畏之

〔註118〕《長短經‧知人》引「止」誤作「近」，「受」誤作「愛」，「人」作「仁」。
《貞觀政要》卷3：「居則觀其所好，習則觀其所言。」居亦止也。

按：譽，《記纂淵海》卷 74 引作「諭」，《文子・上義》作「趨」，《劉子・賞罰》作「喜」。

（100）適情辭〔餘〕，無所誘或，循性保真，無變於己

按：循，《文子》同，當作「脩」，讀爲修。《治要》卷 41 引正作「脩」。《三國志・邴原傳》裴松之注引《原別傳》漢・孔融《喻邴原書》：「脩性保眞，清虛守高。」亦其旁證。或，一本作「惑」，《治要》卷 41 引作「慕」。

（101）篡弒矯誣

高注：誣，以惡覆人也。

按：誣，《文子・下德》作「詐」。《廣雅》：「誣，欺也。」與「詐」同義。

（102）夫法令者罔其姦邪，勤（勒）率隨其蹤跡

高注：勒，主問吏也。率，大任也。

洪頤煊曰：《漢書》主問吏無名爲勒者，勒當是鞫字之譌。《張湯傳》：「訊鞫論報。」師古曰：「鞫，問也。」

按：洪氏回護高注，未得。馬宗霍謂「勒」引申與「羈」同義，「率」引申有「捕」義，並是也。下文：「齊人有盜金者，當市繁之時，至掇而走，勒問其故曰。」高注亦云：「勒，主問吏。」勒問其故，《列子・說符》作「吏捕得之，問曰」，《呂氏春秋・去宥》作「吏搏而束縛之，問曰」，《劉子・利害》作「吏執而問曰」。可知「勒」即「捕」、「執」、「搏而束縛」之義。《釋名》：「勒，絡也，絡其頭而引之也。」《說文》：「率，捕鳥畢也。」用爲動詞，義爲「張網捕鳥」。《文選・東京賦》：「悉率百禽。」薛綜注：「率，斂也。」引申之，亦「收捕」之義。「勒率」同義連文〔註 119〕。

（103）斬首〔者〕拜爵，而屈撓者要斬

按：屈撓，《治要》卷 41 引作「曲橈」。

〔註 119〕參見蕭旭《〈淮南鴻烈集解〉補正四則》，《古漢語研究》2002 年第 3 期，第 95 頁。趙宗乙說全同余舊說，趙宗乙《淮南子札記》，黑龍江人出版社 2009 年版，第 205 頁。

（104）非不貪生而畏死也，或於恐死而反忘生也

按：貪，《意林》卷 2 引作「貴」，當爲形誤。《治要》卷 41、《類聚》卷71、《記纂淵海》卷 42、《御覽》卷 71、769 引並作「貪」，《類說》卷 25 引《炙轂子》亦作「貪」。或，《御覽》卷 71、769 引同，一本作「惑」，《治要》、《類聚》、《意林》、《記纂淵海》引作「惑」，《炙轂子》亦作「惑」。

（105）至掇而走，勒問其故曰：「而盜金於市中，何也？」對曰：「吾不見人，徒見金耳。志〔有〕所欲，則忘其為矣。」

按：掇，《呂氏春秋・去宥》、《列子・說符》作「攫」。欲，貪也。劉殿爵謂「欲」爲「圂」字音誤〔註 120〕，引《呂氏春秋・去宥》「夫人有所宥者，固以晝爲昏，以白爲黑，以堯爲桀」爲證，大誤。《文子・下德》：「志有所欲，即忘其所爲。」亦作「欲」字。《呂氏》非其證也。

（106）夫動靜得，則患弗過也

按：過，景宋本同，讀爲禍，害也。《文子・下德》作「侵」，舊註：「謂人之常患不能禍己也。」《慧琳音義》卷 4 引劉兆注《公羊傳》：「侵，害也。」王念孫據一本校作「遇」，非也。

（107）好憎理，則憂弗近也；喜怒節，則怨弗犯也

按：憂，《文子・下德》同，《雲笈七籤》卷 90 引《連珠》作「愛」，形之誤也。

（108）今夫霤水足以溢壺榼，而江河不能實漏卮

按：《韓子・外儲說右上》：「今有千金之玉卮，通而無當，可以盛水乎？」爲此文所本。霤，《文選・與吳季重書》李善注、《御覽》卷 761 引同，《治要》卷 41、《意林》卷 2 引作「溜」。實，《文選》注、《治要》、《御覽》引同，《意林》引作「滿」。《鹽鐵論・本議》：「故川源不能實漏卮，山海不能澹溪壑。」〔註121〕《潛夫論・浮侈》：「山林不能

〔註120〕劉殿爵《讀淮南鴻烈札記》，香港《聯合書院學報》第 6 期，1967 年出版，第 174 頁。
〔註121〕澹溪壑，《意林》卷 3 引作「贍溢欲」。「贍」同「澹」，「溢欲」並爲誤字。

給野火，江海不能灌漏卮。」〔註122〕皆本此文。

（109）若無道術度量而以自儉約，則萬乘之勢不足以為尊

按：《說文》：「儉，約也。」此正用本義。向宗魯曰：「儉，當作檢。『而』字衍文。」「檢」訓檢束，本字當爲「儉」，向氏失考。

（110）夫醉者俛入城門，以為七尺之閨也；超江淮，以為尋常之溝也

按：《說文》：「超，跳也。」猶言越過。《御覽》卷 61、497、《記纂淵海》卷 48 引同今本作「超」，《類說》卷 25 引《炙轂子》同，《意林》卷 2 引作「赴」。溝，《炙轂子》作「瀆」。于大成指出語本《荀子・解蔽》「醉者越百步之溝，以爲蹞步之澮也；俯而出城門，以爲小之閨也」。楊注：「蹞，與跬同，半步曰跬。澮，小溝也。」

（111）枕戶橉而臥

按：「橉」爲古楚語，參見附錄二《〈淮南子〉古楚語舉證》。

（112）使鬼神能玄化，則不待戶牖之行，若循虛而出入，則亦無能履也

按：之，猶而也〔註123〕，《御覽》卷 184 引正作「而」。陳廣忠謂「無」字衍〔註124〕，非也。《御覽》亦有「無」字。

（113）夫戶牖者，風氣之所從往來；而風氣者，陰陽粗捓者也

按：陰陽粗捓者也，《御覽》卷 184 引誤作「陰陽之戶牖也」。粗，一本作「相」。粗捓，楊樹達校爲「相捓（觸）」，是也。陰陽相捓，猶言陰陽相薄，上文：「雌雄相接，陰陽相薄。」《天文篇》：「是故陽施陰化，天之偏氣，怒者爲風；地之含氣，和者爲雨；陰陽相薄，感而爲雷，激而爲霆，亂而爲霧。」陳昌齊、劉台拱校爲「麤捓」，馬宗霍謂「猶言陰陽相角」，皆非也。

〔註122〕《後漢書・王符傳》引「灌」作「實」。
〔註123〕參見吳昌瑩《經詞衍釋》，中華書局 1956 年版，第 173 頁。裴學海《古書虛字集釋》，中華書局 1954 年版，第 725 頁。
〔註124〕陳廣忠《淮南子斠詮》，黃山書社 2008 年版，第 731 頁。

（114）觸石而出，膚寸而合，不崇朝而雨天下者，唯太山

　　高注：崇，終也。

　　按：《類聚》卷 1 引《尚書大傳》：「五岳皆觸石而出雲，膚寸而合，不崇朝而雨。」爲此文所本。《公羊傳・僖公三十一年》：「觸石而出，膚寸而合，不崇朝而徧雨乎天下者，唯大山爾。」何休注：「側手爲膚，案指爲寸，言其觸石理而出，無有膚寸而不合。崇，重也。不重朝，言一朝也。」《玉篇》、《廣韻》、《集韻》、《類篇》引《公羊》「膚」作「扶」，惠棟曰：「古本《公羊》膚皆作扶。」〔註 125〕惠棟失考，《論衡・說日》、《明雩》、《書鈔》卷 150、《初學記》卷 1、《詩・殷其靁》孔疏、《詩・天作》孔疏、《御覽》卷 8、10、39、525、《事類賦注》卷 2 引《公羊》並作「膚」字。《集韻》：「扶，通作膚。」斯爲得之。朱駿聲謂崇借爲終〔註 126〕，是也。考《隸釋》卷 3 漢《白石神君碑》：「觸石而出，膚寸而合，不終朝日而澍雨沾洽。」正作「終」字。

（115）炎帝於火，死而爲竈

　　按：於，王念孫據《史記・孝武紀》《索隱》、《類聚》卷 80、《廣韻》「竈」字所引校作「作」字，是也。《御覽》卷 186 引作「黃帝作竈，死爲竈神」，《論衡・祭意》引《傳》亦作「作」字。

（116）今有難，果賴而免身

　　按：《類聚》卷 33 引「果」作「皆」，「免身」作「身免」。

（117）爲論如此，豈不勃哉

　　按：勃，讀爲悖、誖。《說文》：「誖，亂也，或從心。」《說山篇》高注：「悖，惑也。」上文云：「論事如此，豈不惑哉。」悖亦惑也。

（118）今夫儗載者，救一車之任，極一牛之力，爲軸之折也，有如（加）轅軸其上以爲造

〔註 125〕惠棟《九經古義》卷 12《禮記古義》，收入阮元《清經解》第 3 冊，鳳凰出版社 2005 年版，第 2857 頁。
〔註 126〕朱駿聲《說文通訓定聲》，武漢市古籍書店 1983 年版，第 59 頁。

按：極，一本作「拯」，明・葉山《葉八白易傳》卷 16 引亦作「拯」。「極」
為「拯」形誤。拯亦救也。鄭良樹謂「拯」字誤，儽矣。劉台拱讀
造為籔，副貳也。句言賃車者為拯救一車之任、一牛之力，恐軸之
斷折，又加一套轅軸作豫備也。劉台拱謂「救」當作致；馬宗霍謂
「救」讀為逑，訓斂聚；張雙棣謂「致」、「極」皆極盡之義，並未
得。

（119）楚王之佩玦而逐菟，為走而破其玦也，因珮兩玦以為之豫，兩玦相觸，破乃逾疾

按：景宋本《御覽》卷 907 引作「楚王珮（佩）玦逐兔，為速破，乃取
兩玦重而著之，其破愈疾」，《事類賦注》卷 23「珮」作「佩」，餘同；
《四庫》本《御覽》「為速破」誤作「馬速玦破」。為，讀去聲，介
詞。因，猶乃也〔註 127〕。「為」與「因」相呼應。趙宗乙謂「為」
為「馬」形誤〔註 128〕，乃為《四庫》本《御覽》誤文所惑也。趙氏
引《御覽》，全據《四庫》本，而不一核宋本，宜其每誤之。

〔註 127〕參見蕭旭《古書虛詞旁釋》，廣陵書社 2007 年版，第 31 頁。
〔註 128〕趙宗乙《淮南子札記》，黑龍江人出版社 2009 年版，第 206 頁。

《詮言篇》校補　卷第十四

（1）洞同天地，渾沌為樸，未造而成物，謂之太一

　　按：《繆稱篇》：「包裹宇宙而無表裏，洞同覆載而無所礙。」王利器曰：「『洞同』猶言通洞混同。」〔註1〕洞同，即「洞通」。張雙棣謂「洞同」同「洞洞」，無形之貌，非也。

（2）同出於一，所為各異，有鳥有魚有獸，謂之分物

　　按：分物，即下文「分而為萬物」之誼。劉家立校為「方物」，非也。

（3）藏無形，行無跡，遊無朕

　　按：《文子·符言》引老子語作「藏於無形，行於無怠」。《莊子·應帝王》：「无為名尸，无為謀府，无為事任，无為知主，體盡无窮，而遊无朕。」〔註2〕又《天地》：「是故行而無跡，事而無傳。」又《在宥》：「處乎無響，行乎無方，挈汝適復之撓撓，以遊無端，出入無旁，與日無始。」又《達生》：「彼將處乎不淫之度，而藏乎無端之紀，遊乎萬物之所終始。」〔註3〕為此文所本。《文子·道原》：「行乎無路，遊乎無怠，出乎無門。」俞樾曰：「無怠與無路、無門不

〔註1〕王利器《文子疏義》，中華書局 2000 年版，第 175 頁。
〔註2〕王叔岷曰：「『盡』字疑涉下文『盡其所受乎天』而衍。」王叔岷《莊子校詮》，中華書局 2007 年版，第 300 頁。
〔註3〕《列子·黃帝》「淫」誤作「深」。

一律，……以聲求之，或當爲垓之叚字。」〔註4〕孫詒讓、于大成謂「怠」爲「跡」之誤〔註5〕。王叔岷曰：「『行無跡』三字，疑是『遊無朕』之注誤入正文者。」〔註6〕李定生、徐慧君曰：「無怠，無窮。」〔註7〕彭裕商曰：「無怠，無始……蓋《淮南子》編者見『無怠』不好講，故改爲意思淺顯的『無跡』。」又曰：「此『怠』字當讀爲始。」〔註8〕彭說是，即《達生》「遊乎萬物之所終始」，亦即《在宥》「遊無端」之詣。

（4）不爲福先，不爲禍始

按：二語見《莊子・刻意》。此蓋先秦古諺。《左傳・僖公十五年》：「史佚有言曰：『無始禍，無怙亂，無重怒。』」又《定公十三年》：「趙孟曰：『晉國有命，始禍者死，爲後可也。』」皆可參證。

（5）欲福者或爲禍，欲利者或離害

按：《文子・符言》作「欲福先無禍，欲利先遠害」。爲，取也，得也〔註9〕。于大成、李定生、徐慧君並讀離爲罹〔註10〕。《文子》作「無」、「遠」雖通，恐臆改。

（6）王子慶忌死於劍，羿死於桃棓

許注：棓，大杖。以桃木爲之，以擊殺羿，猶是已來，鬼畏桃也。

按：一本注「猶」作「由」，「已」作「以」。《爾雅翼》卷10、《事物紀原》卷8引作「由是以來」。《說山篇》：「羿死桃部不給射，慶忌死劍鋒不給搏。」高注：「桃部，地名。」楊愼曰：「部，《文子》：『羿死桃部。』古字部作棓，大杖（杖）也。」〔註11〕朱駿聲亦謂部讀

〔註4〕 俞樾《讀〈文子〉》，收入《春在堂全書》，《俞樓雜纂》卷21，光緒九年刻本。

〔註5〕 孫詒讓《札迻》，中華書局1989年版，第128頁。于說轉引自王利器《文子疏義》，中華書局2000年版，第175頁。其說實本孫氏。

〔註6〕 王叔岷《莊子校詮》，中華書局2007年版，第300頁。

〔註7〕 李定生、徐慧君《文子校釋》，上海古籍出版社2004年版，第146頁。

〔註8〕 彭裕商《文子校注》，巴蜀書社2006年版，第75、5頁。

〔註9〕 參見蕭旭《古書虛詞旁釋》，廣陵書社2007年版，第45～47頁。

〔註10〕 李定生、徐慧君《文子校釋》，上海古籍出版社2004年版，第146頁。

〔註11〕 楊愼《古音餘》卷4，收入景印文淵閣《四庫全書》第239冊，臺灣商務印書

為棓〔註12〕，是也。《史記·夏本紀》《正義》引《帝王紀》：「寒浞殺羿於桃梧而烹之，以食其子。」「梧」為「棓」形誤。《帝王紀》亦以「桃棓」為地名，與高注合。許注是也，棓字或作杯，《山海經·海內北經》：「蛇巫之山，上有人操杯而東向立。」郭璞注：「杯，或作棓，字同。」俗作「捧」字，「桃棓」即「桃棒」。《御覽》卷29引《荊楚歲時記》：「元日：鏤懸葦茭、桃棒門戶上，卻厲疫也。」所云「卻厲疫」，與許注合。楊慎曰：「桃棓：桃棒。」〔註13〕于鬯謂「桃棓」是弓名，無據。

（7）子路菹於衛，蘇秦死於口

許注：蘇秦好說，為齊所殺。

按：楊樹達疑「口」為「齊」之誤，鄭良樹亦云「齊」與「衛」相對。《類說》卷25引《炙轂子》作「子路醢于衛，蘇秦死于齊」，正作「齊」字。後人以許注云「蘇秦好說」，故改為「口」字。子路菹于衛者，以其勇；蘇秦死于齊者，以其辯。此皆句中之意。何寧駁楊，並疑「衛」字亦誤，斯未為得。「菹」同「葅」，與「醢」同義。

（8）人莫不貴其所有而賤其所短

按：王念孫謂「有」為「脩」缺誤。考《說山篇》：「物莫不因其所有而用其所無。」又「物莫措其所脩而用其所短也。」疑此文當作「人莫不貴其所有而賤其所無」，「有」與「無」對舉。下文「所貴者有形，所賤者無朕也」，「所有」是有形，「所無」是無朕也。若「所短」，則不可謂無朕。《類說》卷25引《炙轂子》同此文，亦誤。

（9）人能貴其所賤，賤其所貴，可與言至論矣

按：《大戴禮記·勸學》：「賤其所貴，而貴其所賤。」為此文所本。

（10）故通性之情者，不務性之所無以為；通命之情者，不憂命之所無奈何

館1986年初版，第312頁。《文子》無此語，楊氏誤記。

〔註12〕朱駿聲《說文通訓定聲》，武漢市古籍書店1983年版，第206頁。

〔註13〕楊慎《古音駢字》卷下，收入景印文淵閣《四庫全書》第228冊，臺灣商務印書館1986年初版，第414頁。

按：曾國藩、何寧指出語本《莊子・達生》「達生之情者，不務生之所無
以為；達命之情者，不務知之所無奈何」〔註14〕。通亦達也，《泰族
篇》作「知」，義同。

（11）矩不正，不可以為方；規不正，不可以為員

按：《管子・七臣七主》：「夫矩不正，不可以求方；繩不信，不可以求直。」
為此文所本。為亦求也。

（12）未聞枉己而能正人者也

按：《孟子・萬章上》：「吾未聞枉己而正人者也。」為此文所本。

（13）欲不過節則養性知足

按：性，一本作「生」。《韓詩外傳》卷2作「性」，《文子・符言》作「生」。
「生」為借字。

（14）足凡此四者，弗求於外，弗假於人，反己而得矣

按：得，《文子・符言》同，《韓詩外傳》卷2作「存」。

（15）廣成子曰：「慎守而內，周閉而外，多知為敗。**毋視毋聽，
抱神以靜，形將自正。**」

按：《莊子・在宥》：「廣成子曰：『無視無聽，抱神以靜，形將自正……
慎女內，閉女外，多知為敗。』」為此文所本。知，讀為智，《意林》
卷2引《莊子》正作「智」。

（16）霜雪雨露，生殺萬物，天無為焉，猶之貴天也；**厭文搔法，
治官理民者，有司也，君無事焉，猶〔之〕尊君也**

許注：厭，持也。搔，勞也。

按：《韓詩外傳》卷2：「夫霜雪雨露，殺生萬物者也，天無事焉，猶之貴
天也；執法厭文，治官治民者，有司也，君無事焉，猶之尊君也。」
可以互證。下文一段亦大致相同。劉家立、何寧「尊君」上據補「之」
字，是也。張雙棣刪上「之」字，非是。厭，朱駿聲、李哲明讀為

〔註14〕曾國藩《淮南子讀書錄》，收入《求闕齋讀書錄》卷5，《續修四庫全書》第
1161冊，上海古籍出版社2002年版，第200頁。

擘〔註15〕，亦是。傅山曰：「厭以持字解，則當作擘矣。舞文之人以文爲食而求厭足也。」〔註16〕傅氏解爲「厭足」，非也。許氏搔訓勞搔者，朱駿聲讀爲慅〔註17〕，《爾雅》：「慅慅，勞也。」謂憂勞，然此義未安。楊樹達謂搔讀爲操，與《外傳》作「執」同義。楊說是。李哲明謂搔訓總括，馬宗霍謂許注當乙作「厭，勞也。搔，持也」，何寧謂「勞」當作「扴」，皆未得。

（17）聽獄制中者，皋陶也

按：王叔岷曰：「『制中』即『折中』。」何寧曰：「《尸子·仁義篇》制作折，古通用。」《韓詩外傳》卷 2 亦作「折」字。《管子·小匡》、《呂氏春秋·勿躬》、《新序·雜事四》並有「決獄折中」語。《禮記·月令》：「審斷決獄，訟必端平。」「折中」即端平、公正之義。

（18）方船濟乎江，有虛舟從一方來，觸而覆之，雖有忮心，必無怨色

按：《莊子·山木》：「方舟而濟於河，有虛舡來觸舟，雖有惼心之人不怒。」爲此文所本。方，讀爲旁。《釋文》引《爾雅》：「惼，急也。」今《爾雅》作「褊，急也」。《說文》：「褊，衣小也。」又「㤨（急），褊也。」字或作𢤻，《說文》：「𢤻，一曰急也。」馬敍倫謂「𢤻」爲本字〔註18〕，失之。《書鈔》卷 137、《文選·褚淵碑文》李善注、《出郡傳舍哭范僕射》李善注、《御覽》卷 768、《事類賦注》卷 16、《記纂淵海》卷 46、60 引「惼」作「褊」。《說文》：「忮，很也。」

（19）人能虛己以遊於世，孰能訾之

按：訾，毀也。《莊子·山木》作「害」。

（20）聖人不爲可非之行，不憎人之非己也；修足譽之德，不求人之譽己也

〔註15〕朱駿聲《說文通訓定聲》，武漢市古籍書店 1983 年版，第 138 頁。
〔註16〕傅山《讀子二·淮南存雋》，收入《霜紅龕集》卷 33，《續修四庫全書》第 1395 冊，上海古籍出版社 2002 年版，第 668 頁。
〔註17〕朱駿聲《說文通訓定聲》，武漢市古籍書店 1983 年版，第 271 頁。
〔註18〕馬敍倫《莊子義證》卷 20，收入《民國叢書》第 5 編，據商務印書館中華民國 19 年版影印，第 5 頁。

按：爲，《文子·符言》作「求」。爲亦求也。下文「不求得，不辭福」，
馬王堆帛書《稱》「求」作「爲」。

（21）故治未固於不亂，而事為治者，必危；行未固於無非，而急求名者，必剉也

按：事，務也。《兵略篇》：「今夫天下皆知事治其末，而莫知務修其本。」
《泰族篇》：「今不知事修其本，而務治其末。」又「夫指之拘也，
莫不事申也；心之塞也，莫知務通也。」皆「事」、「務」對舉同義。
《文子·符言》明刊本「事」作「恃」，音之譌也，《纘義》本不誤。

（22）故不為善，不避醜，遵天之道；不為始，不專己，循天之理；不豫謀，不棄時，與天為期；不求得，不辭福，從天之則

按：馬王堆帛書《稱》：「耴（聖）人不爲始，不剸（專）己，不豫謀，
不爲得，不辭福，因天之則。」〔註19〕《莊子·刻意》：「故曰聖人……
不爲福先，不爲禍始，感而後應，迫而後動，不得己而後起，去知
與故，循天之理，故無天災，無物累，無人非，無鬼責，其生若浮，
其死若休，不思慮，不豫謀，光矣而不耀，信矣而不期。」爲此文
所本。《文子·符言》同此文。帛書「爲得」，爲亦求也。

（23）名與道不兩明，人受名則道不用，道勝人則名息矣

按：受，王念孫據《文子·符言》校作「愛」，王利器、李定生、徐慧君
從之〔註20〕。考《韓詩外傳》卷1：「能隨天地自然，爲能勝理而無
愛名，名興則道不用，道行則人無位矣。」正作「愛」字。

（24）功之成也，不足以更責；事之敗也，不足以弊身

許注：更，償也。

按：更，《文子·符言》作「塞」。

〔註19〕馬王堆帛書《稱》，收入《馬王堆漢墓帛書〔壹〕》，文物出版社 1980 年版，
第 81 頁。

〔註20〕王利器《文子疏義》，中華書局 2000 年版，第 190 頁。李定生、徐慧君《文
子校釋》，上海古籍出版社 2004 年版，第 158 頁。

（25）事以玉帛，則貨殫而欲不饜；卑體婉辭，則諭說而交不結；約束誓盟，則約定而反無日

按：于大成、何寧指出語本《荀子・富國》：「事之以貨寶，則貨寶單而交不結；約信盟誓，則約定而畔無日。」按《韓詩外傳》卷6：「事之以貨寶，則寶單而交不結；約契盟誓，則約定而反無日。」《文子・符言》：「幣單而欲不厭，卑體免辭，論說而交不結；約束誓盟，約定而反先日。」單，讀爲殫，盡也〔註21〕。免，讀爲婉，委婉也。《說文》：「婉，順也。」古從免從宛之字通〔註22〕。音轉又爲曼，《漢書・司馬遷傳》：「曼辭以自解。」如淳曰：「曼，美也。」顏師古注：「曼，音萬。」反、畔，並讀爲叛。無，《文子》誤作「先」，當據此文及《外傳》訂正，《荀子》楊倞註引《文子》正作「無」。俞樾曰：「免猶俛也……此云『俛辭』，與『卑辭』同。」又曰：「反先日者，謂先所約之日而反也。」〔註23〕並非是。

（26）雖割國之錙錘以事人，而無自恃之道，不足以爲全

許注：六兩曰錙，倍錙曰錘。

按：《荀子・富國》：「割國之錙銖以賂之，則割定而欲無厭。」楊倞註：「十黍之重爲銖，八兩爲錙。《韓詩外傳》作『割國之疆垂以賂之』。」今本《韓詩外傳》卷6：「割國之強乘以賂之，則割定而欲無厭。」周廷寀校「強乘」爲「疆垂」，云：「猶言邊隅也。垂與陲通。」〔註24〕朱季海從周說〔註25〕。疑「疆垂」爲「錙錘」之誤。《呂氏春秋・應言》：「今割國之錙錘矣，而因得大官。」高注：「割，分也。錙錘，銖兩也。」《說山篇》：「有千金之璧，而無錙錘之礛諸。」高注：「六銖曰錙，八銖曰錘。言其賤也。」又「萬乘之主，冠錙錘之冠，履百金之車，牛皮爲賤，正三軍之眾。」

〔註21〕 參見鍾泰《荀注訂補》，商務印書館1936年版，第71頁。

〔註22〕 參見張儒、劉毓慶《漢字通用聲素研究》，山西古籍出版社2002年版，第670頁。

〔註23〕 俞樾《讀〈文子〉》，收入《春在堂全書》，《俞樓雜纂》卷21，光緒九年刻本。

〔註24〕 周廷寀《韓詩外傳校注》，民國21年安徽叢書編印處據歙黃氏藏營道堂刊本。

〔註25〕 朱季海《韓詩外傳校箋》，收入《學術集林》第5輯，上海遠東出版社1995年版，第188頁。

（27）若誠外釋交之策，而慎修其境內之事，盡其地力以多其積，屬其民死以牢其城，上下一心，君臣同志，與之守社稷，斅死而民弗離，則為民（名）者不伐無罪，而為利者不攻難勝，此必全之道也

> 按：《韓子・五蠹》：「使周衛緩其從衡之計，而嚴其境內之治，明其法禁，必其賞罰，盡其地力以多其積，致其民死以堅其城守，天下得其地則其利少，攻其國則其傷大，萬乘之國莫敢自頓於堅城之下，而使強敵裁其弊也，此必不亡之術也。」為此文所本。地力，《文子・符言》誤作「地方」，當據此文及《韓子》訂正。

（28）一也者，萬物之本也，無敵之道也

> 按：敵，《文子・道德》作「適」，借字。惠棟曰：「案：適，讀為敵。一者道之本，故云無適。」〔註26〕《莊子・天道》：「夫虛靜恬淡寂漠無為者，萬物之本也。」為此文所本。

（29）凡人之性，少則猖狂，壯則暴強，老則好利

> 按：《論語・季氏》：「孔子曰：『君子有三戒，少之時，血氣未定，戒之在色；及其壯也，血氣方剛，戒之在鬭；及其老也，血氣既衰，戒之在得。」為此文所本。

（30）又況君數易法，國數易君，人以其位通其好憎，下之徑衢，不可勝理

> 按：通，《文子・道德》作「達」，義同。徑衢，《文子》作「任懼」，誤。敦煌寫卷 P.3768《文子》正作「徑衢」。

（31）君好智，則倍時而任己，棄數而用慮

> 按：《文子・道德》作「君好義，則信時而任己，棄數而用惠」。義，當作「智」，敦煌寫卷 P.3768《文子》作「知」，同。信，當作「倍」，字之誤也。《文子・符言》：「倍道而任己。」亦其證。惠，當據朱弁注本、敦煌寫卷作「思」，「思」、「慮」同義；《纘義》本作「才」。

〔註26〕 惠棟《周易述》卷 20，收入阮元《清經解》第 2 冊，鳳凰出版社 2005 年版，第 2703 頁。

王重民曰：「『惠』字誤。」〔註27〕王叔岷曰：「思猶慮也。」〔註28〕朱大星曰：「思即慮也。」〔註29〕所說並是也。李定生、徐慧君曰：「惠，恩惠。《道藏》7卷本誤作『思』，《淮南子・詮言篇》『惠』作『慮』，誤也。」〔註30〕以不狂爲狂，傎矣。

（32）推於滋味，淫於聲色，發於喜怒，不顧後患者，邪氣也

按：推，一本作「重」，《御覽》卷720引作「推」〔註31〕，《文子・符言》同。《文子・下德》：「口惟滋味」，《治要》卷35引「惟」作「欲」。推猶推重、推許。「惟」爲「推」形誤。《史記・魏其武安侯傳》：「魏其之東朝，盛推灌夫之善。」王利器曰：「『推』、『惟』俱『噍』字形近之誤，盡也。」〔註32〕李定生、徐慧君亦謂「推」、「惟」爲「噍」之誤，訓嚼〔註33〕，未是。彭裕商謂「推」讀爲敦，厚也〔註34〕。殊無必要。

（33）一植一廢

按：植，景宋本作「置」，古字通；《文子・符言》作「起」。

（34）故聖人損（捐）欲而從事於性，目好色，耳好聲，口好味，接而說之，不知利害嗜慾也

按：接，《文子・符言》作「合」。《荀子・王霸》：「故人之情，口好味而臭味莫美焉，耳好聲而聲樂莫大焉，目好色而文章致繁婦女莫眾焉，形體好佚而安重間靜莫愉焉，心好利而穀祿莫厚焉，合天下之所同願，兼而有之。」爲此文所本。「合」即「合天下之所同願，兼而有之」也。知，《文子》作「離」。此言目好色耳好聲口好味爲不知於利害嗜慾也。顧廣圻謂「嗜」當作「者」，以「慾也」爲句，張雙棣、

〔註27〕王重民《敦煌古籍敍錄》，中華書局1979年版，第256頁。
〔註28〕王叔岷《文子斠證》，收入《諸子斠證》，中華書局2007年版，第514頁。
〔註29〕朱大星《敦煌本〈文子〉校補》，《敦煌研究》2004年第6期。
〔註30〕李定生、徐慧君《文子校釋》，上海古籍出版社2004年版，第198頁。
〔註31〕此據景宋本，《四庫》本作「溺」，蓋臆改。
〔註32〕王利器《文子疏義》，中華書局2000年版，第195頁。
〔註33〕李定生、徐慧君《文子校釋》，上海古籍出版社2004年版，第162頁。
〔註34〕彭裕商《文子校注》，巴蜀書社2006年版，第83頁。

何寧從之，皆非也。

（35）割痤疽非不痛也，飲毒藥非不苦也，然而為之者，便於身也

> 按：《劉子・利害》：「夫內熱者之飲毒藥，非不害也；疽痤用砭石，非不痛也。然而爲之者，以小痛來而大痛滅，則細害至巨害除也。」即本此文。

（36）渴而飲水，非不快也；饑而大殤（餐），非不贍也。然而弗為者，害於性也

> 按：《道德指歸論》卷4引《莊子》佚文：「夫飢而倍食，渴而大飲，熱而投水，寒而入火，所苦雖除，其身必死。」爲此文所本。《劉子・利害》：「饑而倍食，渴而大飲，熱而投水，寒而入火，雖暫怡性，必爲後患。」亦本之。殤，《記纂淵海》卷53引作「餐」。《爾雅》：「粲，餐也。」《釋文》作「殤」，云：「殤，本又作餐，《字林》作殤，云：『吞食。』」楊樹達謂「殤」爲「餐」字之誤，失考。

（37）夫函牛之鼎沸，而蠅蚋弗敢入；崑山之玉瑱，而塵垢弗能污也

> 許注：瑱，式也。

> 按：《後漢書・劉陶傳》李賢注引作「函牛之鼎沸，則蛾不得置其一足焉」。置，讀爲措。《後漢書・邊讓傳》李賢注引《莊子》佚文：「函牛之鼎沸，蟻不得措一足焉。」〔註35〕爲此文所本。函，《御覽》卷945引作「涵」。「涵」當爲「涵」之誤。瑱，讀爲鎭，《廣雅》：「鎭，撫也。」注「式」字，景宋本誤作「弌」。式，讀爲拭。《荀子・禮論》：「不浴則濡巾，三式而止。」楊倞注：「式與拭同」。《戰國策・楚策一》：「大王萬歲千秋之後，願得以身試黃泉、蓐螻蟻。」姚宏校：「錢、劉試一作式。曾云：『又作式。』」《文選・爲范始興作求立太宰碑表》李善注引作式。式、試讀爲拭，《渚宮舊事》卷3、《藝文類聚》卷33引正作拭〔註36〕。吳承仕謂《御覽》卷945引

〔註35〕 《帝範》卷2、《御覽》卷947、《困學紀聞》卷10引同。
〔註36〕 《四庫》本《類聚》「拭」誤「抵」，《御覽》卷391引臆改爲「滅」。另參見

「瑱」訓鎮，檢景宋本、《四庫》本作「式」，吳氏所據爲鮑本。楊樹達謂「瑱」讀爲縝，訓緻密。二氏所說皆非也。

（38）在智則人與之訟，在力則人與之爭

按：王念孫謂二「在」當爲「任」。考《老子》第 49 章王弼注、《列子·說符》張湛注亦有此二語，並作「在」字。「在」字不誤，王說非也。

（39）鼓不滅於聲，故能有聲；鏡不沒於形，故能有形

按：《文子·上德》：「鼓不藏聲，故能有聲；鏡不沒形，故能有形。」《文選·演連珠》：「臣聞絃有常音，故曲終則改；鏡無畜影，故觸形則照。」李善注引此文作「鏡不設形，故能形也」，又引高注：「鏡不豫設人形貌，清明以待人形，形見則見之。」王念孫謂「滅」爲「藏」誤，「沒」爲「設」誤。馬宗霍謂高本作「設」，許本作「沒」，沒亦藏也，何寧從之。王說是，惟王引《文子》作「設」，則失檢。「設形」即「畜影」也。《初學記》卷 25、《群書考索》卷 45 引《文子》「沒」正作「設」字。

（40）金石有聲，弗叩弗鳴

按：于大成指出語本《莊子·天地》「故金石有聲，不考不鳴」。成疏：「考，擊也。」叩，《文子·上德》作「動」，《意林》卷 1 引《文子》作「扣」。叩、扣，並讀爲敂。

（41）飾其外者傷其內，失其情者害其神，見其文者蔽其質

按：飾，《文子·符言》明刊本同，《纘義》本作「適」。飾其外，謂飾其貌也。下文「百步之中不忘其容者，必累其形」，即指飾其貌而言。《原道篇》：「是故聖人內修其本，而不外飾其末。」《四庫全書考證》云：「文義從『適』爲長。」〔註37〕非是。失，一本作「扶」，《文子》同，《雲笈七籤》卷 90 亦作「扶」。「扶」爲「失」之誤。

蕭旭《〈敦煌詩集殘卷輯考〉補正》「戒（式）塗歷險夷」條，收入《群書校補》，廣陵書社 2011 年版，第 874 頁。

〔註37〕《四庫全書〈文子纘義〉考證》，景印文淵閣《四庫全書》第 1499 冊，臺灣商務印書館 1986 年初版，第 690 頁。

失其情，指惑於外物而亡其本性也。《管子‧七臣七主》「此營於物
而失其情者也。」質，《文子》作「眞」。顧廣圻曰：「（眞）與韻叶，
疑因下『質』字而誤。」〔註38〕

（42）故羽翼美者傷骨骸，枝葉美者害根莖

按：下「美」字，《文子‧符言》作「茂」。害，《記纂淵海》卷 59 引作
「傷」。莖，孫詒讓據《文子》校作「荄」，與上句協韻。胡懷琛謂
此文不用韻〔註39〕。胡說是也，《御覽》卷 952、《記纂淵海》卷 59、
《喻林》卷 29 引亦作「莖」字。《吳越春秋‧勾踐歸國外傳》：「臣
聞峻高者隤，茂葉者摧。」「茂葉者摧」即此文「枝葉美者害根莖」
之誼。

（43）天有明，不憂民之晦也，百姓穿戶鑿牖，自取照焉；地有
財，不憂民之貧也，百姓伐木芟草，自取富焉

按：《慎子‧威德》：「天有明，不憂人之暗；地有財，不憂人之貧；聖人有
德，不憂人之危也。天雖不憂人暗，闢戶牖，必取己明焉，則天無事
也；地雖不憂人貧，伐木刈草，必取己富焉，則地無事也；聖人雖不
憂人之危，百姓準上而比於下，其必取己安焉，則聖人無事也。」（于
大成已引，但所引不全，茲補足其文）。馬王堆帛書《稱》：「天有明，
而不憂民之晦也，〔百〕姓辟（闢）其戶牖而各取昭（照）焉，天無
事焉；地有〔財〕，而不憂民之貧也，百姓斬木艾新（薪）而各取富
焉，地亦無事焉。」〔註40〕為此文所本。《御覽》卷 952 引「照」作
「炤」，「芟」作「艾」。《說文》：「芟，刈草也。」艾，讀為刈。

（44）至德道者若丘山，塊然不動，行者以為期也

按：塊，《文子‧符言》明刊本同，一本及《纘義》本作「嵬」，一本作
「巍」，同。字或作「魁然」，《漢書‧東方朔傳》《答客難》：「今世

〔註38〕轉引自王利器《文子疏義》，中華書局 2000 年版，第 197 頁。
〔註39〕胡懷琛《淮南鴻烈集解補正》，收入《叢書集成續編》第 40 冊，新文豐出版
公司 1991 年印行，第 479 頁。
〔註40〕馬王堆帛書《稱》，收入《馬王堆漢墓帛書〔壹〕》，文物出版社 1980 年版，
第 82 頁。

之處士，魁然無徒，廓然獨居。」顏師古注：「魁，讀曰塊。」《文選》作「塊然」。字或作「傀然」，《荀子‧性惡》：「傀然獨立天地之閒而不畏。」楊注：「傀，偉大貌。或曰：傀與塊同，獨居之貌也。」後說是，《御覽》卷 437 引《荀子》正作「塊然」。

（45）直己而足物，不為人贛，用之者亦不受其德，故寧而能久

按：贛，《文子‧符言》作「賜」。《說文》：「贛，賜也。」

（46）喜得者必多怨，喜予者必喜〔善〕奪

按：《文子‧符言》作「善怒者必多怨，善與者必善奪」。《韓詩外傳》卷 1：「喜名者必多怨，好與者必多辱。」《說文》：「辱，恥也，從寸在辰下，失耕時，於封畺上戮之也。」朱駿聲曰：「辱，失也，與『奪』同意。」謂《說文》「說甚迂曲」，並舉《老子》「寵辱若驚」簡文注「辱，失也」為證〔註41〕。得此正可為朱說佳證。辱訓失，正與「與」對舉〔註42〕。

（47）利則為害始，福則為禍先

按：《韓詩外傳》卷 1：「夫利為害本，而福為禍先。」為此文所本。

（48）及無好者，誅而無怨，施而不德

按：《文子‧道德》「好」下有「憎」字，當據補。敦煌寫卷 P.3768《文子》亦脫「憎」字。

（49）故合而舍之者君也，制而誅之者法也

按：《文子‧道德》作「合而和之君也，別而誅之法也」，敦煌寫卷 P.3768《文子》作「合而和之者君也，別而殊之者法也」。楊樹達據校「舍」為「和」，是。「別」當作「制」，形之誤也。《說文》：「殊，死也，從歺朱聲。漢令曰：『蠻夷長有罪，當殊之。』」《莊子‧在宥》《釋文》：「殊死，《廣雅》云：『殊，斷也。』司馬云：『決也。』一云誅也。」

〔註41〕朱駿聲《說文通訓定聲》，武漢市古籍書店 1983 年版，第 378 頁。
〔註42〕參見蕭旭《〈韓詩外傳〉補箋》，收入《群書校補》，廣陵書社 2011 年版，第 449 頁。

（50）民已受誅，怨無所滅，謂之道

按：怨無所滅，敦煌寫卷 P.3768《文子》同，今本《文子・道德》作「無
所怨憾」。葛剛岩據朱弁注本校作「怨無所藏」〔註43〕，可從。王念
孫改從今本《文子》，未是。

（51）聖人無屈奇之服，無瑰異之行，服不視，行不觀，言不議

許注：屈，短。奇，長也。其所服，眾不觀視也。

按：《文子・符言》「瑰異」作「詭異」，「視」作「雜」。

（52）通而不華，窮而不懾，榮而不顯，隱而不窮，異而不見怪，
容不（而）與眾同

按：《文子・符言》作「……隱而不辱，異而不怪，同用」，朱弁注本「辱」
作「窮」，與此合。通，達也。華，讀爲誇，已詳《繆稱篇》校補。
《原道篇》：「故得道者，窮而不懾，達而不榮。」「通而不華」即「達
而不榮」也。容，讀爲用。

（53）升降揖讓，趨翔周遊，不得已而為也

按：朱起鳳、楊樹達、張雙棣、何寧校「遊」爲「旋」〔註44〕，是也。《大
戴禮記・曾子事父母》：「趨翔周旋，俯仰從命。」又《保傅》：「升
降揖讓，無容周旋。」《左傳・昭公二十五年》：「子簡子問揖讓周旋
之禮焉。」皆其確證。

（54）善博者，不欲牟，不恐不勝，平心定意，捉得其齊，行由
其理，雖不必勝，得籌必多

許注：博其棊，不傷爲謀（牟）也。齊，得其適也。

按：《御覽》卷 754 引注作「博以不傷爲牟。牟，大也，進也。」《廣雅》：
「牟，過也。」又「牟，倍也。」《楚辭・招魂》：「成梟而牟。」王逸
注：「倍勝爲牟。」洪興祖注：「牟，過也，進也，大也。」傅山曰：「牟，
大也，侵也，又過也，進也，又倍勝曰牟。」〔註45〕考《方言》卷 1：

〔註43〕葛剛岩《敦煌寫本〈文子〉校補》，《敦煌學輯刊》2007 年第 2 期。

〔註44〕朱起鳳《辭通》，上海古籍出版社 1982 年版，第 659 頁。

〔註45〕傅山《讀子二・淮南存雋》，收入《霜紅龕集》卷 33，《續修四庫全書》第 1395
冊，上海古籍出版社 2002 年版，第 669 頁。

「牟，愛也。」猶言貪。不欲牟者，不貪子也。故下文云「勝在於數，不在於欲」。許注：「欲勝也。」恐非。「欲」亦指貪子而言。傷，猶今言殺子。以不殺子爲大勝。趙宗乙讀傷爲惕，訓憂思〔註46〕，未得。捉，王念孫據《御覽》卷754引校作「投」，是也。《海錄碎事》卷14引亦作「投」。齊，中也，猶言適當。《荀子・樂論》：「先王喜怒皆得其齊焉。」〔註47〕《文選・長笛賦》：「各得其齊，人盈所欲。」李善注：「齊，分限也。」字或借用儕，《禮記・樂記》：「故先王之喜怒皆得其儕焉。」〔註48〕鄭注：「儕，猶輩類。」失之。

（55）賈多端則貧，工多技則窮，心不一也

按：《文苑英華》卷499岑文本《問錢不行對》：「是以賈多端則貧，士多技則匱。」「士」爲「工」之誤。匱亦窮也。

（56）周公散（殽）臑不收於前，鍾鼓不解於縣

許注：臑，前肩之美也。

按：臑，王引之謂當作「腴」，向宗魯從之。考《泰族篇》：「周公肴臑不收於前，鍾鼓不解於懸。」《類聚》卷52引「臑」作「膳」，「收」作「撤」。《子華子・北宮意問》：「周公之佐成王也，肴膳不徹於前，鍾鼓不解於懸。」是「臑」當作「膳」也。《書鈔》卷49引《尸子》：「周公酒肉不徹於前，鍾鼓不解於懸。」爲此文所本。《韓詩外傳》卷4：「周（平）公酒〔肉〕不離於前，鍾石不解於懸。」衍「平」字，脫「肉」字。許維遹於「酒」下補「肴」字〔註49〕，未得。肴、殽，正、假字。

（57）匹夫百晦一守，不遑啟處，無所移之也

按：于大成指出語本《荀子・王霸》「百畝一守，事業窮，無所移之也」。《韓詩外傳》卷4：「匹夫百畝一室，不遑啓處，無所移之也。」「室」爲「守」之誤。句言匹夫所守之事業爲百晦之治，以無人可使，故

〔註46〕趙宗乙《淮南子札記》，黑龍江人出版社2009年版，第210頁。
〔註47〕《史記・樂書》同。
〔註48〕《白虎通義・禮樂》同。
〔註49〕許維遹《韓詩外傳集釋》，中華書局1980年版，第135頁。

不遑啓處也。許維遹謂「守」字誤〔註50〕，僨矣。

（58）以一人兼聽天下，日有餘而治不足者，使人為之也

　　按：《韓詩外傳》卷 4：「夫以一人而兼聽天下，其日有餘而下治是，使
　　　　人爲之也。」許維遹據此文校「下治是」爲「治不足」〔註51〕；沈
　　　　延國據《外傳》改此文作「下治是」，「是」字屬下句〔註52〕，張雙
　　　　棣從之，謂許說失之。考《荀子・王霸》：「今以一人兼聽天下，日
　　　　有餘而治不足者，使人爲之也。」爲此文所本。是此文不誤，《外
　　　　傳》當據此文校改，許說是也。楊倞注：「今以一人兼聽天下之大，
　　　　自稱日有餘，言兼聽之日有餘也；而治不足，謂所治之事少而不足，
　　　　言不足治也，使人爲之，故得如此。《尹子》曰：『堯南撓交阯，北
　　　　懷幽都，東西至日之所出入，有餘日而不足於治者，恕也。』《韓
　　　　子》曰：『夫爲人主而身察百官，則日不足、力不給也。故先王舍
　　　　己能而因法數審賞罰，故治不足而日有餘，上之任勢使然也。』」「日
　　　　有餘而治不足」即《尹子》之「有餘日而不足於治」也。楊氏所引
　　　　《韓子》見《有度篇》。句言以一人兼聽天下，則兼聽之日有餘，
　　　　而治不好天下。

（59）有滑則詘，有福則贏

　　按：滑，一本作「禍」。贏，一本作「嬴」。劉績曰：「嬴同盈，氣滿也。」
　　　　陳昌齊曰：「嬴當作贏。」張雙棣曰：「嬴字當是贏字之誤，贏亦當
　　　　爲嬴字之借。」按「滑」當作「褐」，同「禍」。另參見《泰族篇》
　　　　校補。「贏」當從一本作「嬴」，嬴讀爲盈。《御覽》卷 739 引作「有
　　　　禍則詘，有福則盈」。陳廣忠謂「滑」訓亂〔註53〕，非也。

（60）員之中規，方之中矩，行成獸，止成文，可以將少而不可以將眾

　　按：《泰族篇》：「員中規，方中矩，動成獸，止成文，可以愉舞而不可以
　　　　陳軍。」《御覽》卷 307 引「獸」作「戰」，「愉舞」作「榆眾」。「戰」

〔註50〕 許維遹《韓詩外傳集釋》，中華書局 1980 年版，第 135 頁。
〔註51〕 許維遹《韓詩外傳集釋》，中華書局 1980 年版，第 135 頁。
〔註52〕 沈延國《讀書雜錄》，《制言》第 11 期，又重見第 13 期。
〔註53〕 陳廣忠《淮南子斠詮》，黃山書社 2008 年版，第 780 頁。

當作「獸」,「楡眾」當作「愉舞」,並字之誤也。此文以「將少」與
「將眾」對文,彼文以「愉舞」與「陳軍」對文,各有當也。蔣超
伯謂「將少」當作「愉舞」,非是。又考《修務篇》:「蓋聞子發之戰,
進如激矢,合如雷電,解如風雨,員之中規,方之中矩,破敵陷陳,
莫能壅御,澤戰必克,攻城必下。」「員中規,方中矩,行成獸,止
成文」,皆指軍陣而言。則楊樹達、馬宗霍謂以將兵為喻,至確。傅
山曰:「獸字恐即㕙字之義,謂其足蹟不亂耳。」〔註54〕俞樾謂「獸」
當作「獻」,訓賢。金其源謂「獸」為「獻」古文,讀為儀。何寧謂
獸亦文也。皆非是。

（61）量粟而舂,數米而炊

按:《莊子・庚桑楚》:「簡髮而櫛,數米而炊。」為此文所本。《泰族篇》:
「稱薪而爨,數米而炊。」

（62）滌杯而食,洗爵而飲,浣而後饋

按:浣,《泰族篇》作「盥」。

（63）大樂必易,大禮必簡。易故能天,簡故能地。大樂無怨, 大禮不責

按:《禮記・樂記》:「大樂必易,大禮必簡。樂至則無怨,禮至則不爭。」
為此文所本。

（64）心有憂者,筐牀衽席弗能安也,菰飯犓牛弗能甘也

許注:衽,柔弱也。

按:《記纂淵海》卷71引「筐」作「匡」,「犓」作「芻」。匡、筐,正、
假字。《莊子・齊物論》:「與王同筐牀。」《釋文》:「筐,本亦作匡。」
《御覽》卷706引作「匡」。古字作匚〔註55〕。「衽」訓柔弱者,另
詳《脩務篇》「齧缺卷銋」條校補。

〔註54〕傅山《讀子二・淮南存雋》,收入《霜紅龕集》卷33,《續修四庫全書》第1395
　　　冊,上海古籍出版社2002年版,第669頁。
〔註55〕參見聞一多《莊子內篇校釋》,收入《古典新義》,《聞一多全集》卷2,三聯
　　　書店1982年版,第249頁。

（65）大道無形，大仁無親，大辯無聲，大廉不嗛，大勇不矜

按：于大成指出語本《莊子・齊物論》「夫大道不稱，大辯不言，大仁不
仁，大廉不嗛，大勇不忮」。（a）成疏「嗛」解爲遜讓。王闓運曰：
「嗛，虛也。」奚侗曰：「嗛，借爲謙，謂謙讓也。」〔註56〕王叔岷
曰：「案《秋水篇》：『貨財弗爭，不多辭讓。』與此文義近。奚謂嗛
借爲謙，是也。」諸說皆是也，《賈子・道術》：「辭利刻謙謂之廉，
反廉爲貪。」是「廉」與「謙」相因也。郭注「嗛」解爲嗛盈。林
希逸注：「嗛，滿也。猴藏物曰嗛。以廉爲廉，則有自滿之意。」〔註
57〕宣穎曰：「大廉不嗛，無圭角。嗛音歉，猴頷貯食也。謇濫之意。」
〔註58〕馬其昶曰：「嗛，與『嶘』同。《說文》：『嶘，崖也。』」〔註
59〕朱桂曜曰：「嗛蓋礛之壞字……《說文》：『礛，屬石也。』……
是礛有稜利之義。《韓詩外傳》一：『礛乎其廉而不劌也。』與此處
義正合。」〔註60〕李勉曰：「嗛，應作『嘾』。『嘾』字從口，謂口自
言廉也。原句應作『大廉不廉』，與上句『大仁不仁』句法同。下『廉』
字動詞。魏晉注者加『口』旁作『嘾』，又誤作『嗛』。」〔註61〕諸
說並非是。《外傳》「礛乎其廉」，「礛」字修飾「廉」，顯非此文之義。

（b）成疏：「忮，逆也。」《釋文》：「忮，害也。李云：『健也。』」
王念孫曰：「《說文》：『忮，很也。』」〔註62〕馬敘倫曰：「忮疑借爲駥。
《說文》曰：『駥，馬彊也。』矜，《說文》作矝，古書多借矝爲競，
以競讀若矝也。《說文》曰：『競，競也。競，彊語也。』」〔註63〕「忮」
當訓很戾、很逆。駥亦很戾之義。心很爲忮，馬彊爲駥，固同源也。

〔註56〕奚侗《莊子補注》，民國六年當塗奚氏排印本。
〔註57〕王叔岷《莊子校詮》，中華書局2007年版，第75頁。
〔註58〕宣穎《南華經解》，收入《續修四庫全書》第957冊，上海古籍出版社2002
年版，第430頁。
〔註59〕馬其昶《莊子故》，黃山書社1989年版，第16頁。
〔註60〕朱桂曜《莊子內篇證補》，上海商務印書館中華民國24年版，第67頁。所引
《韓詩外傳》見卷2，朱氏誤記。
〔註61〕李勉《莊子總論及分篇評注》，轉引自崔大華《莊子歧解》，中州古籍出版社
1988年版，第86頁。
〔註62〕轉引自馬其昶《莊子故》，黃山書社1989年版，第16頁。
〔註63〕馬敘倫《莊子義證》卷2，收入《民國叢書》第5編，據商務印書館中華民國
19年版影印，第15頁。

矜，當作矜，讀爲懂，亦勇也，參見《氾論篇》「乃始立氣矜」條校補。《六韜・武韜・發啓》：「大智不智，大謀不謀，大勇不勇，大利不利。」「大勇不矜」即「大勇不勇」也。馬氏讀爲兢，非也。

（66）故始於都者常大於鄙，始於樂者常大於悲

按：王念孫據《莊子・人間世》「且以巧鬬力者，始乎陽常卒乎陰，泰至則多奇巧。以禮飲酒者，始乎治常卒乎亂，泰至則多奇樂。凡事亦然，始乎諒常卒乎鄙」，謂二「大」字當作「卒」。王說是也，《主術篇》：「故智者先忤而後合，愚者始於樂而終於哀。」《說苑・說叢》：「知者始於悟終於諧，愚者始於樂終於哀。」卒亦終也。《莊子》之「諒」，俞樾謂「諸」字之誤，諸讀爲都〔註64〕，可從。

（67）其作始簡者，其終本必調

按：《莊子・人間世》：「其作始也簡，其將畢也必巨。」王念孫據校「本」爲「卒」，是也。俞樾曰：「調當作綢，《玉篇》：『綢，多也，大也。』……巨者，大也。大與多義相近……字亦或從大作奃也。」俞說是，而猶未盡。《賈子・道術》：「合得密周謂之調，反調爲懤。」合得密周，言相合而周密也。得亦合也，周亦密也〔註65〕。此文「調」即周密之誼。本字當作周，《說文》：「周，密也。」字亦作稠〔註66〕，《說文》：「稠，多也。」《慧琳音義》卷4引《蒼頡篇》：「稠，眾也。」又卷34引毛詩《傳》：「稠，密也。」傅山曰：「『調』字不注，文義即法涼敝貪之意，而『調』字不知如何用。」〔註67〕馬宗霍謂「調」訓龢，引申有眾多義；何寧謂「調」爲「詎」誤字，「詎」通「巨」。皆非是。許建平謂調借爲稠〔註68〕，固是，而謂俞說失之好異，未能貫通也。

〔註64〕俞樾《諸子平議》，上海書店1988年版，第333頁。

〔註65〕方向東曰：『合得』當作『合德』，和同其德。」失之。方向東《賈誼集匯校集解》，河海大學出版社2000年版，第327頁。

〔註66〕《莊子・天下》：「可謂稠適而上遂矣。」《釋文》：「稠，本亦作調。」是其比。

〔註67〕傅山《讀子二・淮南存雋》，收入《霜紅龕集》卷33，《續修四庫全書》第1395冊，上海古籍出版社2002年版，第669頁。

〔註68〕許建平《淮南子補箋》，《中國典籍與文化論叢》第6輯，中華書局2000年版，第352頁。

（68）三族結怨

按：結，《文選・結客少年場行》李善注引作「皆」。

（69）《詩》之失僻，《樂》之失剌，《禮》之失責

許注：禮無往不復，有施於人，則責之。

按：《禮記・經解》：「故《詩》之失愚，《書》之失誣，《樂》之失奢，《易》之失賊，《禮》之失煩，《春秋》之失亂。」〔註69〕為此文所本。《泰族篇》：「故《易》之失也卦，《書》之失也敷，《樂》之失也淫，《詩》之失也僻，《禮》之失也責，《春秋》之失也剌。」又「故《易》之失鬼，《樂》之失淫，《詩》之失愚，《書》之失拘，《禮》之失忮，《春秋》之失訾。」《御覽》卷608引「拘」作「劫」，「忮」作「亂」。責，疑「煩」字缺誤，與「亂」同義。許注云云，則所見本已誤。忮，讀為支、枝，《集韻》：「支，分也。」分散、分離也，與「煩亂」義近。此文言「《樂》之失剌」，疑有脫文，當作「《樂》之失淫，《春秋》之失剌」。剌，讀為諫，與「訾」義近。

（70）水出於山而入於海，稼生於野而藏於廩，見所始則知終矣

按：《呂氏春秋・審己》：「水出於山而走於海，水非惡山而欲海也，高下使之然也；稼生於野而藏於倉，稼非有欲也，人皆以之也。」〔註70〕為此文所本。《泰族篇》：「夫水出於山而入於海，稼生於田而藏於倉，聖人見其所生而知其所歸矣。」〔註71〕可互參證。

（71）席之先蒩（蓲）簟，樽之上玄樽（酒），俎之先生魚，豆之先泰羹

許注：席之先所從生，出於蓲與蕡葦也。

按：蒩，王念孫、劉家立改作「蓲」，是也。《類聚》卷69引作「蓆之上先蓲簟，樽之上先玄酒」，《御覽》卷708引作「席之上先蓲簟，尊之上先玄酒」。「蓆」同「席」，「蓲」讀為蓲，「樽」同「尊」。于大成讀簟為簟，《說文》：「簟，竹席也。」于說是。許注「蕡葦」，非

〔註69〕《家語・問玉》同。
〔註70〕《意林》卷2引「走」作「歸」。
〔註71〕《說苑・說叢》「倉」作「廩」。

也。王念孫據《類聚》卷69、《御覽》卷708所引校作「席之上先蓋蕈，樽之上先玄酒，俎之上先生魚，豆之上先泰羹」，楊樹達引群書駁之，謂「上、先同義」。《御覽》卷935引作「俎之先生魚，豆之先太羹」，同今本，足證楊說是也。

（72）夫寒之與煖相反，大寒地坼水凝，火弗為衰其暑，大熱鑠石流金，火弗為益其烈

按：鑠，《御覽》卷869引作「礫」，借字。《楚辭·招魂》：「十日代出，流金鑠石些。」王逸注：「鑠，銷也。」王引之謂「暑」、「熱」當互易，舉《文選·演連珠》李善注引作「火弗為衰其熱」以證之。《選》注作「火弗為衰其勢，暴也」，「熱」誤作「勢」，王氏徑正，是也。張雙棣以「其勢暴也」為句，失之。

（73）隨時三年，時去我先；去時三年，時在我後

按：先，呂傳元據景宋本及《文子·符言》作「走」，是也。宋·林光朝《正字子方子窆銘》、宋·楊萬里《再與余丞相書》引古語，亦作「走」字。

（74）直己而待命，〔時〕之去不可迎而反也；要遮而求合，時之去不可追而援也

按：上「去」字，一本及《文子·符言》作「至」，是也。追，《文子》《纘義》本同，明刊本作「足」。《四庫全書考證》云：「明刊本追訛足。」〔註72〕

（75）古之存己者，樂德而忘賤，故名不動志；樂道而忘貧，故利不動心

按：《精神篇》：「樂道而忘賤，安德而忘貧。」可互參證。《劉子·清神》：「貴身而忘賤，故尊勢不能動；樂道而忘貧，故厚利不能傾。」即本此文。

〔註72〕《四庫全書〈文子纘義〉考證》，景印文淵閣《四庫全書》第1499冊，臺灣商務印書館1986年初版，第690頁。又見《四庫全書〈文子纘義〉提要》，第1058冊，第371頁。

（76）故兼而能樂，靜而能澹

　　按：兼，一本作「廉」，《文子・符言》作「謙」。于大成謂兼讀爲歉。

（77）數雜之壽，憂天下之亂，猶憂河水之少，泣而益之也

　　許注：雜，匝也。人生子，從子至亥爲一匝。

　　按：于大成指出語本《類聚》卷 35 引《尸子》「今以一人之身，憂世之
　　不治，而涕泣不禁。是憂河水濁，而以泣清之也」〔註73〕。雜，《類
　　聚》卷 97 引作「離」，《御覽》卷 469 引作「匝」，有注：「匝，猶至
　　也。或作卒。卒，盡也。言垂盡之年，不足以憂天下之亂，猶泣不
　　能使水之多也。」《文子・符言》作「筭」，《白帖》卷 6、《困學紀聞》
　　卷 6 引《文子》作「集」，《白帖》、《正字通》並引《文子》注：「集，
　　年也。」王利器曰：「數，天然之數，猶今言自然規律……『筭』當
　　作『雜』，形近之誤。」〔註74〕王氏前說誤，後說是。「離」、「卒」
　　亦並爲「雜」之誤〔註75〕。集、雜讀爲匝，許注是也。朱駿聲曰：
　　「雜，叚借爲襍，或曰此義借爲帀。」〔註76〕後說是。《呂氏春秋・
　　圜道》高注亦云：「雜，猶匝。」《墨子・雜守》：「椠再襍。」孫詒
　　讓曰：「再襍，猶言再帀。」〔註77〕《說苑・修文》：「如矩之三雜，
　　規之三雜。」盧文弨引此文高（許）注訓匝〔註78〕。惠士奇曰：「浹
　　辰者，子亥之辰一匝；浹日者，甲癸之日一周……浹謂之雜，雜謂
　　之匝，三王之道，如矩之三雜，規之三雜，終而復始，循環無端。
　　《呂氏春秋》曰：『圜周復雜。』《淮南子》曰：『數雜之壽。』雜
　　猶浹也。後人掇拾《淮南》，託爲《文子》，改雜爲算，失其義矣。」
　　〔註79〕從子至亥爲十二辰，從子至亥爲一匝，故數爲十二也，言數

〔註73〕《御覽》卷 387 引略同，《子思子・無憂》、《孔叢子・抗志》亦同。

〔註74〕王利器《文子疏義》，中華書局 2000 年版，第 203～204 頁。

〔註75〕王叔岷曰：「離即襍之形誤。」王叔岷《淮南子斠證》，收入《諸子斠證》，中
　　　　華書局 2007 年版，第 414 頁。

〔註76〕朱駿聲《說文通訓定聲》，武漢市古籍書店 1983 年版，第 106 頁。

〔註77〕孫詒讓《墨子閒詁》，中華書局 2001 年版，第 623 頁。

〔註78〕盧文弨《群書拾補》，收入《續修四庫全書》第 1149 冊，上海古籍出版社 2002
　　　　年版，第 427 頁。

〔註79〕惠士奇《禮說》卷 1，收入阮元《清經解》第 2 冊，鳳凰出版社 2005 年版，
　　　　第 1588～1589 頁。王利器說略同，當即本惠說。王利器《文子疏義》，中華
　　　　書局 2000 年版，第 203 頁。

帀之壽，就是幾個十二年，猶言幾十年耳。于鬯謂作「卒」是，「數卒」即促猝，未得厥誼。《困學紀聞》卷 6：「今俗語云『一帀』……俗語出於此。」少，《文子》作「涸」。《記纂淵海》卷 74 引此文作「以數雜匝也，憂天下之亂猶憂河水之少，涸而益之也」。蓋此文「雜」一作「匝」，「少」一作「涸」，《淵海》並兩存之，又脫「泣」字耳〔註80〕。

（78）龜三千歲，浮游不過三日

按：浮游，《御覽》卷 469、931、945、《事類賦注》卷 28、《記纂淵海》卷 99 引作「蜉蝣」，《記纂淵海》卷 69、74 引作「蜉蝤」。不過三日，《御覽》卷 931、《記纂淵海》卷 69、74、99 引同，《御覽》卷 469 引脫「不」字，又卷 945 引作「不飲食三日而死」。《說林篇》：「蜉蝣不食不飲，三日而死。」

（79）故其身治者，可與言道矣

按：《子思子・無憂》：「唯能不憂世之亂而患身之不治者，可與言道矣。」〔註81〕為此文所本。

（80）福之至也，非其所求，故不伐其功；禍之來也，非其所生，故不悔其行

按：二「其」字，《文子・符言》作「己」。

（81）故知道者不惑，知命者不憂

按：上「知」字，《文子・符言》作「通」。通亦知也。

（82）聰明雖用，必反諸神，謂之太沖

許注：沖，調也。

按：太沖，《文子・符言》作「大通」。

〔註80〕 此據《四庫全書》第 932 冊，景印文淵閣《四庫全書》，臺灣商務印書館 1986 年初版，第 282 頁。《北京圖書館古籍珍本叢刊》第 71 冊《記纂淵海》在卷 121，引同今本，不誤；書目文獻出版社 1998 年版，第 518 頁。

〔註81〕《孔叢子・抗志》同。

《兵略篇》校補　卷第十五

（1）古之用兵者，非利土壤之廣而貪金玉之略

　　許注：略，獲也。

　　按：土壤，何寧據日本古鈔本及《御覽》卷 271 引校作「壤土」。《文子·
　　　　上義》作「古之用兵者，非利土地而貪寶賂也。」略，讀爲賂，《御
　　　　覽》卷 271 引正作「賂」。

（2）含牙帶角

　　按：帶，楊樹達、于省吾、王叔岷、何寧據日本古鈔本及《御覽》卷 271、
　　　　944 引校作「戴」，鄭良樹、于大成謂《事類賦注》卷 30、《記纂淵
　　　　海》卷 42 引作「戴」，以證之，並是也。《禮書》卷 115 引亦作「戴」。
　　　　銀雀山漢簡《孫臏兵法·勢備》：「陷（含）齒戴角。」〔註1〕亦作「戴」
　　　　字。《史記·律書》：「自含血戴角之獸，見犯則校。」「血」當作「牙」
　　　　〔註2〕。

（3）有蹏者跌

　　按：蹏，《御覽》卷 271、944、《事類賦注》卷 30、《記纂淵海》卷 42、《禮
　　　　書》卷 115 引作「蹄」，蹏、蹄，正、俗字。跌，日本古鈔本作「趹」，

─────────────

〔註1〕 整理者注：「陷，借爲含。」銀雀山漢墓竹簡《孫臏兵法》，文物出版社 1975
　　　　年版，第 65 頁。

〔註2〕 王元啓曰：「血當作齒，傳寫誤也。」張文虎從其說，亦備一通。王元啓《史
　　　　記正譌》，收入《二十四史訂補》第 1 冊，書目文獻出版社 1996 年版，第
　　　　587 頁。張文虎《校刊史記集解索隱正義札記》，中華書局 1977 年版，第 303
　　　　頁。

《記纂淵海》卷 42 引作「趺」〔註3〕，「趺」、「跌」爲「跺」形誤。

（4）故割革而為甲，爍鐵而為刃

按：《劉子・兵術》：「銷金爲刃，割革爲甲。」即本此文。爍，讀爲鑠，《泰族篇》正作「鑠」。

（5）貪昧饕餮之人

按：《文子・上義》作「貪叨多欲之人」。《左傳・襄公二十六年》：「是故昧於一來。」杜注：「昧，猶貪冒。」昧，讀爲冒。冒亦貪也〔註4〕。《爾雅翼》卷 21：「三苗飲食貪冒，故以饕餮比之。」楊樹達謂昧讀爲沒，貪沒猶言貪溺，未允。

（6）乃討強暴，平亂世，夷險除穢

按：夷險除穢，《文子・上義》作「爲天下除害」。《史記・律書》：「兵者，聖人所以討彊暴，平亂世，夷險阻，救危殆。」《御覽》卷 271 引杜恕《〔篤〕論》：「故兵之來也久矣，所以威不軌而昭文德，所以討強暴而除殘賊也。」皆本此文。

（7）自五帝而弗能偃也，又況衰世乎

按：楊樹達謂「自」猶雖，是也。《御覽》卷 271 引杜恕《〔篤〕論》：「昔五帝不能偃，況衰世乎？」《集韻》：「自，古作𦣹。」故誤爲「昔」字。

（8）黃帝戰於涿鹿之野

按：涿鹿，日本古鈔本作「蜀鹿」，古字通。字或作「濁鹿」，《今本竹書紀年》卷下：「十七年，燕伐趙，圍濁鹿，趙靈王及代人救濁鹿，敗燕師於勺。」《周禮・夏官・司馬》《釋文》：「涿鹿：丁角反，沈音濁，劉音獨。」《莊子・盜跖》《釋文》：「涿鹿，音卓，本又作濁。

〔註3〕 此據景印文淵閣《四庫全書》第 931 冊，臺灣商務印書館 1986 年初版，第 156 頁。《北京圖書館古籍珍本叢刊》第 71 冊《記纂淵海》在卷 37，引同今本，不誤；書目文獻出版社 1998 年版，第 176 頁。

〔註4〕 參見朱起鳳《辭通》，上海古籍出版社 1982 年版，第 1916 頁。符定一《聯緜字典》酉集，中華書局 1954 年版，第 185～186 頁。

司馬云：『涿鹿，地名。』」《史記・五帝本紀》：「與蚩尤戰於涿鹿之野。」《索隱》：「或作『濁鹿』，古今字異耳。」《路史》卷 13：「逐帝而居於濁鹿。」自注：「即『涿鹿』。」

（9）炎帝為火災，故黃帝擒之；共工為水害，故顓頊誅之

按：《史記・律書》：「昔黃帝有涿鹿之戰，以定火災；顓頊有共工之陳，以平水害。」即本此文。

（10）故聖人之用兵也，若櫛髮耨苗，所去者少，而所利者多

按：《說山篇》：「治國者若鎒田去害苗者而已，今沐者墮髮而猶為之不止，以所去者少所利者多。」可以互證。《書鈔》卷 27、《類聚》卷 52、《御覽》卷 624 引《說山篇》「鎒」作「耨」。鎒、耨，正、俗字。

（11）殺無罪之民，而養無義之主，害莫大焉；殫天下之財，而贍一人之欲，禍莫深焉

按：殫，《文子・上義》《纘義》本同，明刊本作「聚」。《御覽》卷 271 引杜恕《〔篤〕論》：「濫殺無辜之民，以養不義之君，非兵之體也；殫天下之財，以贍一人之求，非兵之體也。」即本此文。

（12）至於攘天下，害百姓，肆一人之邪，而長海內之禍

許注：攘，亂也。

按：攘，朱駿聲讀為孃[註5]，《說文》：「孃，煩亂也。」楊樹達謂「攘」讀為毇，毇訓亂是治理義，楊說非是。注「亂」，一本作「奪」，則「攘」讀如字。邪，《文子・上義》作「欲」。

（12）今乘萬民之力反為殘賊，是為虎傅翼，曷為弗除

按：乘，《文子・上義》同，《御覽》卷 271 引此文誤作「集」，又卷 492 引《文子》誤作「採」。

（13）夫畜池魚者，必去猵獺

按：何寧據《本草圖經》所引校作「養池魚者，不畜猵獺」，未必是。《御

〔註 5〕 朱駿聲《說文通訓定聲》，武漢市古籍書店 1983 年版，第 892 頁。

覽》卷 935、《古文苑》卷 4《蜀都賦》章樵註引同今本。《鹽鐵論·
輕重》：「水有猵獺而池魚勞，國有強禦而齊民消。」即本此文。《爾
雅翼》卷 21 引此文、《御覽》卷 912 引《鹽鐵論》「猵」作「獱」，《六
書故》：「獱，獺類也，又作猵。」方以智曰：「獱即猵。」〔註6〕王
先謙曰：「猵、獱同字。」〔註7〕

（14）養禽獸者，必去豺狼

按：豺狼，一本作「豺狼」，《文子·上義》同。俞樾校為「狼契」，已為
劉文典、于大成、何寧所駁。《御覽》卷 935 引同今本。

（15）故霸王之兵，以論慮之，以策圖之，以義扶之

按：《文子·上義》作「以謀慮之，以策圖之，挾義而動」。「論」當作
「謀」，《御覽》卷 271 引已誤作「論」字。王叔岷曰：「挾當作扶，
字之誤也。《意林》引此正作扶。《淮南子》作『以義扶之』，亦其
證。」〔註8〕扶，助也。此篇下文「是故扶義而動，推理而行。」
《史記·太史公自序》：「漢乃扶義征伐。」又《滑稽傳》：「與義相
扶。」《史記·張耳陳餘傳》：「扶以義。」〔註9〕《漢書·高帝紀》：
「不如更遣長者扶義而西。」《鹽鐵論·論誹》：「論者相扶以義，
相喻以道。」皆作「扶」字之確證。李定生、徐慧君曰：「挾義，
挾持義，即假義也。」〔註10〕非也。

（16）毋扣墳墓

按：扣，景宋本同，一本作「抉」，日本古鈔本及《御覽》卷 271 引作
「掘」，《呂氏春秋·懷寵》、《文子·上義》亦作「掘」。王念孫、
陳昌齊謂「扣」是「拍」之誤，何寧謂「拍」、「掘」聲近義通，並

〔註6〕 方以智《通雅》卷 46，收入《方以智全書》第 1 冊，上海古籍出版社 1988
年版，第 1372 頁。

〔註7〕 王先謙《〈鹽鐵論〉校勘小識》，收入《叢書集成新編》第 26 冊，新文豐出版
公司 1985 年版，第 496 頁。

〔註8〕 王叔岷《文子斠證》，收入《諸子斠證》，中華書局 2007 年版，第 536 頁。

〔註9〕 《漢書》扶作輔，輔亦助也。《史記·晁錯傳》：「誠令吳得豪桀，亦且輔王為
義，不反矣。」亦作輔字。

〔註10〕 李定生、徐慧君《文子校釋》，上海古籍出版社 2004 年版，第 448 頁。

是也。《荀子・議兵》：「溝池不拑。」楊註：「拑，古掘字。《史記》
作『溝池不掘』也。《文子》曰：『無鉗墳墓。』鉗亦同掘。或曰：
拑，當作相，篆文相字與拑字相近，遂誤耳。」楊氏所見本《文子》
作「鉗」，二說並誤。吳玉搢曰：「掘字亦作扣，疑拑因扣而訛，鉗
又因拑而訛也。鉗與掘音義皆不得相通。」〔註11〕吳說是也，楊氏
所引《史記》，見《禮書》。《韓詩外傳》卷 9 作「溝池不鑿」，《家
語・致思》、《說苑・指武》作「溝池不越」，《論衡・順鼓》引《尚
書大傳》作「溝池不脩」，「鑿」、「越」、「脩」亦掘也。王肅注：「言
無踰越溝池。」非是。《御覽》卷 352 引《家語》作「溝池不設」，
蓋爲臆改。《御覽》卷 390、《事類賦注》卷 13 引《家語》並作「越」
字。《廣雅》：「越，治也。」王念孫《疏證》引《說苑》爲證，云：
「《說文》：『汩，治水也。』越與汩聲相近，故同訓爲治。」汩，
古掘字，字或作撅〔註12〕。

（17）毋捕民虜

按：《文子・上義》作「無捕民虜」，《御覽》卷 271 引誤倒作「無捕虜民」。
《呂氏春秋・懷寵》作「得民虜」。《禮記・曲禮上》：「獻民虜者，
操右袂。」鄭注：「民虜，軍所獲也。」

（18）兵之來也，以廢不義而復有德也

按：復，《御覽》卷 271 引同，日本古鈔本、《長短經》卷 9 引作「授」，
《文子・上義》同。《御覽》卷 271 引杜恕《〔篤〕論》：「兵之來也，
以除不義而授德。」亦作「授」字。作「復」作「授」，蓋許、高本
之異。

（19）決獄不辜，殺戮無罪

按：辜，《御覽》卷 271 引同，當據《文子・上義》作「平」，字之誤也。
《呂氏春秋・懷寵》作「罪殺不辜，慶賞不當」，「決獄不平」即「慶
賞不當」也，「罪殺不辜」即「殺戮無罪」也。《時則篇》：「決獄不

〔註11〕 吳玉搢《別雅》卷 5，收入景印文淵閣《四庫全書》第 222 冊，臺灣商務印書
　　　　館 1986 年初版，第 753 頁。
〔註12〕 參見蕭旭《說苑校補》，收入《群書校補》，廣陵書社 2011 年版，第 535 頁。

當。」「決獄不平」即「決獄不當」也。作「辜」者，涉下「罪」字而誤。考《漢書・刑法志》：「決獄不當，使有罪興邪，不辜蒙戮。」「不辜蒙戮」即此文之「殺戮無罪」，尤可證「不辜」當作「不平」，亦即「不當」之誼。《人間篇》：「越王句踐，一決獄不辜，援龍淵而切其股，血流至足以自罰也。」「不辜」亦誤。《書鈔》卷 44：「決獄不當，援刀自割。」注：「《淮南子》云越王如是。」《御覽》卷 639 引作「越王決獄不當，援刀自割」，又卷 741 引作「越王決獄不當，拔刀自割」，可證「辜」字誤也。

（20）有逆天之道，帥民之賊者，身死族滅

按：《呂氏春秋・懷寵》作「民有逆天之道，衛人之讐者，身死家戮不救（赦）」，高注：「衛，猶護助也。救無道之君，則身死家戮不救（赦）貸也。」張雙棣謂「帥」即「衛」字之轉寫而「衛」字之誤，是也。《御覽》卷 271 引作「率民為賊」，猶可見其致譌之跡。《文子・上義》作「亂民之賊」，臆改。日本古鈔本「帥」誤作「師」。王利器曰：「帥讀如《孟子・滕文公上》『是率天下而路也』之率。」〔註 13〕非是。

（21）百姓開門而待之，淅米而儲之

許注：淅，漬。

按：《文子・上義》「待」作「內」，「淅」作「漬」。《意林》卷 1 引《文子》作「待」字。段玉裁曰：「凡釋米、淅米、漬米、汏米、灡米、淘米、洮米、漉米，異稱而同事。」〔註 14〕

（22）故義兵之至也，至於不戰而止

按：止，《文子・上義》同。止，制也，獲也。下文「制勝于未戰」，即此「不戰而止」之誼。何寧謂「止」當從《御覽》卷 271 引作「心服」，非也。

〔註 13〕 王利器《日本古寫本〈淮南鴻烈兵略閒詁〉第二十校證》，《古籍整理與研究》第 5 期，中華書局 1990 年版，第 41 頁。

〔註 14〕 段玉裁《說文解字注》，上海古籍出版社 1981 年版，第 561 頁。

（23）晚世之兵，君雖無道，莫不設渠壍，傅堞而守

許注：傅，守也。

按：渠壍，溝渠。已詳《氾論篇》校補。日本古鈔本「渠壍」作「深壍」。《御覽》卷 271 引「壍」作「壍」，「而」作「加」。于大成曰：「《說文》：『壍，阬也。』壍是俗字，壍與壍同。『深』是誤字。」傅，讀爲附。字或作敷，《墨子・備城門》：「維敷上堞。」馬宗霍謂「傅」訓輔、護，張雙棣謂「渠壍」爲「渠幨」之誤，並失之。

（24）夫為地戰者不能成其王，為身戰者不能立其功

按：下「戰」字，日本古鈔本及《文子・上義》作「求」，王利器謂當作「求」字〔註15〕，是也。考《後漢書・馮衍傳》：「慮時務者不能興其德，爲身求者不能成其功。」亦作「求」字。《晏子春秋・內篇襍上》：「爲地戰者不能成其王，爲祿仕者不能正其君。」《說苑・君道》：「爲地戰者不能成王，爲祿仕者不能成政。」于大成舉此二文以證。《論衡・量知》：「爲地戰者不能立功名，貪爵祿者不能諫於上。」亦可參證。

（25）地方而無垠，故莫能窺其門

按：垠，日本古鈔本作「望」，《御覽》卷 271 引作「限」。于大成、王利器謂「望」爲「堑」形誤，「堑」爲「垠」古字，「限」爲「垠」形誤；王叔岷謂「望」爲「埒」形誤〔註16〕。于大成、王利器說是。《文子・自然》作「涯」，義同。

（26）天化育而無形象，地出（生）長而無計量

按：《御覽》卷 271 引脫「化」字。《文子・自然》作「天化遂無形狀，地生長無計量」。王叔岷曰：「遂、育同義。」〔註17〕《管子・宙合》：「天淯陽無計量，地化生無法崖。」尹注：「淯，古育字。」爲此文所本。《文子・自然》：「化遂如神。」《繆稱篇》：「化育如神。」彭

〔註15〕王利器《文子疏義》，中華書局 2000 年版，第 500 頁。
〔註16〕王利器《日本古寫本〈淮南鴻烈兵略閒詁〉第二十校證》，《古籍整理與研究》第 5 期，中華書局 1990 年版，第 42 頁。
〔註17〕王叔岷《文子斠證》，收入《諸子斠證》，中華書局 2007 年版，第 526 頁。

裕商曰：「遂，成。」〔註18〕非也。

（27）物物而不物，故勝而不屈

按：銀雀山漢簡《奇正》：「故聖人以萬物之勝勝萬物，故其勝不屈。」
〔註19〕爲此文所本。

（28）是故大兵無創，與鬼神通

按：張雙棣指出語本銀雀山漢簡《六韜》，是也。今本《六韜》見《武韜‧
發啓》。銀雀山漢簡《尉繚子》：「大兵無創，與鬼神〔通〕。」〔註20〕
亦本之。

（29）五兵不厲，天下莫之敢當

按：日本古鈔本作「莫敢之當」，《御覽》卷271引亦同。「莫之敢Ｖ」是
古書常例，「莫敢之Ｖ」是古書變例。《管子‧小匡》：「是故天下小
國諸侯既服桓公，莫敢之倍而歸之。」《呂氏春秋‧分職》：「以其民
安而天下莫敢之危，以其地封而天下莫敢不說。」《後漢書‧朱穆傳》
李賢注引朱穆《絕交論》：「是故遂往不反而莫敢止焉，是川瀆並決
而莫敢之塞，游獵蹂稼而莫之禁也。」亦其比也。

（30）故廟戰者帝，神化者王。所謂廟戰者，法天道也；神化者，法四時也

按：下「法」字，《御覽》卷271引同，何寧謂當從日本古鈔本作「則」。
《文子‧自然》作「明」，于大成指出「明」爲「則」字之誤。《御
覽》卷313引亦作「明」，則宋代已誤。《鶡冠子‧度萬》：「神化者
定天地，豫（象）四時，拔陰陽，移寒暑。」爲此文所本。「豫」當
從一本作「象」，順也。此篇下文「靜而法天地，動而順日月」，即
「法天道法四時也」之誼。吳世拱曰：「豫，敘也。」黃懷信曰：「作
『象』者『豫』字之壞……豫，同『預』，預測。」〔註21〕並失之。

〔註18〕彭裕商《文子校注》，巴蜀書社2006年版，第165頁。

〔註19〕《銀雀山漢墓竹簡〔貳〕》，銀雀山漢墓竹簡整理小組，文物出版社2010年
版，第154頁。

〔註20〕《銀雀山漢墓竹簡〔壹〕》，銀雀山漢墓竹簡整理小組，文物出版社1985年
版，第78頁。

〔註21〕並見黃懷信《鶡冠子彙校集注》，中華書局2004年版，第162～163頁。

（31）修政於境內而遠方慕其德

按：遠方，《御覽》卷 271 引同，《文子・自然》亦同，日本古鈔本誤作
「遠近」。慕，《文子》作「懷」。《荀子・議兵》：「故近者親其善，
遠方慕其德，兵不血刃，遠邇來服。」爲此文所本。

（32）音氣不戾八風，詘伸不獲五度

許注：獲，誤也。五度，五行。

按：獲，《文子・自然》景宋刊本、道藏唐默希子注本同，宋杜道堅《纘
義》本作「變」〔註22〕，《四庫全書》明刊本作「違」。《纘義》本舊
註：「……故八風不戾，五星不差也。」朱駿聲謂「獲」借爲「誤」
〔註23〕。傅山曰：「『五度』似承上文『天地、日月、四時、雷霆、
八風』五者而來，此不云何者爲五，而但云五行，何也？獲讀爲誤，
六聲而已。」〔註24〕讀獲爲誤，可備一通。竊謂獲古音同護〔註25〕，
讀爲互，《慧琳音義》卷 11 引《韻詮》：「互，差也。」《廣韻》：「互，
差互。」作「變」作「違」皆未達通借之誼而妄改。王利器謂「獲」
爲「讙」形誤，「讙」或作「訛」，故訓爲誤〔註26〕，恐未得。李定
生、徐慧君曰：「獲，出獵而得，作『獲』義不可通。」〔註27〕亦未
達通借之誼。

〔註22〕 《叢書集成新編》第 20 冊、《四庫全書》第 1058 冊《纘義》本作「違」。

〔註23〕 朱駿聲《說文通訓定聲》，武漢市古籍書店 1983 年版，第 458 頁。

〔註24〕 傅山《讀子二・淮南存雋》，收入《霜紅龕集》卷 33，《續修四庫全書》第 1395
冊，上海古籍出版社 2002 年版，第 669 頁。

〔註25〕 《儀禮・大射禮》：「獲者興。」鄭註：「古文獲皆作護，非也。」《左傳・哀
公十五年》：「召獲駕乘車。」《史記・衛康叔世家》「獲」作「護」。錢坫曰：
「獲與護通。」錢坫《十經文字通正書》，收入《四庫未收書輯刊》第 4 輯第
9 冊，北京出版社 1997 年影印出版，第 148 頁。《禮記・曲禮上》：「毋固獲。」
《釋文》：「徐云：『鄭音橫霸反，一音護。』」顧炎武曰：「獲，去聲則音護。」
顧炎武《唐韻正》卷 19，收入景印文淵閣《四庫全書》第 241 冊，臺灣商務
印書館 1986 年初版，第 489 頁。《史記・衛將軍驃騎列傳》：「涉獲章渠。」《集
解》引徐廣曰：「獲，一作護。」《易・艮》：「艮其背，不獲其身。」高亨曰：
「獲，疑借爲護，同聲系，古通用。」高亨《周易古經今注》，中華書局 1984
年版，第 311 頁。

〔註26〕 王利器《日本古寫本〈淮南鴻烈兵略閒詁〉第二十校證》，《古籍整理與研究》
第 5 期，中華書局 1990 年版，第 42 頁。

〔註27〕 李定生、徐慧君《文子校釋》，上海古籍出版社 2004 年版，第 337 頁。

（33）故得道之兵，車不發軔，騎不被鞍，鼓不振塵，旗不解卷，
　　　甲不離矢，刃不嘗血

　　張雙棣曰：「甲不離矢」文不成義，疑有譌錯。《尉繚子‧兵教篇》：「國
車不出於閫，組甲不出於橐，而威服天下矣。」銀雀山漢簡《尉繚子‧治口
篇》亦云：「夫富且治之國，車不發口，甲不出罦，威口天下。」《淮南》此
文蓋本於《尉繚》。裘錫圭謂簡本「罦」與「橐」通，並云：「橐，甲衣也。
甲不出橐，就是鎧甲不必從套子裏取出來使用的意思。」裘說是。此甲不離
矢，矢亦當為橐類之物，何由誤作「矢」字尚待考。

　　按：《尉繚子‧兵談》：「富治者，民不發軔，甲不出暴，而威制天下。」
〔註28〕即簡本《治口篇》之文。今本有誤，當作「車不發軔，甲不
出罦」〔註29〕。矢，讀為医，字或作翳。《說文》：「医，盛弓弩矢器
也。《國語》曰：『兵不解医。』」今本《國語‧齊語》作「諸侯甲不
解橐，兵不解翳」，《管子‧小匡》同。韋昭注：「橐，所以盛甲也。
翳，所以蔽兵也。」《廣雅》：「医，矢藏也。」「医」本義是藏矢之
器物，引申則泛指藏兵器之器物。「甲不離矢」即「甲不解橐，兵不
解翳」之誼。離亦出也、解也。《東觀漢記》卷14：「吳漢曰：『得道
之兵，鼓不振塵。』」即本此文。劉殿爵曰：「離讀為罷。」〔註30〕
劉氏未得「矢」字之誼，其說非也。

（34）朝不易位，賈不去肆，農不離野

　　按：《左傳‧昭公二十六年》：「民不遷，農不移，工賈不變。」《晏子春
秋‧外篇上》：「民不懈，貨不移，工賈不變。」《尉繚子‧武議》：「兵
之所加者，農不離其田業，賈不離其肆宅，士大夫不離其官府。」《呂

〔註28〕　此據《四庫全書》本，景印文淵閣《四庫全書》第726冊，臺灣商務印書館
　　　　　1986年初版，第73頁。《叢書集成新編》第32冊作「民不發軔，車不暴出」，
　　　　　新文豐出版公司1985年版，第185頁。《治要》卷37引作「兵不發刃，甲不
　　　　　出暴」。亦有誤文。
〔註29〕　參見《銀雀山漢墓竹簡〔壹〕》注釋，文物出版社1985年版，第79頁。又參
　　　　　見裘錫圭《談談地下材料在先秦秦漢古籍整理工作中的作用》，收入《古代文
　　　　　史研究新探》，江蘇古籍出版社1992年版，第54～55頁。又題作《出土古文
　　　　　獻與其他出土文字資料在古籍校讀方面的重要作用》，收入《中國出土文獻十
　　　　　講》，復旦大學出版社2004年版，第150～151頁。
〔註30〕　劉殿爵《讀淮南鴻烈札記》，香港《聯合書院學報》第6期，1967年出版，第
　　　　　176頁。

氏春秋‧愼大》:「朝不易位,農不去疇,商不變肆。」高誘注:「疇,畝也。」並可互證。

（35）招義而責之

按:《御覽》卷 271 引杜恕《〔篤〕論》作「征之以義,以責其過」。楊樹達、馬宗霍並謂「招」訓舉。竊謂招讀爲昭,明也。

（36）故同利相死,同情相成,同欲相助

王念孫曰:同欲相助,當作「同欲相趨,同惡相助」。《史記‧吳王濞傳》:「同惡相助,同好相留,同情相成,同欲相趨,同利相死。」是其證。《文子‧自然》作「同行者相助」,此以意改耳。《呂氏春秋‧察微篇》亦云:「同惡固相助。」

按:徐仁甫說同王氏〔註31〕,蓋偶合。于大成引《六韜‧武韜‧發啓》「同病相救,同情相成,同欲相助,同好相趨」,張雙棣引銀雀山漢簡《六韜》「同亞(惡)相助,同好相趨」以證王說,並是也。《漢書》作「同情相求」,其餘同《史記》。漢簡《六韜》作「與民人同惷(德),〔同〕利相死,同請(情)相成,同亞(惡)相助,同好相趨」〔註 32〕。《逸周書‧大武解》:「五和:一有天無惡,二有人無郤,三同好相固,四同惡相助,五遠宅不薄。」慈利竹書:「四曰同惡相助,五曰遠宅不專(薄)。」《鬼谷子‧謀篇》:「故同情而相親者,其俱成者也;同欲而相疏者,其偏害(成)者也。同惡而相親者,其俱害者也;同惡而相疏者,偏害者也。」《文選‧贈秀才入軍》李善註引《六韜》:「同好相趨。」又引薛綜《西京賦》注:「趨,猶意也。」又《冊魏公九錫文》李善註引《周書》:「太公曰:『同惡相助,同好相趨。』」《人間篇》:「且同情相成,同利相死。」並可互證。

（37）順道而動,天下爲嚮;因民而慮,天下爲鬪

按:《文子‧自然》《纘義》本作「循道而動,天下爲鬪」,蓋脫中間 8 字;

〔註31〕徐仁甫《淮南子辨正》,收入《諸子辨正》,成都出版社 1993 年版,第 625 頁。
〔註32〕銀雀山漢簡《六韜》,收入《銀雀山漢墓竹簡〔壹〕》,文物出版社 1985 年版,第 114 頁。

明刊本「道」作「己」，誤。

（38）同舟而濟於江，卒遇風波，百族之子，捷捽招杼船，若左右手，不以相得，其憂同也

按：于大成指出語本《孫子・九地》「夫吳人與越人相惡也，當其同舟而濟遇風，其相救也如左右手」。按《鄧子・無厚》：「同舟渡海，中流遇風，救患若一，所憂同也。」亦為此文所本。《孔叢子・論勢》：「吳越之人，同舟濟江，中流遇風波，其相救如左右手者，所患同也。」

（39）治國家，理境內，行仁義，布德惠

按：行，《御覽》卷 271 引杜恕《〔篤〕論》作「施」。

（40）立正法，塞邪隧

按：朱起鳳曰：「隧，當作遂，古術字。或曰：下文云：『隧路甌。』高注：『隧，道也。』」〔註33〕後說是，《文子・上義》正作「道」字。《鄧子・轉辭》「塞邪枉之路。」是其誼也。《書鈔》卷 113 孔廣陶本引作「墜」〔註34〕，借字。

（41）拱揖指撝，而天下響應

按：撝，日本古鈔本作「麾」，並讀為摩。《說文》：「摩，旌旗所以指摩也。」字或作麾，《廣韻》：「摩，亦作麾。」《集韻》：「摩，通作麾、撝。」《書鈔》卷 113 孔廣陶本引作「指麾」〔註35〕，《御覽》卷 271 引杜恕《〔篤〕論》作「指麾而響應」。《覽冥篇》：「拱揖指麾，而四海賓服。」字或借作揮，《韓詩外傳》卷 6：「先王之所以拱揖指麾而四海來賓者，誠德之至也。」《新序・雜事四》作「指揮」。何寧謂「撝」、「麾」通「揮」，未得本字。

（42）未至兵交接刃而敵人奔亡

按：兵交，王念孫據《文子・上義》校作「交兵」，是也。日本古鈔本正作「交兵」。《御覽》卷 271 引杜恕《〔篤〕論》作「未至交兵，而敵

〔註33〕朱起鳳《辭通》，上海古籍出版社 1982 年版，第 1447 頁。
〔註34〕陳禹謨本引同今本。
〔註35〕陳禹謨本引同今本。

人亡遁」，亦其證。

（43）知土地之宜，習險隘之利，明奇正之變，察行陳解續之數，維抱（枹）縮而鼓之，白刃合，流矢接，涉血屬（履）腸，輿死扶傷，流血千里，暴骸盈場，乃以決勝，此用兵之下也

　　許注：縮，貫。抱（枹）係於臂，以擊鼓也。

　　按：維枹縮而鼓之，王念孫曰：「《一切經音義》卷 20 引此，作『縮枹而鼓之』，無『維』字，是也。『枹』字本在『縮』下。」〔註36〕是也。日本古鈔本正作「縮枹而鼓之」。許注縮訓貫，縮即讀爲貫也。《玉篇》：「縮，貫也。」《玉篇殘卷》引許注同。《廣韻》：「縮，繫也。」皆本許注。字當讀爲摜，《說文》：「摜，貫也。」《集韻》：「摜，繫也。」《慧琳音義》卷 90：「縮濟：《淮南子》：『縮，猶攝也。』」攝，引持也。此許氏又一義，則縮當讀爲揎，《說文》：「揎，一曰援也。」《國語・晉語五》：「乃左并轡，右援枹而鼓之。」《韓詩外傳》卷 6：「莊王援枹而鼓之。」「桴」同「枹」。《御覽》卷 271 引杜恕《〔篤〕論》：「知地之形，因險阨之利，明奇正之變，審進退之宜，援枹而鼓之，黃塵四起，乃以決勝，此用兵之下。」即本此文，字並作「援」，與「揎」同義。《治要》卷 37 引《尉繚子》：「將提枹而鼓之。」《說苑・指武》：「乃引枹而鼓之。」《吳越春秋・夫差內傳》：「范蠡在中行，左手提鼓，右手操枹而鼓之。」〔註37〕「提」、「引」、「操」亦與「援」同義。奇正，《文子・上義》誤作「苛政」。張雙棣引《呂氏春秋・期賢》「扶傷輿死」畢沅校曰：「死與尸同。」畢說非也。「死」、「傷」對舉，當讀如字。顧廣圻曰：「『屬』疑『履』。」王叔岷曰：「屬字無義，古鈔卷子本作屨，是也。屨，踐也。」何寧曰：「古殘卷作『屨腸』，《說文》：『屨，履也。』王念孫云『屬』當爲『蜀』，恐義是而字非也。」顧說是，王利器從之〔註38〕。《呂氏春秋・期賢》：「履腸涉血。」《說苑・善說》：「涉血履肝。」漢・蔡邕《讓高陽侯奏》：「大

〔註36〕《玄應音義》卷 20 引作「縮抱而鼓」，王氏以意改作。
〔註37〕《越絕書・外傳記吳王占夢》作「范蠡左手持鼓，右手操枹而鼓之」。
〔註38〕王利器《日本古寫本〈淮南鴻烈兵略閒詁〉第二十校證》，《古籍整理與研究》第 5 期，中華書局 1990 年版，第 45 頁。

有陷堅破敵、斬將搴旗之功，小有䤈截首級、履傷（腸）涉血之難。」並作「履」字。涉，讀爲蹀，字或作喋。《廣雅》：「蹀，履也。」《史記‧孝文本紀》《索隱》引《廣雅》作「喋，履也」。《集韻》：「喋，的協切，血流貌，或作涉。」《文選‧與陳伯之書》：「朱鮪涉血於友于。」李善注：「如淳《漢書》注曰：『殺血滂沱爲喋血。』涉與喋同。」字或作跕，《漢書‧地理志》：「女子彈弦跕躧。」如淳曰：「跕音蹀足之蹀。」臣瓚曰：「躡跟爲跕，拄指爲躧。」顏師古曰：「跕謂輕躡之也。」本字爲蹩，《說文》：「蹩，蹩足也。」徐鍇《繫傳》：「足蹩蹩然連躓也。顏延之《赭白馬賦》曰：『望朔雲而蹩足。』今俗作蹀。」王念孫曰：「蹀與蹩同，字亦作跕。」〔註39〕並其證。陳直曰：「涉血讀爲渫血。屬讀爲瀦。」〔註40〕許匡一曰：「屬，通『躅』，當踩踏講。」〔註41〕二氏說皆非是。

（44）今夫天下皆知事治其末，而莫知務脩其本，釋其根而樹其枝也

按：《泰族篇》：「今不知事修其本，而務治其末，是釋其根而灌其枝也。」此文日本古鈔本「釋」上有「是」字，當據補。「事」、「務」互易，事亦務也，致力也。馬宗霍謂「事」猶治、務猶脩，並失之。樹，讀爲澍、注，《文選‧洞簫賦》：「聲磕磕而澍淵。」五臣本「澍」作「注」。李善注：「《說文》曰：『注，灌也。』澍與注古字通。」陳廣忠釋「樹」爲「樹立」〔註42〕，未達通借之誼。

（45）明於星辰日月之運，刑德奇賌之數，背鄉左右之便，此戰之助也

許注：奇賌，陰陽奇秘之要，非常之術。

按：奇賌，日本古鈔本誤作「奇齎」。「奇賌」爲漢代方言，字本作「奇

〔註39〕 王念孫《廣雅疏證》，收入徐復主編《廣雅詁林》，江蘇古籍出版社 1998 年版，第 69 頁。

〔註40〕 陳直《讀子日札‧淮南子》，收入《摹廬叢著七種》，齊魯書社 1981 年版，第 106 頁。

〔註41〕 許匡一《〈淮南子‧兵略訓〉今譯指瑕》，《武漢教育學院學報》1995 年第 5 期，第 17 頁。

〔註42〕 陳廣忠《淮南子斠詮》，黃山書社 2008 年版，第 806 頁。

佁」。《說文》：「佁，奇佁，非常也。」《六書故》：「佁，奇佁，不常
也。」字或作「奇胲」，《漢書・藝文志》：「《五音奇胲用兵》二十三
卷。」又「《五音奇胲刑德》二十一卷。」字或作「奇咳」，《史記・
倉公傳》：「受其脈書上下經、五色診奇咳術。」考《玉篇》：「胲，
奇也，非常也，亦作佁。」《慧琳音義》卷97：「信佁：《考聲》：『佁，
奇也。』謂人事奇異也。」是「奇佁」同義連文，佁亦奇也。《史記》
《正義》本作「奇胲」，云：「顧野王云：『胲，當賓也。』又云：『胲，
指毛皮也。』《藝文志》有《五音奇胲用兵》二十六卷。許慎云：『胲，
軍中約也。』」《漢書》顏師古注：「許慎云：『胲，軍中約也。』」方
以智曰：「皆以兼該立義也……（奇咳）即奇胲，蓋謂奇秘兼賮也。」
〔註43〕莊逵吉曰：「《說文》：『該，軍中約也。』古字胲、胲、咳皆
應作該。」皆未得厥誼。段玉裁曰：「然則佁正字，胲其假借字耳。
其字又作賮，亦假借也。蓋奇佁與今云奇駭音義皆同，是以《左氏
春秋》無駭，《穀梁春秋》作無佁。」〔註44〕朱珔亦從段氏之說〔註
45〕。「佁」即取「駭」之驚奇之義，而為「奇佁」之專字。上引《慧
琳音義》，為《廣弘明集》卷8《音義》，檢經文作「始知釋典茫茫，
該羅二諦；儒宗硌硌，總括九流。信駭常談，無得而稱者矣」，宋、
元、明、宮本「駭」作「佁」。鄉，讀為向，一本即作「向」。

（46）夫論除謹，動靜時，吏卒辨，兵甲治，正行伍，連什伯，明鼓旗，此尉之官也

許注：論除，為（論）賢除吏。謹，慎也。

按：《說文》：「論，議也。」引申為考察。《呂氏春秋・論人》：「此賢主
之所以論人也。」高注：「論，猶論量也。」《禮記・王制》：「凡官
民材，必先論之。」鄭注：「論，謂考其德行道藝。」並其證。除，
任命。論除，言考察其人而任命之。朱駿聲、楊樹達、于省吾並讀
論為掄〔註46〕，訓擇，殊無必要。于氏所引《呂氏春秋・當染》「勞

〔註43〕方以智《通雅》卷3，收入《方以智全書》第1冊，上海古籍出版社1988年
　　　　版，第167頁。

〔註44〕段玉裁《說文解字注》，上海古籍出版社1981年版，第368頁。

〔註45〕朱珔《說文假借義證》，黃山書社1997年版，第439頁。

〔註46〕朱駿聲《說文通訓定聲》，武漢市古籍書店1983年版，第799頁。

於論人」高注「論，猶擇也」，亦當訓考察，高注未得。什伯，十人
為什，百人為伯；《武經總要》前集卷 1 作「阡陌」，誤。

（47）隧路亟，行輜治，賦丈均

許注：隧，道也。亟，言治軍隧道疾也。賦，治也。軍壘尺丈均平也。

按：亟訓疾，非其誼，馬宗霍已駁之。馬氏讀亟為引茍，引《說文》「茍，
自急敕也」，謂「敕」是整齊之義。考段注云：「急者，褊也。敕，
誠也。」〔註47〕則馬說亦未是。亟疑讀為恆，《玉篇》：「恆，一曰謹
重貌。」隧路恆，言道路謹也，指清除道路。《武經總要》前集卷 1
「亟」作「塞」，「丈」作「物」，並誤。趙宗乙校「亟」作「塞」，
謂於徑路設置阻塞〔註48〕，豈其誼乎？

（48）無淫輿，無遺輜

按：淫，多也。《武經總要》前集卷 1「淫」作「浮」，誤。

（49）兵之勝敗，本在於政

按：本，當作「卒」，《爾雅》：「卒，盡也。」《文子·上義》作「皆」，
正「盡」義。

（50）謀慮足以知強弱之勢

按：勢，日本古鈔本作「權」。《文子·上義》作「謀慮足以決輕重之權」。

（51）地廣人眾，不足以為強；堅甲利兵，不足以為勝；高城深池，不足以為固；嚴令繁刑，不足以為威

按：《管子·牧民》：「城郭溝渠，不足以固守；兵甲彊力，不足以應敵；
博地多財，不足以有眾。」《荀子·議兵》：「故堅甲利兵，不足以為
勝；高城深池，不足以為固；嚴令繁刑，不足以為威。」《韓詩外傳》
卷 4：「是故堅甲利兵，不足以為武；高城深池，不足以為固；嚴令
繁刑，不足以為威。」《文子·下德》：「地廣民眾，不足以為強；甲
堅兵利，不可以恃勝；城高池深，不足以為固；嚴刑峻罰，不足以
為威。」《史記·禮書》：「故堅革利兵，不足以為勝；高城深池，不

〔註47〕段玉裁《說文解字注》，上海古籍出版社 1981 年版，第 434 頁。
〔註48〕趙宗乙《淮南子札記》，黑龍江人出版社 2009 年版，第 218 頁。

足以為固；嚴令繁刑，不足以為威。」銀雀山漢簡《客主人分》：「……以為固；堅甲兵利，不得以為強；士有勇力，不得以衛其將。」又《善者》：「故溝深壘高，不得以為固；車堅兵利，不得以為威；士有勇力，而不得以強。」〔註49〕

（52）穎汝以為洫，江漢以為池，垣之以鄧林，縣之以方城

許注：洫，溝也。

按：洫，《御覽》卷167引誤作「泗」。縣，《御覽》引作「緣」。于大成、張雙棣指出語本《荀子・議兵》「汝穎以為險，江漢以為池，限之以鄧林，緣之以方城」。《商子・弱民》：「江漢以為池，汝穎以為限，隱以鄧林，緣以方城。」亦此文所本。《韓詩外傳》卷4：「汝淮以為險，江漢以為池，緣之以方城，限之以鄧林。」《史記・禮書》：「汝穎以為險，江漢以為池，阻之以鄧林，緣之以方城。」亦本之。《說文》：「限，阻也。」《釋名》：「垣，援也，人所依阻，以為援衛也。」「垣」用為動詞，與「限」、「阻」同義。疑《商子》「限」、「隱」二字當互易，當以「汝穎以為隱」、「限以鄧林」為句。「限以鄧林」與諸書同。隱，讀為匽，《周禮・宮人》：「為其井匽。」鄭玄注：「玄謂匽豬，謂霤下之池受畜水而流之者。」「以為匽」即此文「以為洫」之誼。字或作堰、隁，《玉篇》：「堰，壅水也。」又「隁，以畜水也。」《水經注》卷5：「縣北有沙丘堰。堰，障水也。」字或作偃、匽，《集韻》：「堰，壅水也，通作偃。」又「堰，障水也，或作隁、匽。」後人不得「隱」字之誼而妄乙之也。朱師轍曰：「隱，蔽也。」〔註50〕未得。

（53）山高尋雲，谿肆無景

許注：肆，極也。極溪之深，不見景。

按：王念孫據《御覽》卷167引校作「山高尋雲霓，谿深肆無景」，並引《晉書・羊祜傳》「高山尋雲霓，深谷肆無景」以證之。王叔岷、

〔註49〕《銀雀山漢墓竹簡〔貳〕》，銀雀山漢墓竹簡整理小組，文物出版社2010年版，第150〜152頁。
〔註50〕朱師轍《商君書解詁定本》，古籍出版社1956年版，第79頁。

何寧引日本古鈔本作「山高尋景雲，深谿肆無景」以證王說。考《金樓子・著書》《職貢圖序》：「高山尋雲，深谷絕景。」周・庾信《司馬裔墓誌銘》：「高山尋雲，深谷無景。」又《鄭常墓誌銘》亦有此語。《類聚》卷 52 周・王褒《上庸公陸騰勒功碑》：「高峰尋雲，深谷無景。」三氏皆本《淮南》，皆作四字句，可見今本不誤。「谿肆」猶言谿深，故三氏作「深谷」。作五字句者，是唐宋人改作，《長短經・三國權》所載羊祜《上平吳表》與《晉書》同，亦唐人所改。

（54）疾如錐矢，合如雷電，解如風雨

按：錐，日本古鈔本作「鏃」。《管子・七法》：「故舉之如飛鳥，動之如雷電，發之如風雨。」又《幼官》：「行若風雨，發如雷電。」《戰國策・齊策一》：「疾如錐矢，戰如雷電，解如風雨。」為此文所本。《修務篇》：「進如激矢，合如雷電，解如風雨。」《史記・蘇秦傳》：「進如鋒矢，戰如雷霆，解如風雨。」亦本之。「鋒」為「錐」形誤。霆亦電也。

（55）然而兵殆於垂沙，眾破於柏舉

按：垂沙，《荀子・議兵》、《韓詩外傳》卷 4 同，《戰國策・楚策三》：「垂沙之事，死者以千數。」亦作「垂沙」。《商子・弱民》：「唐蔑死於垂涉。」《史記・禮書》亦作「垂涉」，《集解》引許慎曰：「垂涉，地名也。」朱師轍曰：「裴駰引許慎，當為《淮南子》注，然今本《淮南》作『垂沙』，已非古本……《呂覽・處方篇》獨言比水，而不言垂涉……轍又疑『垂涉』非地名，蓋章子涉水襲擊而殺唐蔑，是唐蔑敗死於將涉比水之時。垂涉，將涉也。涉、沙形近而譌。垂沙若果為地名，當在比水之濱。」〔註51〕此文「垂沙」、「柏舉」對舉，皆為地名無疑。朱氏以「垂涉」為將涉，非也。陶方琦、王利器、于大成謂「涉」為「沙」字形誤〔註52〕，是也。王氏指出「古地多有以沙為名者」。

〔註51〕 朱師轍《商君書解詁定本》，古籍出版社 1956 年版，第 79 頁。

〔註52〕 王利器《日本古寫本〈淮南鴻烈兵略閒詁〉第二十校證》，《古籍整理與研究》第 5 期，中華書局 1990 年版，第 48 頁。

（56）楚國之強，大地計眾，中分天下

按：王念孫謂「大」爲「支」字之誤，舉《氾論篇》《賈子・胎教》「度地計眾」、《大戴禮記・保傅》「支地計眾」以證之；陳昌齊謂「大」爲「丈」字之誤。各備一通。考《說苑・尊賢》：「校地計眾。」《鹽鐵論・西域》：「才地計眾。」「大」也可能是「交」或「才」之誤。顧廣圻曰：「『才』、『裁』同字。」〔註53〕《韓詩外傳》卷7：「之地計眾。」周廷寀謂「之」當作「校」〔註54〕。趙善詒曰：「『之』、『支』形近易誤，周校非也。」〔註55〕向宗魯曰：「『之』即『支』之誤。此文（作『校』）雖可通，然疑是『枝』字。」〔註56〕趙氏、向氏謂「之」爲「支」誤，是也。「校」字自通，不是誤字。屈守元必謂「校」爲「枝」誤〔註57〕，拘矣。戴震、汪照改「支」爲「度」，王樹枏從之〔註58〕，並失之。

（57）天下敖然若焦熱，傾然若苦烈

按：于大成指出語本《荀子・富國》「天下敖然若燒若焦」。敖，日本古鈔本作「熬」。《史記・淮南衡山列傳》：「天下熬然若焦，民皆引領而望，傾耳而聽，悲號仰天，叩心而怨上。」即本此文，亦作「熬」字。朱起鳳曰：「敖即嗸字之省。熬從敖聲，古與嗸字通。」〔註59〕《陣紀》卷4引此文作「嗷」，同「嗸」。楊倞注：「敖，讀爲熬。」馬宗霍說同，尚未得本字。「傾然」即指傾耳而聽也。馬宗霍謂傾訓傷，亦非也。

（58）上下不相寧，吏民不相憀

許注：憀，賴。

按：憀，讀爲摎，猶言交合、團結。《管子・大匡》：「朋友不能相合摎。」

〔註53〕轉引自王利器《鹽鐵論校注》，中華書局1992年版，第503頁。
〔註54〕周廷寀《韓詩外傳校注》，民國21年安徽叢書編印處據歙黃氏藏營道堂刊本。
〔註55〕趙善詒《韓詩外傳補正》，商務印書館1938年版，第179頁。
〔註56〕向宗魯《說苑校證》，中華書局1987年版，第181頁。
〔註57〕屈守元《韓詩外傳箋疏》，巴蜀書社1996年版，第635頁。
〔註58〕轉引自方向東《大戴禮記匯校集解》，中華書局2008年版，第411頁。
〔註59〕朱起鳳《辭通》，上海古籍出版社1982年版，第623頁。

尹注：「摎，交入也。」孫志祖讀憀爲睦，朱駿聲曰：「憀，叚借爲賴。按：賴、俚、聊、憀一聲之轉。」〔註60〕皆未得。

（59）武王伐紂，東面而迎歲，至汜（氾）而水，至共頭而墜

許注：汜（氾），地名也。水，有大雨水也。共頭，山名，在河曲（內）共山。

按：王利器、張雙棣謂此文本於《荀子・儒效篇》「武王之誅紂也……至汜（氾）而汎，至懷而壞，至共頭而山隧」〔註61〕。《御覽》卷328引《六韜》：「周武王伐紂，師至泥（氾）水牛（共）頭山。」又卷329引《六韜》作「武王於是東伐紂，至於河上」，銀雀山漢墓竹簡《六韜》作「之帀（師）以東伐受（紂），至於河上」〔註62〕。爲此文所本。《通典》卷162：「周武王伐紂，師至汜（氾）水牛（共）頭山。」《搜神記》卷8：「武王伐紂，至河上。」《孫子・計篇》杜牧注：「周武王伐紂，師次于汜（氾）水牛（共）頭山。」「泥」、「汜」爲「氾」之誤，「牛」爲「共」之誤。

（60）明於禁舍開塞之道

按：《逸周書・文傳解》：「不明開塞禁舍者，其如天下何？」《尉繚子・兵談》：「明乎禁舍開塞。」又《制談》同。爲此文所本。《本經篇》作「禁舍開閉」，義同。禁舍，《文子・下德》作「施舍」，《陣紀》卷1引《尉繚子》作「禁令」，並誤。「禁舍開塞」即《陣紀》所謂「嚴禁令，寬赦宥，開發人之志意，杜塞人之奸曲」也。「舍」即指「寬赦宥」而言。《史記・商君傳》：「余嘗讀商君《開塞》、《耕戰》書，與其人行事相類。」《索隱》：「按《商君書》，開謂刑嚴峻則政化開，塞謂布恩賞則政化塞，其意本於嚴刑少恩。」《文選・永明九年策秀才文》：「開塞所宜。」李善注：「《淮南子》曰：『通乎動靜之機，明乎開塞之節。』開塞，猶取捨也。《尹文子》曰：『書開塞之宜，得周通之路。』」所引《淮南》，見此篇下文。

〔註60〕 朱駿聲《說文通訓定聲》，武漢市古籍書店1983年版，第259頁。

〔註61〕 王利器《日本古寫本〈淮南鴻烈兵略閒詁〉第二十校證》，《古籍整理與研究》第5期，中華書局1990年版，第50頁。

〔註62〕 《銀雀山漢墓竹簡〔壹〕》，文物出版社1985年出版，第121頁。

（61）故費不半而功自倍也

按：自，《文子·下德》作「十」。

（62）善者之動也，神出而鬼行，星燿而玄逐（運），進退詘伸，
不見朕整（垠）

按：《覽冥篇》：「日行月動，星燿而玄運，電奔而鬼騰，進退屈伸，不
見朕垠。」高注：「玄，天也。運，行也。垠，形狀也。」銀雀山
竹書《唐革（勒）賦》：「星躍而玄懼（運），子神賁（奔）而鬼走。」
裘錫圭謂「燿」、「電」當據讀爲「躍」、「神」，張雙棣亦謂古「電」、
「神」同字。逐，日本古鈔本作「遠」。遠讀爲運。王利器曰：「各
本遠誤逐。」〔註 63〕詘，日本古鈔本作「屈」，與《覽冥篇》同，
借字。

（63）若從地出，若從天下，獨出獨入，莫能應圍

按：《六韜·虎韜·必出》：「若從地出，若從天下，三軍勇鬥，莫我能
禦。」爲此文所本。《說文》：「應，當也。」字或作䧹，《詩·閟宮》
毛傳：「䧹，當也。」應、䧹，與「雝」一聲之轉。《釋名》：「䧹，
雝也，氣所雝塞也。」此即聲訓。今言抵當。銀雀山竹簡《王兵篇》：
「獨出獨入，莫能禁止。」《管子·七法》：「獨出獨入，莫敢禁圉。」
又《兵法》：「獨出獨入，而莫之能止。」又《事語》：「獨出獨入，
莫之能禁止。」又《輕重甲》：「獨出獨入，莫之能圉。」《列子·
力命》：「獨往獨來，獨出獨入，孰能礙之？」「應圍」即「禁止」、
「禁圉」、「禦」、「礙」之誼也。下文「動如一體，莫之應圍」，義
同。王利器、王叔岷、何寧謂當據日本古鈔本作「雝」〔註 64〕，未
得通假之誼。陳廣忠曰：「應，受。圍，邊界。」〔註 65〕非也。

〔註 63〕王利器《日本古寫本〈淮南鴻烈兵略閒詁〉第二十校證》，《古籍整理與研究》
第 5 期，中華書局 1990 年版，第 52 頁。

〔註 64〕王利器《日本古寫本〈淮南鴻烈兵略閒詁〉第二十校證》，《古籍整理與研究》
第 5 期，中華書局 1990 年版，第 52 頁。王叔岷《淮南子斠證》，收入《諸
子斠證》，中華書局 2007 年版，第 425 頁。王氏後自訂云：「作『應』義亦
可通……前言『應』字無義，未審。」王叔岷《淮南子斠證續補》，收入《諸
子斠證》，第 489～490 頁。

〔註 65〕陳廣忠《淮南子斠詮》，黃山書社 2008 年版，第 818 頁。

（64）擊其猶猶，陵其與與

按：王利器、張雙棣謂「『猶猶』、『與與』義同『猶與』」〔註66〕，是也。日本古鈔本「猶猶」作「搖搖」，一聲之轉也。何寧謂「『搖』字是也」，未得。字或作「滶滶」〔註67〕，《漢書·揚雄傳》《羽獵賦》:「滶滶與與，前後要遮。」傅山曰:「擊其猶猶，陵其與與，大概謂敵之疎縱可乘處耳。」〔註68〕臆說無據。陳直曰:「猶與遒通。遒訓迫，謂擊其迫急者。」〔註69〕亦非是。

（65）疾雷不及塞耳，疾霆不暇掩目

許注：用（聞）疾雷之聲，不暇復塞耳。

按：《六韜·龍韜·軍勢》:「是以疾雷不及掩耳，迅電不及瞑目。」《意林》卷1引作「使如疾雷不暇掩耳也」，《御覽》卷270引作「用兵之道，使如疾雷，令民不及掩耳，卒電不暇瞑目」。為此文所本。暇亦及也〔註70〕。日本古鈔本「不及」、「不暇」並作「不給」，給亦及也。蔣超伯、王利器謂「古謂電為霆」〔註71〕，是也。《玉篇》:「霆，電也。」《慧琳音義》卷46:「雷霆：《周易》:『鼓之以雷霆。』劉瓛曰:『霆，電也。』」黃生《字詁》:「《釋文》云:『蜀本《易》以霆為電。』余因悟古霆、電當即一字。《莊子·外物篇》:『有雷有霆，水中有火，乃焚大槐。』注云:『水中有火謂電也。』此亦一證。」〔註72〕《呂氏春秋·貴生》:「故雷則揜耳，電則揜目。」《劉子·言苑》:「故雷震必塞耳，掣電必掩目。」皆作「電」之證。陶鴻慶、

〔註66〕王利器《日本古寫本〈淮南鴻烈兵略閒詁〉第二十校證》，《古籍整理與研究》第5期，中華書局1990年版，第53頁。

〔註67〕參見宋吳仁傑《兩漢刊誤補遺》卷8，收入《叢書集成新編》第113冊，新文豐出版公司1985年版，第87頁。「滶滶」誤作「淫淫」，《文選》誤同，逕正。《類聚》卷66引不誤。

〔註68〕傅山《讀子二·淮南存雋》，收入《霜紅龕集》卷33，《續修四庫全書》第1395冊，上海古籍出版社2002年版，第670頁。

〔註69〕陳直《讀子日札·淮南子》，收入《摹廬叢著七種》，齊魯書社1981年版，第107頁。

〔註70〕參見蕭旭《古書虛詞旁釋》，廣陵書社2007年版，第97～98頁。

〔註71〕王利器《日本古寫本〈淮南鴻烈兵略閒詁〉第二十校證》，《古籍整理與研究》第5期，中華書局1990年版，第53頁。

〔註72〕黃生、黃承吉《字詁義府合按》，中華書局1954年版，第70頁。

王叔岷、張雙棣謂「霆」當作「電」，並失考。《說林篇》：「陰不祥之木，爲雷電所撲。」《文子・上德》作「雷霆」，亦其例。

（66）善用兵〔者〕，若聲之與響，若鏜之與鞈，眒不給撫，呼不給吸

許注：〔鏜〕鞈，鼓鞞聲。

按：陶方琦、易順鼎謂「鏜鞈」即「闉閣」、「闉鞈」，本字爲「鼜鼛」，並是也。《說苑・指武》：「如輪之逐馬，響之應聲，影之像形也，闉不及鞈，呼不及吸。」即本此文。給亦及也。《集韻》：「鼜，《說文》：『鼓聲也。』或作闉、鼟、闉、闉、鞈。」方以智曰：「閣音沓……蓋古人讀昌與堂近。」〔註73〕金巨山曰：「『闉鞈』即『鏜鞈』也」〔註74〕。字或作「鐺鼛」，《史記・司馬相如傳》《上林賦》：「鏗鏘鐺鼛。」《集解》引郭璞曰：「鐺鼛，鼓音。」《漢書》、《文選》、《類聚》卷66作「闉鞈」，李善注：「闉鞈，鼓音也。《毛詩》曰：『擊鼓其鏜。』《字書》曰：『鞈，鼓聲。』闉與鏜，鞈與鞈，古字通。」字或作「鐺鼛」，《廣韻》：「鞈，鏜鞈，鐘聲。」字或作「闉閣」，《晉書・潘尼傳》《釋奠頌序》：「鏗鏘闉閣，般辟俛仰。」字或作「闉暘」，《晉書・摯虞傳》《思遊賦》：「心闉暘兮識故居。」

（67）擊之若雷，薄之若風，炎之若火，陵之若波

按：下文「擊之如雷霆，斬之若草木，燿之若火電」，可以互證。炎，讀爲燄，《說文》：「燄，火行也。」已詳《天文篇》校補。

（68）故凌人者勝，待人者敗

按：待，守禦、抵當。《晉書》卷126：「陵人者易敗，自守者難攻。」則反其言而言之。

（69）兵靜則固，專一則威，分決則勇，心疑則北，力分則弱

按：《尉繚子・攻權》：「兵以靜勝，國以專勝，力分者弱，心疑者背。」

〔註73〕方以智《通雅》卷6，收入《方以智全書》第1冊，上海古籍出版社1988年版，第253頁。

〔註74〕轉引自左松超《說苑集證》，「國立」編譯館2001年版，第940頁。《漢書・揚雄傳》《校獵賦》：「西馳闉閣。」顏師古注：「闉，讀與閣同。」《隸釋》卷1《帝堯碑》：「排啓闉閣。」洪适曰：「碑以闉爲閣。」是其比。

銀雀山竹簡本「背」作「北」。爲此文所本。專，讀爲塼。《說文》：「塼，壹也。」北、背，古今字。《說文》：「北，乖也，從二人相背。」《集韻》：「北，違也。」張雙棣謂「北當讀如背」，未得本字。陳廣忠謂北訓敗〔註75〕，非也。

（70）故能分人之兵，疑人之心，則錙銖有餘；不能分人之兵，疑人之心，則數倍不足

按：銀雀山漢簡《客主人分》：「能分人之兵，能案（按）人之兵，則錙〔銖〕而有餘；不能分人之兵，不能案（按）人之兵，則數負（倍）而不足。」〔註76〕

（71）動無墮容，口無虛言

按：墮容，日本古鈔本作「惰客」。惰，爲「憜」省，讀爲墮，失也。《時則篇》：「民氣解惰。」高注：「民氣解隋（墮）也。」「客」爲「容」誤。《後漢書・黃琬傳》：「常以法度自整，家人莫見墮容焉。」「墮容」猶言失容，指失去莊敬的儀容。吳玉搢、王叔岷、陳廣忠謂「墮通惰」〔註77〕，並失之。口，當據景宋本作「巳」。巳，止也，與「動」對舉。《御覽》卷593引顏延年《庭誥》：「動無墮容，止無失度。」〔註78〕疑即本自此篇。

（72）故將以民爲體，而民以將爲心

按：《禮記・緇衣》：「民以君爲心，君以民爲體。」《文選・四子講德論》李善注引《子思子》：「民以君爲心，君以民爲體，心正則體修，心肅則身敬也。」爲此文所本。

〔註75〕陳廣忠《淮南子斠詮》，黃山書社2008年版，第820頁。

〔註76〕《銀雀山漢墓竹簡〔貳〕》，銀雀山漢墓竹簡整理小組，文物出版社2010年版，第150頁。

〔註77〕吳玉搢《別雅》卷4，收入景印文淵閣《四庫全書》第222冊，臺灣商務印書館1986年初版，第734頁。陳廣忠《淮南子斠詮》，黃山書社2008年版，第821頁。

〔註78〕此據《四庫》本，景宋本「墮」作「堡」，「止」作「舉」。「堡」爲「墮」誤。《宋書・顏延之傳》作「動無怨容，舉無失度」，《金樓子・戒子》引作「動無響容，舉無失度」。「響」字誤。

（73）心誠則支體親刃，心疑則支體撓北

按：刃，一本作「力」，誤。何寧引《廣雅》「儠，仇也」，謂即本於《淮
南》，「親刃」未可意改。《廣雅》：「親，近也。」本字為親。《說文》：
「親，至也。」字或作儠，《玉篇》：「儠，至也，或作親。」《龍龕
手鑑》：「儠，至也，近也。」字或作案、媇，《集韻》：「親，《說文》：
『至也。』一曰近也。古作親、案，或作媇。」親刃，猶言接刃，
謂以力鬥也。下文「將不誠必，則卒不勇敢」，「親刃」即是勇敢也。
王念孫謂「刃」為「刕」脫誤；馬宗霍謂「刃」訓堅固；王利器謂
「親刃」同「親仇」，親昵之義〔註79〕；並未得。

（74）故良將之卒，若虎之牙，若兕之角，若鳥之羽，若蚈之足，
可以行，可以舉，可以噬，可以觸，強而不相敗，眾而不
相害，一心以使之也

按：《說林篇》：「善用人者，若蚈之足，眾而不相害。」〔註80〕可以互證。
郭店楚簡《語叢四》：「善使其下，若螘（蚈）蟲（蚈）之足，眾而
不割（害），割（害）而不僕（仆）。」為二文所本。楚簡整理者讀
「割」為「害」〔註81〕，是也。劉釗據《御覽》卷944、948引古諺
語「百足之蟲，斷而不蹶」，謂「割」就是「斷」〔註82〕，未確。

（75）故民誠從其令，雖少無畏；民不從令，雖眾為寡

按：于省吾曰：「唐鈔本無『其』字，『寡』作『累』，是也。」王叔岷亦
校作「累」。《御覽》卷271引亦無「其」字，是「其」確為衍文也；
《御覽》引仍作「寡」，則宋代已誤矣。

（76）將充勇而輕敵，卒果敢而樂戰

按：充，《書鈔》卷117引同，《類說》卷25引《炙轂子》亦作「充」，《晉

〔註79〕王利器《日本古寫本〈淮南鴻烈兵略閒詁〉第二十校證》，《古籍整理與研究》
　　　第5期，中華書局1990年版，第55頁。

〔註80〕《文子・上德》同。

〔註81〕《郭店楚墓竹簡》，文物出版社1998年版，第217頁。例證參見王輝《古文
　　　字通假字典》，中華書局2008年版，第623頁。

〔註82〕劉釗《讀郭店楚簡字詞札記（四）》，《古籍整理研究學刊》2002年第5期。又
　　　見劉釗《郭店楚簡校釋》，福建人民出版社2005年版，第231頁。

書‧孫綽傳》：「貧者殖其財，怯者充其勇。」《四庫》本《御覽》卷
271 引誤作「克」，景宋本不誤。

（77）硤路津關

　按：《後漢書‧杜篤傳》李賢注引作「狹路津關」，《御覽》卷 271 引作「狹
路關津」，《通典》卷 158、《長短經》卷 9、《御覽》卷 313 引《衛公
兵法》、《武經總要》前集卷 3 作「關山狹路」。王叔岷曰：「古鈔卷
子本硤作陜。當以陜為正，硤、狹並俗字。」王利器說同〔註 83〕。
二王說是，俗字亦作陝、峽。《集韻》：「陜，《說文》：『隘也。』或
作陝、峽、狹。」

（78）龍蛇蟠，卻笠居

　許注：蟠，晃屈也。卻，偃覆也。笠，登。
　按：晃，一本作「冤」，是也。景宋本《御覽》卷 271 引注作「蟠，冤屈
也」，《四庫》本《御覽》引注作「蟠，蜿屈也」。何寧校作「宛曲」，
得其義。卻笠居，《御覽》卷 271 引同，《四庫》本《御覽》注「登」
作「簦」〔註 84〕，「登」即「簦」之省。《說林篇》：「或謂笠，或謂
簦。」居，同「踞」，蹲也，與「蟠」同義對舉。《儀禮‧士昏禮》
賈疏：「卻，仰也，謂仰於地也。」《禮記‧少儀》孔疏引皇氏云：「卻，
仰也。」卻笠居，言其踞如仰於地之簦笠也。王念孫據《後漢書‧
杜篤傳》李賢注引，校「卻笠」作「簦笠」，非也。《通典》卷 158、
《御覽》卷 313 引《衛公兵法》作「龍蛇盤陰」，《長短經》卷 9、《武
經總要》前集卷 3 作「龍蛇蟠磴」。盤、蟠字通。「陰」當作「隆」，
字之誤也。《玉篇》：「隆，險阪也，或作磴。」諸書蓋據誤本作「簦
笠居」，又改「簦」作「隆（磴）」，愈失其真矣。

（79）羊腸道，發筍門

　許注：羊腸，一屈一伸。發筍，竹筍，所以捕魚，其門可入而不得出。
　按：《詩‧谷風》：「毋逝我梁，毋發我筍。」發筍門，言其門如打開門之

〔註83〕王利器《日本古寫本〈淮南鴻烈兵略閒詁〉第二十校證》，《古籍整理與研究》
　　　　第 5 期，中華書局 1990 年版，第 55 頁。
〔註84〕景宋本《御覽》引仍作「登」字。

魚筍也。日本古鈔本作「菽筍門」，「菽」即「發」字之誤。王念孫
據《御覽》卷 271、《後漢書·杜篤傳》李賢注引校「發筍」作「魚
筍」，王利器曰：「『菽筍』當作『箙筍』。《集韻》：『箙，竹黃也。』
蓋箙筍乃以黃篾爲之者。」〔註85〕並非也。《通典》卷 158、《長短
經》卷 9、《御覽》卷 313 引《衛公兵法》、《武經總要》前集卷 3 作
「羊腸狗門」，蓋臆改。

（80）一人守隘，而千人弗敢過也

> 按：此漢晉人成語。隘，《類說》卷 25 引《炙轂子》同，日本古鈔本、《御
> 覽》卷 271、《後漢書·杜篤傳》李賢注作「險」，《通典》卷 158、《長
> 短經》卷 9、《御覽》卷 313 引《衛公兵法》、《武經總要》前集卷 3
> 亦作「險」。考《文選·蜀都賦》：「一人守隘，萬夫莫向。」李善注
> 引《淮南子》：「一人守隘，千夫莫向。」李善所引當即此文，改下
> 句作「千夫莫向」以就正文。可證作「隘」是其舊本。《晉書·蔡豹
> 傳》：「一人守阨，百夫不當。」「阨」同「隘」，亦險也。《漢書·朱
> 買臣傳》：「一人守險，千人不得上。」《水經注》卷 20 引張載《劍
> 閣銘》：「一人守險，萬夫趑趄。」

（81）因其勞倦怠亂，饑渴凍喝，推其搶搶，擠其揭揭，此謂因勢

> 許注：擠，排也。搶搶，欲臥也。揭揭，欲拔也。
>
> 按：搶搶，日本古鈔本正文作「搖搖」，注文作「搚搚」；莊本作「旛旛」，
> 注「臥」作「仆」。方以智曰：「旛旛，厭厭也。揭揭，偈偈也。愔
> 愔，有厭厭、抑抑之聲義……旛音諳，欲臥也。旛字諸韻書不收，
> 蓋旌旗偃臥之意，當是扒字加音耳，扒音偃……《韓詩》引《詩》：
> 『愔愔夜飲。』《列女傳》引《詩》：『愔愔良人。』則愔有厭音。而
> 升菴乃以旛爲愔，讀作《祈招》『愔愔』之音。智按：意音抑，愔亦
> 音抑，轉爲平聲入詩歌之調耳。以古人簪鐔淦黔之音考之，愔可讀
> 厭，可讀諳，可讀音，可讀抑，無碍也。《世說》：『謝車騎見王文度，

〔註85〕王利器《日本古寫本〈淮南鴻烈兵略閒詁〉第二十校證》，《古籍整理與研究》
　　　第 5 期，中華書局 1990 年版，第 56 頁。

雖瀟灑相遇，共復愔愔竟夕。』此是悶坐淹抑之意。唐昭宗謂杜讓
能曰：『朕不甘心爲孱懦之主，愔愔度日。』此二『愔愔』，豈當讀
如《祈招》之『愔愔』乎？」〔註86〕方氏謂「旍字蓋旌旗偃臥之意」，
揣測之詞，無有所據；解爲「懕懕」、「悶坐淹抑」得之。傅山曰：「注：
『搇搇，欲臥也。音安。』搇當音諳，而音安，輕重又乖也。然搖
字旁有作𢮷者，𢮷亦近𢮷，即作『搖搖』亦通，而搇字注『欲臥』，
斷非『搇搇』矣。」〔註87〕傅氏注意到許注解爲「欲臥」，指出原文
斷非「搖搖」，是也。「搖搖」當爲「搇搇」之形誤。日本古鈔本正
文作「搖搖」，注文作「搇搇」；《御覽》卷 271 引亦作「推其搖搖」。
「搖搖」當爲「搇搇」之形誤，「搇搇」又爲「揞揞」之譌誤。古鈔
本注文作「揞揞」不誤，至可寶貴。莊本作「旍旍」亦誤，符定一
曰：「莊校《淮南》本作『旍旍』，緣『搇』而譌。」〔註88〕符說是
也。揞揞，當讀爲「愔愔」，困倦貌，昏昏沉沉貌，故許注云「欲臥
也」。漢·蔡琰《胡笳十八拍》：「雁飛高兮邈難尋，空腸斷兮思愔愔。」
字或作「厭厭」，俗作「懕懕」、「憪憪」〔註89〕。《漢書·李尋傳》：
「列星皆失色，厭厭如滅。」《康熙字典》：「搇，楊愼《字說》：『同
愔，於金切。』」《中華大字典》、《大漢和辭典》同〔註90〕。楊愼《古

〔註86〕 方以智《通雅》卷 9，收入《方以智全書》第 1 冊，上海古籍出版社 1988 年
版，第 349～350 頁。

〔註87〕 傅山《讀子二·淮南存雋》，收入《霜紅龕集》卷 33，《續修四庫全書》第 1395
冊，上海古籍出版社 2002 年版，第 670 頁。

〔註88〕 符定一《聯緜字典》卯集，中華書局 1954 年版，第 339 頁。古字「扌」旁「方」
旁相混例可參看曾良《俗字及古籍文字通例研究》，百花洲文藝出版社 2006
年版，第 73～75 頁。

〔註89〕 《詩·湛露》：「厭厭夜飲，不醉無歸。」《釋文》、《文選·魏都賦》李善注引
《韓詩》並作「愔愔」。《說文》引作「懕懕」。又《小戎》：「厭厭良人，秩秩
德音。」《列女傳》卷 2 引作「愔愔」。又《載芟》：「厭厭其苗。」鄭箋：「厭
厭，眾齊等也。」《玉篇》：「稴，稴稴，苗美也。」《集韻》：「稴，稴稴，苗齊
等也。」「厭厭」同「稴稴」。《左傳·哀公二十年》：「史黶。」《戰國策·東周
策》、《說苑·尊賢》作「史厲」，《戰國策·魏策一》、《史記·周本紀》作「史
厭」。《左傳·哀公十五年》：「盂黶。」《史記·仲尼弟子傳》：「壺黶。」《元
和姓纂》卷 3、《通志》卷 27 作「壺黶」，《御覽》卷 366 引《論語隱義》作「孤
（狐）黶」。並其證。

〔註90〕 《康熙字典》，國際文化出版公司 1996 年版，第 426 頁。《中華大字典》，中
華書局 1978 年版，第 677 頁。諸橋轍次《大漢和辭典》（修訂本），大修館書

音叢目》、《古音餘》「撞」字亦並收於《侵韻》〔註91〕。朱起鳳《辭通》：「愔愔，安舒貌。撞從音聲，與『愔』字音義同。」〔註92〕朱氏未得其義。字或作「黯黯」，《金樓子・立言篇上》：「曹攄、李志雖久（見）在世，黯黯如九泉下人。」《世說新語・品藻》作「厭厭」。字或作「奄奄」〔註93〕，《新唐書・杜讓能傳》：「朕顧奄奄度日，坐觀此邪？」「揭揭」同「偈偈」，疾馳也，指敵軍欲拔營行軍之時。《漢書・王吉傳》顏注：「揭揭，疾驅貌。」本字爲趨，《說文》：「趨，趌趨。趌，趌趨，怒走。」考《六韜・龍韜・奇兵》：「因其勞倦暮舍者，所以十擊百也。」又《犬韜・戰車》：「遠行而暮舍，三軍恐懼，即陷之。」推其愔愔，擊其暮舍也，即《通典》卷 158、《御覽》卷 313 引《衛公兵法》所謂「前營未舍，後軍半濟」之時也。「愔愔」即指敵軍欲臥而未舍之時也。推、擠同義對舉，亦排擠之義。《說文》：「推，排也。」《廣雅》：「擠，推也。」「推其撞撞，擠其揭揭」二句言在敵軍欲宿營或欲開拔之時，利用它的勞倦和準備不足而攻擊之，故謂之「因勢」也。王念孫曰：「《說文》、《玉篇》、《廣韻》、《集韻》皆無『撞』字。撞當爲搖，字之誤也（注同）。搖，古搖字也。注『欲臥』，當爲『欲仆』。搖搖者，動而欲仆也。因其欲仆而推之，故曰『推其搖搖』。《御覽》引此正作『推其搖搖』。……而楊慎《古音餘》，乃於《侵韻》收入『撞』字，引《淮南子》，不知其字，而以意爲之，斯爲謬矣。」〔註94〕王叔岷、王利器從其說，舉日本古鈔本作「搖搖」以證之〔註95〕。王氏謂「注『欲

店昭和 61 年版，第 5013 頁。

〔註91〕楊慎《古音叢目》卷 2，又見楊慎《古音餘》卷 2，並收入景印文淵閣《四庫全書》第 239 冊，臺灣商務印書館 1986 年初版，第 254、305 頁。

〔註92〕朱起鳳《辭通》，上海古籍出版社 1982 年版，第 1085 頁。

〔註93〕《集韻》：「檺，檺檺，禾苗美也。」「檺檺」同「稽稽」。《集韻》：「黤、黯，深黑色，或從音。」又「晻，或作暗、暗。」並其證。從音從奄古通，另參見張儒、劉毓慶《漢字通用聲素研究》，山西古籍出版社 2002 年版，第 1023 頁。

〔註94〕王念孫《讀書雜志》卷 14，中國書店 1985 年版，第 66 頁。又略見王氏《讀淮南雜志敘》，收入《王石臞先生遺文》卷 3，《續修四庫全書》1466 冊，上海古籍出版社 2002 年版，第 47 頁。

〔註95〕王利器《日本古寫本〈淮南鴻烈兵略閒詁〉第二十校證》，《古籍整理與研究》

臥』當爲『欲仆』」，除莊本作「欲仆」外，其餘各本並作「欲臥」，
日本古鈔本亦作「欲臥」。莊氏妄改，不可爲據。王氏過信類書而誤
校，此亦一例。《聯緜字典》、新舊二版《辭源》、新舊二版《漢語大
字典》、《漢語大詞典》、《中華字海》、《王力古漢語字典》、《漢語重
言詞詞典》並取王念孫說，以「撶」爲「撶（搖）」之譌字，新舊
二版《辭源》、《漢語大詞典》、《王力古漢語字典》注音爲「yáo」〔註
96〕，《中文大辭典》許注、王說並存〔註 97〕，斯皆失考矣。「撶」
字可注釋爲「撶，『揞』字譌誤，烏感切（ǎn）。揞揞，同『愔愔』、
『厭厭』，困倦欲臥貌」。黃錫禧《淮南鴻烈解》校本注語末有「揞
音安」三字〔註 98〕，與傅山所見本同，注音是對的。《書鈔》卷 113
引作「因其勞倦，乘其饑渴，此之謂因勢」，蓋未知「揞揞」之義，
而妄刪之〔註 99〕。

（82）審錯規慮，設蔚施伏，隱匿其形，出於不意，〔使〕敵人之
兵無所適備

許注：蔚，草木盛曰蔚。

按：蔚，讀爲尉，《廣韻》：「尉，候也。」指警戒伺望敵情者。設蔚施伏，
言設置候官，佈置埋伏也。下文「設規慮，施蔚伏」，亦同。許注非
是。王念孫據許注，乙正文作「設施蔚伏」，亦未得。《御覽》卷 271
引同今本。適，當作「設」，音之譌也。《御覽》卷 271 引已誤作「適」

第 5 期，中華書局 1990 年版，第 56 頁。

〔註96〕 符定一《聯緜字典》卯集，中華書局 1954 年版，第 339 頁。《辭源》（縮印本），
商務印書館 1988 年版，第 707 頁。《辭源》（修訂本），商務印書館 2009 年版，
第 1429 頁。《漢語大字典》（縮印本），湖北辭書出版社、四川辭書出版社 1992
年版，第 818 頁。《漢語大字典》（第二版），崇文書局、四川辭書出版社 2010
年版，第 2062 頁。《漢語大詞典》（縮印本），漢語大詞典出版社 1997 年版，
第 3737 頁。冷玉龍等《中華字海》，中國友誼出版公司 2000 年第 2 版，第 359
頁。王力等《王力古漢語字典》，中華書局 2000 年版，第 390～391 頁。汪維
懋《漢語重言詞詞典》，軍事誼文出版社 1999 年版，第 190 頁。

〔註97〕 《中文大辭典》，華岡出版有限公司出版 1979 年版，第 5961 頁。

〔註98〕 黃錫禧校本《淮南鴻烈解》，收入《叢書集成新編》第 20 冊，新文豐出版公
司 1985 年印行，第 687 頁。

〔註99〕 此條見蕭旭《「撶」字音義考》，《中國文字研究》第 16 輯，2012 年版，第 95
～97 頁。

字。下文「兵貴謀之不測也，形之隱匿也，出於不意，不可以設備也」，正作「設」字。《六韜・豹韜・突戰》：「太公曰：『謹候敵人，未盡至則設備以待之。』」日本古鈔本無「適」字。

（83）陳卒正，前行選，進退俱，什伍搏

按：搏，《御覽》卷 271 引誤作「搏」。

（84）前後不相撚，左右不相干

許注：撚，揉蹈也。

按：許注「揉」當作「蹂」。撚，《御覽》卷 271 引作「躔」，注作「躔，蹀蹈也」。楊樹達曰：「撚，《說文》：『執也。一曰：蹂也。』一曰之訓與此合，許氏本之《淮南》也。」〔註100〕字或作躒，《玉篇》：「躒，蹀跡也。」《廣韻》：「躒，蹂躒。」又「躒，踐也。」字或作跈、趁、躔，《集韻》：「躒，蹈也，逐也，或作跈、趁。」又「趁，踐也，或作跈、躔。」俗作「撵」字。王利器謂《御覽》引注「蹀」爲「蹂」之誤〔註101〕，失之。趙奇棟、華學誠曰：「揉有錯雜義。」〔註102〕亦非也。

（85）勢必形，吏卒專精

按：專，《御覽》卷 271 引誤作「博」。

（86）故攻不待衝隆雲梯而城拔，戰不至交兵接刃而敵破，

按：「不至」、「不待」對舉同義，上文「不待交兵接刃，而存亡之機固以形矣」，作「不待」。楊樹達曰：「不至，猶今言不必。」〔註103〕亦猶今言不須、不用〔註104〕。

〔註100〕《說文》「撚」訓「蹂」者，朱駿聲謂「蹂」當作「燦」、「揉」，即搓揉之義；朱氏又謂訓「蹂踐」義本字爲「揉」。並失之。朱駿聲《說文通訓定聲》，武漢市古籍書店 1983 年版，第 721 頁。

〔註101〕王利器《日本古寫本〈淮南鴻烈兵略閒詁〉第二十校證》，《古籍整理與研究》第 5 期，中華書局 1990 年版，第 56 頁。

〔註102〕趙奇棟、華學誠《〈淮南子〉許慎注、高誘注中的雙音節新詞》，《徐州師範大學學報》2005 年第 2 期，第 56 頁。

〔註103〕楊樹達《詞詮》，中華書局 1954 年版，第 188 頁。

〔註104〕參見蕭旭《古書虛詞旁釋》，廣陵書社 2007 年版，第 212 頁。

（87）故兵不必勝，不苟接刃；攻不必取，不為苟發

按：張雙棣謂「兵」當作「戰」，是也。《尉繚子・攻權》：「戰不必勝，
不可以言戰；攻不必拔，不可以言攻。」爲此文所本。《漢書・趙充
國傳》：「臣聞戰不必勝，不苟接刃；攻不必取，不苟勞衆。」《漢紀》
卷 19：「臣聞戰不必勝，不苟接刃；攻不必取，不敢勞衆。」三書正
作「戰」字。

（88）靜以合躁，治以持亂

按：王念孫曰：「持當爲待，字之誤也。待，猶禦也。《孫子・軍爭篇》：
『以治待亂，以靜待譁。』即《淮南》所本。《文選・五等論》：『以
治待亂。』李善注引此文云：『靜以合躁，治以待亂。』尤其明證矣。」
張雙棣謂「合」亦訓禦。皆是也。下文「靜則能應躁」，應亦禦也。
《文子・微明》：「處靜以持躁。」《長短經》卷 2 引作「待」。

（89）兵如植木，弩如羊角

按：張雙棣謂語本《尉繚子・兵談》「兵如總木，弩如羊角」。銀雀山漢
簡《尉繚子》作「口口口木，弩如羊角」〔註105〕。總，疑讀爲庬，
《玉篇》：「庬，衆貌。」胡吉宣曰：「《切韻》作『衆立』，《集韻》
同。」〔註106〕《廣韻》亦作「衆立」。字或作嵸，《廣韻》：「嵸，高
也。」字或作竦，《文選・七命》：「舉戈林竦。」李善注引《廣雅》：
「竦，立也。」

（90）夫能滑淖精微，貫金石，窮至遠，放乎九天之上，蟠乎黃
盧之下，惟無形者也

許注：放，寄也。

按：「滑淖」爲漢代人成語。《修務篇》：「且夫精神滑淖纖微，倏忽變化，
與物推移，雲蒸風行，在所設施。」《道德指歸論》卷 2：「二物並興，
紗紗纖微，生生存存，因物變化，滑淖無形，生息不衰。」又卷 3：
「無爲微紗，周以密矣；滑淖安靜，無不制矣。」又卷 4：「道德虛

〔註105〕《銀雀山漢墓竹簡〔壹〕》，文物出版社 1985 年版，第 77 頁。
〔註106〕胡吉宣《玉篇校釋》，上海古籍出版社 1989 年版，第 4263 頁。

無，神明寂泊，清靜深微，太和滑淖。」以上五例皆形容詞用法。
滑，古音骨，混亂、濁亂也。《後漢書・周爕傳》：「斯固以滑泥揚波，
同其流矣。」又《袁紹傳》：「苟欲滑泥揚波，偷榮求利。」李賢注
並云：「滑，混也。滑音古沒反。」並引《楚詞》：「何不滑其泥而揚
其波？」字或作淈，《史記・屈原傳》：「何不隨其流而揚其波？」《索
隱》：「《楚詞》『隨其流』作『淈其泥』也。」字或作骨，《釋名》：「骨，
滑也。」《莊子・達生》：「其巧專而外骨消。」《釋文》：「骨消，如
字。本亦作『滑消』。」成疏：「滑，亂也。專精內巧之心，消除外
亂之事。」是成本「骨」作「滑」〔註107〕王叔岷曰：「骨與滑通。」
〔註108〕字或作愲，《玉篇》：「愲，憂也、慮也、悶也、心亂也。」《廣
韻》：「愲，心亂。」《漢書・息夫躬傳》《絕命詞》：「心結愲兮傷肝。」
顏師古注：「結愲，亂也。孟康曰：『愲音骨。』」字或作縎，《廣雅》：
「結縎，不解也。」《楚辭・九思・怨上》：「心結縎兮折摧。」此為
心亂義之專字。字或作汨，《小爾雅》：「汨，亂也。」《文選・七發》：
「所擢拔者，所揚汨者。」李善注：「孔安國《尚書傳》曰：『汨，
亂也。』古沒切。」晉・陶潛《飲酒》：「一世皆尚同，願君汨其泥。」
二例皆用《楚辭》之典。字或作淈，《集韻》：「淈，亂也，或作淈。」
《呂氏春秋・本生》：「夫水之性清，土者淈之，故不得清。」高注：
「淈，讀曰骨，濁也。」又「人之性壽，物者淈之，故不得壽。」
高注：「淈，亂也。」《亢倉子・全道》二「淈」字並作「滑」。本
字為淈，《說文》：「淈，濁也，一曰淈泥。」段玉裁曰：「今人汨亂
字當作此。多汁成泥。」〔註109〕濁亂之物即淈泥亦謂之淈，名、動
固相因也。今本《楚辭・漁父》「滑」作「淈」，洪興祖注：「淈，古
沒切，又乎沒切，濁也。」《文選》張銑註亦曰：「淈，濁也。」字
或作猾，《廣雅》：「猾，亂也。」又「猾，擾（擾）也。」章太炎曰：
「猾，《說文》無。『蠻夷猾夏』字當作淈。淈，亂也。今作汨。」

〔註107〕敦煌寫卷 S.615《莊子》亦作「骨消」。王雱《南華真經新傳》本、林希逸《莊
子口義》本、褚伯秀《南華真經義海纂微》本、趙諫議本並作「滑消」；宋・
蔡襄《雜著・都盧之言》、宋・黃裳《雜說》引亦作「滑消」。

〔註108〕王叔岷《莊子校釋》卷3，「中央」研究院歷史語言研究所專刊之二十六，1993
年版，第34頁。王叔岷《莊子校詮》，中華書局2007年版，第706頁。

〔註109〕段玉裁《說文解字注》，上海古籍出版社1981年版，第550頁。

又「(汨)訓亂者係淈之假字。」〔註110〕考《說文》:「淖,泥也。」
《廣雅》:「淖,濁也。」「滑淖」即混濁、擾亂之誼,音轉則為「渽
淖」;「滑」同「淈」,古音骨,與「渽」一聲之轉也。劉殿爵謂此文
「滑淖」當作「渽淖」〔註111〕,于大成駁之云:「厥字雖異,聲類
實同,劉說未允。」于說是也。馬敍倫曰:「(淈)一曰渽泥者,蓋
以見紐借為渽也。」〔註112〕《廣雅》:「渽,淖也。」《兵略篇》:「道
之浸洽,渽淖纖微,無所不在。」《原道篇》:「夫道者⋯⋯甚淖而渽,
甚纖而微。」高注:「渽亦淖也。夫饘粥多瀋者謂渽。」此文「滑淖
精微」即「渽淖纖微」,亦即「甚淖而渽,甚纖而微」也。陳廣忠曰:
「淖渽,指柔和的樣子。」〔註113〕大誤。字或作「濯淖」,《史記·
屈原傳》:「故死而不容,自疏濯淖汙泥之中,蟬蛻於濁穢,以浮游
塵埃之外,不獲世之滋垢,皭然泥而不滓者也。」〔註114〕《索隱》:
「濯音濁,淖音閙。」朱起鳳曰:「滑字古亦讀骨。骨、濯聲近。渽
本音哥。渽、濯連用,則為滑之叚字。《兵略訓》上作渽,下作滑,
形異而音義不異,《淮南》書時時有之。」〔註115〕此例「濯淖」為
動詞,其後省略了介詞「於」;「汙泥」是名詞。「濯淖〔於〕汙泥」
與「蟬蛻於濁穢」語法結構相同。「濯淖汙泥」即《後漢書》之「滑
泥」,亦即《楚詞》「滑其泥」之誼。「自疏」後面跟的「濯淖汙泥之
中」是一個動賓結構的名詞性成份。疏,遠。自己遠離混濁於污泥
之中,也就是不混濁於污泥之中,與下句蟬蛻於濁穢相應。王念孫
曰:「濯字當讀直教反(濯、淖疊韻字),濯、淖、汙、泥四字同義。
《廣雅》曰:『淖,濁也。』是濯淖皆汙濁之名。」〔註116〕胡培俊

〔註110〕王寧整理《章太炎說文解字授課筆記》,中華書局 2010 年版,第 456、467
頁。

〔註111〕劉殿爵《讀淮南鴻烈札記》,香港《聯合書院學報》第 6 期,1967 年出版,
第 176 頁。

〔註112〕馬敍倫《說文解字六書疏證》卷 21,上海書店 1985 年版,第 71 頁。

〔註113〕陳廣忠《淮南子斠詮》,黃山書社 2008 年版,第 3 頁。

〔註114〕舊皆以「自疏」二字屬上句,非也。茲據瀧川資言、黃侃、楊樹達、徐復說改
屬下句。瀧川資言《史記會注考證》,北嶽文藝出版社 1999 年版,第 3840 頁;
楊樹達《古書句讀釋例》,中華書局 1954 年版,第 75 頁。徐復《史記雜志》,
收入《後讀書雜志》,上海古籍出版社 1996 年版,第 31 頁。黃侃說轉引自徐著。

〔註115〕朱起鳳《辭通》,上海古籍出版社 1982 年版,第 2042 頁。

〔註116〕王念孫《讀書雜志》卷 3,中國書店 1985 年版,第 1 頁。

作文，全取王說，無所發明〔註117〕。王氏謂「濯淖、汙、泥四字同義」，似以爲平列關係，未允。黃侃謂「濯」爲「濁」之借字，「濁」、「汙」同爲形容詞，「淖」、「泥」同爲名詞〔註118〕。吳國泰以「自疏」二字屬上句，謂「濯淖」讀爲「躍踔」，解爲「躍跳騰踔」〔註119〕。徐仁甫校作「蟬蛻於濁淖汙泥之中，以浮游塵埃之外」，謂「穢、濯二字爲衍文，又顚倒不可解耳」〔註120〕。三氏胥失之。《聯緜字典》解「濯淖」爲「瀞漬」；《中文大辭典》解「滑淖」爲「和且寬也」，解「濯淖」爲「瀞漬」；《漢語大詞典》解「滑淖」爲「調和」，解「濯淖」爲「浸漬」〔註121〕。皆失之。「淖」訓稀泥、爛泥，音鬧，讀奴教切（nào）；「淖」訓和，則讀直教切（zhào）；「淖」訓寬，通「綽」，則讀尺約切（chuò）。于大成指出語本《孫子·形》「善守者藏於九地之下，善攻者動於九天之上」〔註122〕。按《後漢書·皇甫嵩傳》：「彼守不足，我攻有餘。有餘者動於九天之上，不足者陷於九地之下。」亦本之。放，放置，故許氏訓寄。蟠，讀爲般，盤旋曲折也。已詳《道應篇》「下蟠於地」條校補。楊樹達謂「放」訓至，張雙棣、趙宗乙謂「蟠」亦訓至〔註123〕，並未切。

（91）是不襲堂堂之寇，不擊塡塡之旗

許注：塡塡，旗立牢端貌。

按：于大成、張雙棣指出語本《孫子·軍爭篇》「無邀正正之旗，勿擊堂堂之陳」。按銀雀山漢簡作「毋要縣縣之旗，毋擊堂堂之陳」。《靈樞經·逆順》引《兵法》：「無迎逢逢之氣，無擊堂堂之陣。」張家山漢墓竹簡《蓋廬》：「毋要堤堤之期，毋擊堂堂之陳，毋攻逢逢之氣，

〔註117〕胡培俊《釋「濯淖污泥」》，《江漢大學學報》1994 年第 1 期。
〔註118〕黃侃說轉引徐復《史記雜志》，收入《後讀書雜志》，上海古籍出版社 1996年版，第 31 頁。
〔註119〕吳國泰《史記解詁》第 3 冊，1933 年成都居易簃叢著本，第 43 頁。
〔註120〕徐仁甫《史記注解辨正》，四川大學出版社 1993 年版，第 152 頁。
〔註121〕符定一《聯緜字典》巳集，中華書局 1954 年版，第 263 頁。《中文大辭典》，華岡出版有限公司出版 1979 年版，第 1441、1628 頁。《漢語大詞典》（縮印本），漢語大詞典出版社 1997 年版，第 3361、3465 頁。
〔註122〕于氏引脫「善攻者」三字，逕補。
〔註123〕趙宗乙《淮南子札記》，黑龍江人出版社 2009 年版，第 220 頁。

是胃（謂）戰有七述（術）。」亦爲此文所本。「要」同「邀」，「期」讀爲旗，「堤堤」疑「塡塡」之訛。整理者注：「要，約。堤，疑讀爲偍。」〔註124〕劉釗曰：「疑簡文『堤堤』應讀作『馳馳』。」〔註125〕並失之〔註126〕。吳玉搢曰：「塡塡，正正也。塡與鎭同，與正音近，故假借用之。」朱起鳳說同〔註127〕。

（92）敵人執數，動則就陰，以虛應實，必為之禽

按：《武編》前集卷 2 引《總要》：「敵若執數，我先動則以陽就陰，以虛應實，必爲之擒。」此文「就陰」上當補「以陽」二字〔註128〕。

（93）麕鹿不動，不離罝罘

按：離，讀爲罹。

（94）是故聖人貴靜，靜則能應躁，後則能應先

按：《管子·心術上》：「人主者立於陰，陰者靜。故曰動則失位，陰則能制陽矣，靜則能制動矣。」《韓子·喻老》：「重則能使輕，靜則能使躁。」爲此文所本。

（95）勇者不得獨進，怯者不得獨退

按：于大成、張雙棣指出語本《孫子·軍爭篇》。按《呂氏春秋·不二》：「勇者不得先，懼者不得後。」意亦同。

（96）是故傷敵者眾，而手戰者寡矣

按：手戰，當作「受刃」，上文云「受刃者少，傷敵者眾」，是其證也。陶鴻慶校作「守戰」，未得。

〔註124〕《張家山漢墓竹簡〔247號墓〕》，文物出版社 2006 年版，第 164 頁。
〔註125〕劉釗《〈張家山漢墓竹簡〉釋文注釋商榷（一）》，《古籍整理研究學刊》2003 年第 3 期。
〔註126〕參見蕭旭《張家山漢簡〈奏讞書〉、〈蓋盧〉校補》，收入《群書校補》，廣陵書社 2011 年版，第 54 頁。
〔註127〕吳玉搢《別雅》卷 4，收入景印文淵閣《四庫全書》第 222 冊，臺灣商務印書館 1986 年初版，第 737 頁。朱起鳳《辭通》，上海古籍出版社 1982 年版，第 2129 頁。
〔註128〕今本《武經總要》前集卷 3 亦脫「以陽」二字。

（97）夫五指之更彈，不若捲手之一挃

許注：挃，擣也。

陶方琦曰：《大藏音義》卷 78 引許注：「挃，搏也。」「搏」字義長。《廣雅》：「搏，擊也。」《說文》：「搏，一曰至也。」「至」即通「挃」，《史記·淮陰侯傳》：「孟賁之狐疑，不如庸夫之必至。」至亦同挃。以挃訓搏，即以搏訓至，一義之互通也。《蒼頡篇》亦曰：「搏，至也。」

易順鼎曰：擣乃搏字之譌。挃與撠同一字，《廣雅》：「撠，搏也。」與此注正合。《說文》：「撠，刺也，一曰刺之財至也。」刺與搏義亦相通。

按：陶、易二氏說有二處須辨正：（a）許注「挃，擣也」不誤。「擣」同「搗」，擊也。《修務篇》：「攘捲一擣。」即許注所本。《大藏音義》引許注作「挃，搏也」，其義相同，蓋意改，未足以訂今本。（b）《說文》、《蒼頡篇》「搏」訓至，「至」是到達之誼。字或作傳，《詩·菀柳》鄭箋：「傳，至也。」又《卷阿》鄭箋：「傳，猶戾也。」戾亦至也。字或作薄，《廣雅》：「薄，至也。」陶氏謂「至即通挃」，非也。所引《史記》例「至」亦到達之誼，《楚辭·離騷》：「心猶豫而狐疑兮，欲自適而不可。」即其所本。適亦至也。《釋名》：「殳，殊也，長丈二尺而無刃，有所撞挃於車上，使殊離也。」《廣韻》：「挃，撞挃。」即撞擊之誼。字或作撠，《玉篇》：「撠，挃也。」字或作銍，《賈子·勢卑》：「夫胡人於古小諸侯之所銍權而服也。」「銍權」即此文之捲手之一挃也。楊樹達謂「捲」同「拳」，是也。攘捲一擣，猶言伸拳一擊也。《賈子》權讀爲攈，同「拳」字。銍權而服，言擣以拳，則小諸侯即服矣。張雙棣謂此文「捲」訓收攏；我舊說《賈子》「權」讀爲捲，亦訓收攏〔註129〕，皆未是。字或作挃，《集韻》：「挃，擣也，通作挃。」本字疑爲扶，《說文》：「扶，笞擊也。」

（98）萬人之更進，不如百人之俱至也

按：《劉子·兵術》：「千人遞戰，不如十人俱至。」即本此文。

（99）今夫虎豹便捷，熊羆多力，然而人食其肉而席其革者，不能通其知而壹其力也

〔註129〕方向東《賈誼集匯校集解》引，所據爲余《賈子校補》手稿，河海大學出版社 2000 年版，第 183 頁。

按：《荀子‧王制》：「故虎豹爲猛矣，然君子剝而用之。」爲此文所本。《說苑‧敬愼》：「虎豹爲猛，人尚食其肉席其皮。」《劉子‧兵術》：「虎兕多力，而受制於人者，心不一力不濟也。」並本此文。

（100）凡此四者，兵之幹植也

按：幹植，主幹、根本。《意林》卷 5 引《周生烈子》序：「以堯舜作幹植，仲尼作師誡。」《抱朴子外篇‧審舉》：「士有風姿豐偉，雅望有餘，而懷空抱素，幹植不足。」皆其例。陳廣忠疑當作「幹楨」〔註 130〕，無據。

（101）是故爲麋鹿者則可以罝罘設也，爲魚鼈者則可以網罟取也，爲鴻鵠者則可以矰繳加也

按：設，蔣禮鴻解爲「誘致」〔註 131〕，是也。《國語‧吳語》：「必設以此民也，封於江、淮之間，乃能至於吳。」《管子‧四時》：「令禁罝設禽獸，毋殺飛鳥。」又《心術上》：「爲法者也，感而後應，非所設也；緣理而動，非所取也。」亦其例。

（102）深哉瞑瞑，遠哉悠悠，且冬且夏，且春且秋

按：且，又也，兩務之詞。《說山篇》：「陰陽不能且冬且夏。」高注：「陰不能陽，陽不能陰，冬自爲冬，夏自爲夏也。」馬宗霍謂「且」猶乃，非是。

（103）兵之所隱議者，天道也；所圖畫者，地形也；所明言者，人事也

按：隱議，與「明言」對文，猶言暗議。朱起鳳讀爲「擬議」〔註 132〕；于省吾、何寧謂「隱議」與「圖畫」對文，「隱」、「議」並訓度；馬宗霍解爲「先占度而後議」；並失之。

（104）雖未必能萬全，勝鈞必多矣

〔註 130〕陳廣忠《淮南子斠詮》，黃山書社 2008 年版，第 831 頁。
〔註 131〕蔣禮鴻《義府續貂》，收入《蔣禮鴻集》卷 2，浙江教育出版社 2001 年版，第 168 頁。
〔註 132〕朱起鳳《辭通》，上海古籍出版社 1982 年版，第 1682 頁。

按：《御覽》卷 273 引無「必」字。

（105）今使兩人接刃，巧拙不異，而勇澄必勝者，何也？其行之誠也

按：澄，當從各本作「士」，《御覽》卷 273 引亦作「士」。何寧曰：「疑『澄』字是也……此謂勇而靜且明者必勝也。《淮南》『士』皆作『武』，今本作『勇士』，正後人竄改之跡。」何說非也，「勇澄」不辭。《繆稱篇》：「勇士一呼，三軍皆辟。」亦作「勇士」。

（106）加巨斧於桐薪之上，而無人刃之奉

按：刃，當從各本作「力」，于大成指出《御覽》卷 956、《事類賦注》卷 25 引並作「力」字。按《御覽》卷 763、《記纂淵海》卷 95 引亦並作「力」字。桐薪，桐木之薪，其質鬆軟，故易破也。《後漢書·蔡邕傳》：「吳人有燒桐以爨者，邕聞火烈之聲，知其良木，因請而裁爲琴。」此即以桐作薪之例。楊樹達從王引之說，讀桐爲童，解爲「小木」，非是。繆楷曰：「《淮南》之『桐薪』，猶《詩》之言『棘薪』、『栗薪』、『穫薪』、『柞薪』、『桑薪』耳，正指梧桐言，非謂小木也……王氏改讀桐爲童，非也。」〔註133〕斯爲得之。

（107）水激則悍，矢激則遠

按：悍，《類聚》卷 60 引作「旱」。《鶡冠子·世兵》：「水激則旱，矢激則遠。」《呂氏春秋·去宥》：「激矢則遠，激水則旱。」爲此文所本。《史記·賈生傳》《鵩鳥賦》同《鶡冠子》，又見《漢書》、《文選》。《索隱》：「此乃《淮南子》及《鶡冠子》文也。彼則『水激則悍』，《呂氏春秋》作『疾』。以言水激疾則去疾，不能浸潤；矢激疾則去遠也。然《說文》旱與悍同音，以言水矢流飛，本以無礙爲通利，今遇物觸之，則激怒更勁疾而遠悍，猶人或因禍致福，倚伏無常也。」則小司馬所見《鶡冠子》作「悍」、《呂氏》作「疾」，《文選》李善注引《鶡冠子》亦作「悍」，《說苑·說叢》、《御覽》卷 350

引《韓子》並作「悍」。悍、旱，正、假字。《集韻》：「悍，性急也，通作旱。」劉攽曰：「旱，讀爲悍，猛疾也。」小司馬後說「勁疾遠悍」得之。考《史記・河渠書》：「水湍悍。」《集解》引韋昭曰：「湍，疾悍彊也。」「水激則悍」即水湍悍也，是「悍」當取「悍彊」之訓。李善注：「悍，與旱同。」以「旱」爲正字；顏師古注亦同小司馬前說「不能浸潤」，並非也。

（108）雖有薄縞之幨

按：幨，《類聚》卷 60、《御覽》卷 357 引作「襜」。「襜」當作「襜」，同「幨」。《御覽》卷 812 引作「憺」，形之誤也。

（109）則貫兕甲而徑於革盾矣

按：徑，《書鈔》卷 125、《御覽》卷 347、357 引作「經」。《御覽》卷 357 有注：「經，猶達也。」向宗魯曰：「徑，本作經，與『徑』古字通用。」以「達」訓經，與「穿」同義。《說文》：「穿，通也。」《修務篇》高注：「達，穿也。」此篇下文「軍井通然後敢飲」，通亦穿也。盾，《類聚》、《御覽》卷 347、357 引作「楯」，同。

（110）夫風之疾，至於飛屋折木，而虛舉之下大遲，自上高丘，人之有所推也

許注：虛舉，不駕也。風疾飛之，下大遲，復上高丘也。

按：孫詒讓曰：「『舉』疑當作『轝』，即『輿』之俗。『大遲』宋本作『大達』，疑當作『大逵』。此似言疾風能飛屋折木，而虛轝不能自下大逵而上高丘，必藉人力推之。」孫校字近之，而釋句意則非。虛轝，猶言空車。許注「復」字上當脫「不能」二字。大逵，大道。自，猶至也，今言至於，表轉折。《史記・孟子荀卿傳》：「自如淳于髡以下，皆命曰列大夫。」「自如」猶言至於。句謂疾風可使空車下大道，至於上高丘，疾風不能爲之，猶須人推之也。張雙棣曰：「疑『自』字衍，『下大逵，上高丘』相對爲文。」非是。劉績、何寧並引《荀子・宥坐》「三尺之岸，虛車不能登也；百仞之山，任負車登焉，何則？陵遲故也」以證此文，亦非也。二文文意不同。

（111）是故善用兵者，勢如決積水於千仞之隄，若轉員石於萬丈之谿，天下見吾兵之必用也，則孰敢與我戰者

按：于大成、劉殿爵、張雙棣、何寧並指出語本《孫子・形》「勝者之戰，若決積水於千仞之谿者，形也」，又《勢》「故善戰人之勢，如轉圓石於千仞之山者，勢也」。此蓋先秦古語。《鬼谷子・本經陰符》：「故善損兌者，譬若決水於千仞之隄，轉圓石於萬仞之谿。」《呂氏春秋・適威》：「苟得爲上用，民之走之也，若決積水於千仞之谿，其誰能當之？」

（112）所謂天數者，左青龍，右白虎，前朱雀，後玄武

按：《吳子・治兵》：「必左青龍，右白虎，前朱雀，後玄武，招搖在上，從事於下。」《禮記・曲禮上》：「行，前朱鳥而後玄武，左青龍而右白虎，招搖在上。」爲此文所本。《鶡冠子・天權》：「下因地利，制以五行，左木右金，前火後水中土。」木金火水即指青龍白虎朱雀玄武。張家山漢簡《蓋廬》：「前赤鳥、後倍（背）天鼓可以戰；左青龍、右白虎可以戰，招（招）橃（搖）在上。」赤鳥即朱雀，「天鼓」當作「玄武」。

（113）是故處於堂上之陰，而知日月之次序；見瓶中之冰，而知天下之寒暑

按：《呂氏春秋・察今》：「故審堂下之陰，而知日月之行、陰陽之變；見瓶水之冰，而知天下之寒、魚鼈之藏也。」爲此文所本。《說山篇》：「見一葉〔之〕落，而知歲之將暮；睹瓶中之冰，而知天下之寒。」〔註134〕亦本之。《金樓子・立言篇下》：「處於堂〔下〕之陰，而知日月之次序也；見瓶中之曇，而知天下之寒暑也。」即本於此文。「曇」爲「冰」之誤。俞樾、沈延國謂此文「於」字衍，沈氏且謂「堂上」當作「堂下」，譚獻、何寧謂「序」、「暑」衍〔註135〕。此文「次序」、「寒暑」並雙音節詞，一則同義連文，一則偏義複詞，

〔註134〕「之」字據《類聚》卷9、《白帖》卷3、《御覽》卷68、《事類賦注》卷8引補，《類說》卷25引《炙轂子》亦有「之」字。
〔註135〕沈延國《讀書雜錄・淮南子》，《制言》第28期，1936年。

固不必同於《呂氏》也。蕭氏所見，可證今本不衍。「於」字則衍，蕭氏所見本亦衍。

（114）故鼓不與於五音，而為五音主；水不與於五味，而為五味調；將軍不與於五官之事，而為五官督

按：《治要》卷 36 引《申子》：「鼓不與於五音，而爲五音主；有道者不爲五官之事，而爲治主。」《意林》卷 2 亦引《申子》：「鼓不預五音，而爲五音主。」爲此文所本。《長短經‧大體》：「鼓不預五音，而爲五音主；有道者不爲五官之事，而爲理事之主。」亦本之。《金樓子‧立言篇下》：「鼓不預於五音，而爲五音之主；水不預於五味，而爲五味之和；將軍不預於五官，而爲五官之督也。」本於此文。與，讀爲預。

（115）是故將軍之心，滔滔如春，**虆虆**如夏，湫漻如秋，典凝如冬

許注：典，常。凝，正（止）也。常正（止）於冬也。

按：滔滔，讀爲「歙歙」，《說文》：「歙，歙歙，氣出貌。」此文形容春天陽氣上升之貌。南朝‧宋‧謝惠連《善哉行》：「善哉達士，滔滔處樂。」滔滔，和樂貌也。字或作「姚姚」，《說苑‧指武》：「美哉德乎，姚姚者乎。」姚姚，盛德貌也。朱起鳳謂「姚」、「遙」古通，解爲遠也〔註 136〕，未得。字或作「陶陶」，《楚辭‧懷沙》：「滔滔孟夏兮，草木莽莽。」王逸注：「滔滔，盛陽貌也。」《史記‧屈原傳》作「陶陶」。魏‧徐幹《答劉楨詩》：「陶陶朱夏德，草木昌且繁。」此三例亦形容夏天陽氣上升之貌。《詩‧君子陽陽》：「君子陶陶。」毛傳：「陶陶，和樂貌。」俗語「樂淘淘」，當作「樂陶陶」。字或作「搖搖」、「愮愮」，《詩‧黍離》：「行邁靡靡，中心搖搖。」毛傳：「搖搖，憂無所愬。」《爾雅》：「愮愮，憂無告也。」《玉篇》：「愮，憂也。《詩》曰：『憂心愮愮。』」憂曰愮愮，樂曰陶陶，其語源皆爲氣上升之貌也。此固無涉乎反訓也。孔疏：「《戰國策》云：『楚威王謂蘇秦曰：『寡人心搖搖然如懸旌，而無所〔終〕薄。』然則搖搖是心

〔註 136〕朱起鳳《辭通》，上海古籍出版社 1982 年版，第 688 頁。

憂無所附著之意。」孔氏所引見《楚策一》,「搖搖」亦憂貌也。喜樂之義專字作「僑」,《說文》:「僑,喜也。」字或作「悠悠」、「遙遙」、「瑤瑤」,憂思貌也。《詩‧雄雉》:「瞻彼日月,悠悠我思。」《說苑‧辨物》引作「遙遙」。敦煌寫卷 P.2555《詩文集》:「思憶瑤瑤房屋虛,緩步庭前恐獨居。」徐俊校為「遙遙」〔註137〕,蓋以為遠貌,未得。「曟曟」同「曠曠」,寬廣、空大之貌。胡懷琛謂訓明,引申有虛空之義〔註138〕,是也。《廣雅》:「曠曠,大也。」《繆稱篇》:「故言之用者,昭昭乎小哉;不言之用者,曠曠乎大哉。」〔註139〕字或作「廣廣」,《莊子‧天道》:「廣廣乎其無不容也,淵乎其不可測也。」林希逸注:「廣廣乎,大也。」《漢書‧武五子傳》:「橫術何廣廣兮,固知國中之無人。」蘇林曰:「廣,音曠。」字或作「壙壙」,《賈子‧修政語下》:「師尚父曰:『吾聞之於政也,曰:天下壙壙然,一人有之;萬民藂藂,一人理之。』」盧文弨曰:「『壙』與『曠』同,別本作『壙壙然』,非。」〔註140〕《原道篇》:「湫漻寂寞。」高注:「湫漻,清靜。」考《呂氏春秋‧重言》:「湫然清靜者。」《莊子‧天地》:「漻乎其清也。」是「湫」、「漻」皆清也,同義連文。俞樾曰:「典,讀為『頎典』之典……典凝,猶堅凝也。」章太炎曰:「典當借為錪,《方言》:『錪,重也。』《釋名》典亦訓鎮。凝,定也。典凝者,鎮定也。」〔註141〕章說是也,而猶未盡。本字為腆,《說文》:「腆,多也。」引申則為厚重之義。《廣雅》:「錪,重也。」王念孫曰:「錪之言腆也。《方言》:『腆,厚也。』厚與重同義。」〔註142〕李實《蜀語》:「重曰重錪錪。」〔註143〕典凝,猶言凝厚、凝重,亦即厚重。

〔註137〕徐俊《敦煌詩集殘卷輯考》,中華書局 2000 年版,第 699 頁。

〔註138〕胡懷琛《淮南鴻烈集解補正》,收入《叢書集成續編》第 40 冊,新文豐出版公司 1991 年印行,第 479 頁。

〔註139〕《文子‧精誠》「昭昭」、「曠曠」並作「變變」。

〔註140〕盧文弨《賈誼新書》校本,收入《諸子百家叢書》,上海古籍出版社影印浙江書局本 1989 年版,第 71 頁。「然」字衍,亦可能下句「藂藂」下脫「然」字。

〔註141〕章太炎《膏蘭室札記》,收入《章太炎全集(1)》,上海人民出版社 1982 年版,第 81 頁。

〔註142〕王念孫《廣雅疏證》,收入徐復主編《廣雅詁林》,江蘇古籍出版社 1998 年版,第 284 頁。

〔註143〕李實《蜀語》,收入《叢書集成新編》第 38 冊,新文豐出版公司 1985 年印

孔廣陶本《書鈔》卷 115 引作「滔滔如春，闔闔如夏，淋瀏如秋，慘惻如冬」，蓋為臆改，陳禹謨本《書鈔》、《御覽》卷 273 引同今本。孔廣陶校云：「俞本『慘惻』同本鈔，餘同陳本。其『屬』改『闔』，是永興避煬帝諱也。」〔註 144〕鍾佛操說同。

（116）夫景不為曲物直，響不為清音濁，觀彼之所以來，各以其勝應之

按：《管子·宙合》：「景不為曲物直，響不為惡聲美，是以聖人明乎物之性者，必以其類來也。」為此文所本。「勝」當作「類」，字之誤也。《御覽》卷 273 引已誤作「勝」字。

（117）是故扶義而動，推理而行，掩節而斷割，因資而成功

許注：掩，覆也。覆其節制斷割也。

按：推，當作「循」，字之誤也。《書鈔》卷 115、《御覽》卷 273 引已誤作「推」字。《齊俗篇》：「義者循理而行宜也。」《修務篇》：「循理而舉事，因資而立權。」〔註 145〕《詮言篇》：「循理而動。」〔註 146〕《說苑·雜言》：「循理而行。」皆正作「循」字。《管子·心術上》：「緣理而動。」《韓詩外傳》卷 3：「緣理而行。」《劉子·思順》：「順理而行。」緣、順，亦循也。《呂氏春秋·士容》：「德行尊理而羞用巧衛。」尊，讀為遵〔註 147〕，《呂氏春秋·當務》：「所貴信者，為其遵所理也；所貴勇者，為其行義也。」遵亦循也。高誘注：「尊重道理而行。」解為「尊重」，未是。掩，于省吾讀為按，是也。扶、循、按、因，四字同義對舉，猶今言依據、遵循、順從也。反言之，則曰「逆理而動」也。《後漢書·朱浮傳》《與彭寵書》：「蓋聞知者順時而謀，愚者逆理而動。」斷割，截斷切割。斷亦割也。《說林篇》：「鏌邪斷割，砥礪之力。」又《說林篇》：「所以貴鏌邪者，以其應

行，第 694 頁。

〔註 144〕孔廣陶校注本《書鈔》，收入《續修四庫全書》第 1212 冊，上海古籍出版社 2002 年版，第 528 頁。

〔註 145〕《文子·自然》「立權」作「立功」。

〔註 146〕《文子·符言》同。

〔註 147〕參見陳奇猷《呂氏春秋新校釋》，上海古籍出版社 2002 年版，第 1704 頁。

物而斷割也。」《主術篇》：「仁者，雖在斷割之中，其所不忍之色可見也。」節，骨節。掩節而斷割，言按其骨節而截割也。陳廣忠解爲「申明節制而加以決斷」〔註148〕，未得。

（118）夫飛鳥之摯也俛其首，猛獸之攫也匿其爪

按：《六韜・武韜・發啓》：「鷙鳥將擊，卑飛斂翼；猛獸將搏，弭耳俯伏。」〔註149〕《子略》卷1引《鬻子》：「鷙鳥將擊，卑飛翩翼；虎狼將擊，弭耳俯伏。」爲此文所本。《意林》卷6引裴糸《新言》：「鷙鳥之擊，必俛其首；猛獸之攫，必匿其爪。」即本此文。摯，一本作「擊」，當爲臆改，《書鈔》卷116、《御覽》卷271、《記纂淵海》卷80、《玉海》卷141引作「鷙」。鷙、摯，正、假字也〔註150〕。《原道篇》：「鷹雕搏鷙。」《說林篇》：「赤肉懸則烏鵲集，鷹隼鷙則眾鳥散。」用正字。《時則篇》：「鷹隼蚤摯。」用借字。孔廣陶曰：「洪氏《校補》：『明刻《淮南》鷙誤擊。』」〔註151〕胡懷琛謂「鷙」、「摯」當作「擊」，校「飛鳥之摯」作「鷙鳥之擊」〔註152〕，非也。俛，《記纂淵海》卷80、《玉海》卷141引誤作「總」。

（119）虎豹不外其爪，而噬不見齒

按：王念孫據《書鈔》卷116、《御覽》卷271校作「虎豹不外其牙，噬犬不見其齒」，鄭良樹舉《記纂淵海》卷80、《玉海》卷141引作「虎

〔註148〕陳廣忠《淮南子斠詮》，黃山書社2008年版，第838頁。

〔註149〕銀雀山漢簡作「執（鷙）鳥將執，庫（卑）鷔（飛）翕翼；虎狼將狹，弾（弭）耳固伏」，《銀雀山漢墓竹簡〔壹〕》，文物出版社1985年出版，第114頁。《治要》卷31引作「鷙鳥將擊，卑飛翕翼；猛獸將擊，俛耳俯伏」。敦煌寫卷S.1380《應機抄》：「太公曰：『鷙鳥將擊，必卑飛斂翼；虎狼將擊，必弾毛誅伏。』」「誅」字王三慶、郝春文並錄作「誅」。「誅」字無義，「誅」當即「俯」字誤書。王三慶《敦煌類書》，麗文文化事業股份有限公司1993年版，第300頁；郝春文主編《英藏敦煌社會歷史文獻釋錄》第5卷，社會科學文獻出版社2006年版，第442頁。

〔註150〕許建平《淮南子補箋》已及，《中國典籍與文化論叢》第6輯，中華書局2000年版，第353頁。

〔註151〕孔廣陶校注本《書鈔》，收入《續修四庫全書》第1212冊，上海古籍出版社2002年版，第529頁。

〔註152〕胡懷琛《淮南鴻烈集解補正》，收入《叢書集成續編》第40冊，新文豐出版公司1991年印行，第479頁。

豹不外其牙，噬犬不見其齒」以證之。《意林》卷 6 引裴糸《新言》同，亦其證。

（120）為之以歙，而應之以張；將欲西，而示之以東

按：《御覽》卷 271 引作「爲之欲歙，應之以張；將欲西，如示之以東也」，注作「歙，弱。張，強也。歙讀如脅」。《記纂淵海》卷 80、《玉海》卷 141 引「歙」作「翕」。翕、歙，正、假字也。《爾雅》：「翕，合也。」「爲之以」之「以」，猶欲也〔註153〕。何寧謂作「欲」義長，未得。

（121）若鬼之無迹，若水之無創

按：《書鈔》卷 117 引「鬼」下有「神」字。

（122）故合之以文，齊之以武，是謂必取

按：于大成指出語本《孫子・行軍》「故令之以文，齊之以武，是謂必取」。于大成謂「令」字是，非也。按漢簡本《孫子》作「合之以文，濟之以武」。王叔岷曰：「案令當作合，字之誤也。『合』與『齊』相對成義。」〔註154〕馬宗霍、張雙棣亦據此文及漢簡本、《書鈔》卷 113、《御覽》卷 296 所引校「令」作「合」。《長短經・禁令》、《政體》、《太白陰經・子卒》、《通典》卷 149 引《孫子》已誤作「令」。《白帖》卷 51 二引，一作「合」，一則誤作「令」。《文子・上義》亦誤作「令」字。齊，讀爲濟。《武經總要》前集卷 1 引《傳》作「附之以文」，附亦合也。言以文德附之，復濟之以武功也。楊炳安曰：「令，教令。」〔註155〕失之。

（123）是謂至強

按：至，《文子・上義》作「必」。

（124）然而高城深池，矢石若雨，平原廣澤，白刃交接，而卒爭先合者，彼非輕死而樂傷也，為其賞信而罰明也

〔註153〕參見蕭旭《古書虛詞旁釋》，廣陵書社 2007 年版，第 13～14 頁。
〔註154〕王叔岷《文子斠證》，收入《諸子斠證》，中華書局 2007 年版，第 536 頁。
〔註155〕楊炳安《孫子會箋》，中州古籍出版社 1986 年版，第 138 頁。

按：于大成指出語本《六韜·龍韜·厲軍》「高城深池，矢石繁下，士爭先登；白刃始合，士爭先赴；士非好死而樂傷也，爲其將知寒暑饑飽之審，而見勞苦之明也」。《文子·上義》「卒」作「士」，無「合」字。《意林》卷 2 引作「士卒爭先者」，亦無「合」字。「合」字衍。

（125）是故內修其政，以積其德；外塞其醜，以服其威；察其勞逸，以知其飽饑

按：顧廣圻謂末「以」字衍，非也。三句一例，並非「知其飽饑」與「察其勞逸」對文。《御覽》卷 281 引同今本，《文子·上義》作「是故義君內修其政，以積其德；外塞於邪，以明其勢；察其勞佚，以知饑飽」。此文「知」下「其」字蓋衍。

（126）故將必與卒同甘苦，俟飢寒，故其死可得而盡也

按：俟，《四庫》本《御覽》卷 281 引同，景宋本《御覽》引作「共」，鮑本《御覽》引作「佚」。劉文典校作「將必與卒同甘苦勞佚飢寒」，謂今本脫「勞」字，「俟」爲「佚」誤。俞樾謂「俟」爲「併」誤。譚獻謂「俟」即「時」。馬宗霍謂「俟」猶候。何寧並駁之，謂「共」誤爲「失」，因又誤爲「佚」、「俟」。王叔岷謂「俟」當作「供」，「供」與「共」同〔註156〕，鄭良樹申證之。張雙棣謂「俟」當作「侔」。按劉文典所校是也，《六韜·龍韜·厲軍》：「將與士卒共寒暑勞苦饑飽，故三軍之衆聞鼓聲則喜，聞金聲則怒。」爲此文所本。此文「同甘苦勞佚飢寒」與「共寒暑勞苦饑飽」同一句法。下文「程寒暑、齊勞佚、同饑渴」分言之，此則「甘苦勞佚飢寒」合言之。《尉繚子·治本》：「夫所謂治者……共寒其寒，共饑其饑。」又《戰威》：「勞佚必以身同之。」即「同勞佚」、「同飢寒」之謂。

（127）故古之善將者，必以其身先之。暑不張蓋，寒不被裘，所以程寒暑也；險隘不乘，上（丘）陵必下，所以齊勞佚也；軍食熟然後敢食，軍井通而後敢飲，所以同饑渴也；合戰，必立矢射（石）之所及，〔所〕以共安危也

〔註156〕王叔岷《淮南子斠證續補》，收入《諸子斠證》，中華書局 2007 年版，第 490 頁。王叔岷原校：「俟當爲侔。侔，齊也。」後自訂其誤。王叔岷《淮南子斠證》，收入《諸子斠證》，第 431 頁。

按：《尉繚子・戰威》：「夫勤勞之師，將必先己。暑不張蓋，寒不重衣，險必下步，軍井成而後飲，軍食熟而後飯，軍壘成而後舍，勞佚必以身同之。」《六韜・龍韜・厲軍》：「將多不服裘，夏不操扇，雨不張蓋，名曰禮將。將不身服禮，無以知士卒之寒暑。出隘塞，犯泥塗，將必先下步，名曰力將。將不身服力，無以知士卒之勞苦。軍皆定次，將乃就舍；炊者皆熟，將乃就食；軍不舉火，將亦不舉，名曰止欲將。將不身服止欲，無以知士卒之饑飽。」〔註157〕《黃石公三略》卷上引《軍讖》：「軍井未達，將不言渴；軍幕未辦，將不言倦；軍竈未炊，將不言飢。冬不服裘，夏不操扇，雨不張蓋，是謂將禮。」于大成、張雙棣指出為此文所本。程，《意林》卷 2 引同，《御覽》卷 281 引作「均」，《劉子・兵術》亦作「均」，蓋許、高本之異。張雙棣曰：「齊、同、共義近，程亦當與之同。」所說是也，而未得其所以然。程，古字為呈，《說文》：「呈，平也。」段注：「壬之言挺也，故訓平。」〔註158〕《荀子・致仕》：「程者，物之準也。」準即平也。均亦平也。《晏子春秋・內篇問下》：「（莊公）好兵，作武士，與同飢渴寒暑。」「程寒暑」即「同寒暑」也。險隘不乘，即下步，指險隘之處不乘馬而步走也。《太白陰經・子卒》：「寒不衣裘，暑不操扇，登不乘馬，雨不張蓋。」「險隘不乘」即「登不乘馬」也。《御覽》引作「陰陽不乘」，非也。《說文》：「穿，通也。」通亦穿也。《軍讖》作「達」，達亦穿也。

（128）故良將之用兵也，常以積德擊積怨，以積愛擊積憎，何故而不勝

按：常，讀為當〔註159〕。《文子・道德》：「聖人常聞禍福所生而擇其道，智者常見禍福成形而擇其行。」敦煌寫卷 P.3768 二「常」作「當」，亦其例。張雙棣曰：「『故』字無義，疑為『敵』字之誤。」張說非也，《御覽》卷 281 引亦作「故」字。《韓子・內儲說上》：「何故而不治？」是其比。

〔註157〕《類聚》卷 59 引「熟」作「飽」。
〔註158〕段玉裁《說文解字注》，上海古籍出版社 1981 年版，第 58 頁。
〔註159〕參見蕭旭《古書虛詞旁釋》，廣陵書社 2007 年版，第 387 頁。

（129）主之所求於民者二，求民為之勞也，欲民為之死也

　　按：二「為之」，《三國志・華覈傳》引作「為己」。之，猶己也〔註 160〕。

（130）民之所望於主者三，饑者能食之，勞者能息之，有功者能德之

　　按：銀雀山漢簡《奇正》：「故戰勢，勝者益之，敗者代之，勞者息之，饑者食之。」〔註 161〕

（131）民以償其二積，而上失其三望

　　按：積，王念孫據《御覽》卷 281 所引校作「責」；裴學海謂「積為責之借字」〔註 162〕。裴說是也。《三國志・華覈傳》引作「民以致其二事，而王失其三望」。

（132）斬首之功必全，死事之後必賞

　　按：全，讀為銓。《說文》：「銓，衡也。」用為動詞，即考核、排列等次、評定高下之誼。《廣韻》：「銓，量也，次也，度也。」字或作硂，《廣雅》：「硂，度也。」《玉篇》：「硂，度也，亦作銓，量也，次也。」字或作詮，《廣韻》：「詮，平也。」言斬首之功必評定其高下，以授官職也。蔣禮鴻曰：「『全』當作『坒』，古文『封』字也。」蔣說非是，《御覽》卷 281 引作「全」。

（133）三隧者，上知天道，下習地形，中察人情

　　許注：凡此三事者，人所從蹊隧。

　　按：蹊，《御覽》卷 273 引誤作「偓」。

（134）所謂四義者，便國不負兵，為主不顧身，見難不畏死，決疑不辟罪

　　許注：負，程也。

　　按：負兵，《御覽》卷 273 引同，《類說》卷 25 引《炙轂子》亦同。負，

〔註 160〕參見蕭旭《古書虛詞旁釋》，廣陵書社 2007 年版，第 333～334 頁。
〔註 161〕《銀雀山漢墓竹簡〔貳〕》，銀雀山漢墓竹簡整理小組，文物出版社 2010 年版，第 155 頁。
〔註 162〕裴學海《評高郵王氏四種》，《河北大學學報》1962 年第 2 期，第 60 頁。

辜負、虧欠。言便國而不負欠于兵，此乃為將之義也。王念孫謂「負」為「員」之誤，解為不程量其兵之眾寡；朱駿聲說同〔註163〕，當本王說。楊樹達謂王說非是，員程謂數量之程限，非此文之誼。楊說是。

（135）勇而不可凌也

按：凌，《御覽》卷273引作「枝」，形之誤也。

（136）謀遠而不可慕也

按：慕，讀為謨。《說文》：「謨，議謀也。」言其謀遠，不可測度謀議之也。下文「兵貴謀之不測也」，「測」字是其誼。慕，景宋本《御覽》卷273引同，劉家立改作「篡」，楊樹達從之，無據。馬宗霍謂「慕」訓狎近，亦未得。《四庫》本《御覽》臆改作「測」字，無版本依據。趙宗乙因謂「『篡』字當作『測』，以音近而誤作『篡』，又以形近而誤作『慕』也」〔註164〕，鑿空之論也。

（137）不貪於貨，不淫於物，不嗛於辯，不推於方

按：《玉篇》：「嗛，荊吳芳香，以嗛其口。嗛，貪也。」今本《齊俗篇》作「荊吳芬馨，以嗛其口」，許慎注：「嗛，貪求也。」《戰國策·楚策四》：「橫人嗛口利機。」鮑彪注：「《集韻》：『嗛，聲也。』」失之。字又或作憸、嬐，《玉篇》：「憸，貪憸也。」《廣韻》：「憸，貪也。」又「嬐，貪也，俗作濫，從水。」《集韻》：「憸、嗛：貪憸，嗜也，或從口。」字又或作賺，《集韻》：「賺，賺盰，貪財也。」〔註165〕俗字亦作噞，《龍龕手鑑》：「嗛，貪嗛也。噞，俗，同上。」方，《類說》卷25引《炙轂子》同，《御覽》卷273引作「名」。「不推於方」四字不詳何意。傅山曰：「不推於方，四字亦須細解。『方』似方法

〔註163〕朱駿聲《說文通訓定聲》，武漢市古籍書店1983年版，第204頁。

〔註164〕趙宗乙《淮南子札記》，黑龍江人出版社2009年版，第222～223頁。趙氏多據誤本四庫《御覽》立論，而不一檢宋本。下文「是謂至於」，宋本《御覽》引同，《四庫》本妄改作「至平」，趙氏因謂「于」、「平」形誤，平，治也。所失遠矣。「至於」當從王念孫校作「至旍（旌、精）」。

〔註165〕「賺盰」同「婪酣」，唐宋俗語詞。唐·韓愈《月蝕詩效玉川子作》：「婪酣大肚遭一飽，飢腸徹死無由鳴。」宋·陳造《謝韓幹送絲糕》：「婪酣得飽問便腹，如汝平生相負何？」

之方，推如推尊之推。『方』是『可欺以其方』之方。」〔註 166〕錄
此存參。

（138）發必中詮，言必合數，動必順時，解必中揍

許注：揍，理也。

按：《呂氏春秋・不苟》：「必中理，然後動；必當義，然後舉。」爲此文
所本。詮，一本作「銓」。《要略篇》：「詮言者，所以譬類人事之指，
解喻治亂之體也。差擇微言之眇，詮以至理之文，而補縫過失之闕
者也。」張雙棣引《玉篇》「詮，治亂之體」以說之，與《漢語大字
典》說同〔註 167〕，是也。楊樹達謂「銓」當作「鈴」，即「權」，未
得。《御覽》卷 273 引「詮」作「證」，蓋以訓詁字改之。《慧琳音義》
卷 2「所詮」條引《字書》：「詮，證也。」又卷 30「詮窮」條引《考
聲》：「詮，敘也，證也。」《六書故》：「朕，朕理也。亦單作奏……
揍與湊通，謂肉理分際也。」顧炎武曰：「朕，古音倉故反，亦作揍。」
〔註 168〕馬宗霍與戴氏說同。

（139）疾如彍弩，勢如發矢

按：于大成指出語本《孫子・勢》「勢如彍弩，節如發機」。按《六韜・
龍韜・奇兵》：「疾如流矢，擊如發機者，所以破精微也。」爲《孫
子》及此文所本。此文「疾」、「勢」二字當互易，蓋傳寫而誤倒也。
《御覽》卷 273 引已誤。《晉書・樂志上》張華《勞還師歌》：「積勢
如鞟弩，赴節如發機。」亦其旁證。《玉篇》：「彍，張也。」彍、鞟，
並讀爲彍，《說文》：「彍，滿弩也。」《廣雅》：「彍，張也。」字或
作廓，《爾雅》：「廓，大也。」《方言》卷 1：「張小使大謂之廓。」
《原道篇》：「廓四方。」高注：「廓，張也。」《集韻》：「廓，開也。」
字或作鞟，《類聚》卷 74 引《尸子》：「鴻鵠在上，鞟弩以待。」《御
覽》卷 347 引作「扜弓鞟弩待之」，《長短經・昏智》引作「彀弩以

〔註 166〕傅山《讀子二・淮南存雋》，收入《霜紅龕集》卷 33，《續修四庫全書》第 1395
　　　　冊，上海古籍出版社 2002 年版，第 670 頁。

〔註 167〕《漢語大字典》（縮印本），湖北辭書出版社、四川辭書出版社 1992 年版，第
　　　　1651 頁。

〔註 168〕顧炎武《唐韻正》卷 13，收入景印文淵閣《四庫全書》第 241 冊，臺灣商務
　　　　印書館 1986 年初版，第 363 頁。

待之」。「彀」、「彍」同義。字或作擴、攩，《玉篇》：「擴，引張之意。」《孟子・公孫丑下》：「知皆擴而充之」孫奭《音義》：「擴，丁音郭，張大也，字亦作攩。」《集韻》：「攩，充也，字或從廣。」王念孫曰：「彍、攩、鞟，並字異而義同。擴、廓，義亦與彍同。」〔註169〕字或作橫，《黃帝內經素問・寶命全形論》：「伏如橫弩，起如發機。」《吳越春秋・勾踐陰謀外傳》：「琴氏乃橫弓著臂，施機設樞，加之以力。」《御覽》卷 348 引作「攩」。今則「擴」行而諸字並廢矣。勢如彍弩疾如發矢者，言其靜處之勢則如張滿之弩待發，而發動則如發矢之迅疾也。今本「疾」、「勢」二字互倒，則義不可通矣。

（140）脩己於人，求勝於敵

按：脩己於人，謂本當脩之於己，今反之，而脩之於人也。張雙棣謂當作「脩治於巳（己）」，趙宗乙校作「脩之於人」〔註170〕，未是。

（141）是猶以火救火，以水應水也

按：救，《文子・上禮》亦作「應」。

（142）同莫足以相治也，故以異為奇……故靜為躁奇，治為亂奇，飽為饑奇，佚為勞奇，奇正之相應，若水火金木之代為雌雄也

按：銀雀山漢簡《奇正》：「同不足以相勝也，故以異為奇。是以靜為動奇，失（佚）為勞奇，飽為饑奇，治為亂奇，眾為寡奇。」〔註171〕《文子・上禮》：「同莫足以相治，故以異為奇，（奇）靜為躁奇，治為亂奇，飽為飢奇，逸為勞〔奇〕，奇，正之相應，若水火金木之相伐也，何往而不勝？」可互參證。《文子》「靜」上衍一「奇」字，「勞」下脫一「奇」字。王利器、彭裕商點作「奇靜為躁，奇治為亂，奇飽為飢，奇逸為勞，奇正之相應」，李定生、徐慧君點作「奇，靜為躁；奇，治為亂；奇，飽為飢；奇，逸為勞，奇正之

〔註169〕王念孫《廣雅疏證》，收入徐復主編《廣雅詁林》，江蘇古籍出版社 1998 年版，第 29 頁。

〔註170〕趙宗乙《淮南子札記》，黑龍江人出版社 2009 年版，第 223 頁。

〔註171〕《銀雀山漢墓竹簡〔貳〕》，銀雀山漢墓竹簡整理小組，文物出版社 2010 年版，第 155 頁。

相應」，並誤〔註 172〕。《文子》「伐」當作「代」，字之誤也。王利器曰：「『代爲雌雄』與『相伐』義相比也。」非是。彭裕商曰：「相伐，猶言相克。亦可能是『相代』之誤。」後說是。

（143）攓巨旗，止鳴鼓

許注：攓，卷取也。

按：攓，《六書故》引作「搴」。本字爲攓，古楚語。《說文》：「攓，拔取也，南楚語。」另參見附錄二《〈淮南子〉古楚語舉證》。

（144）曳梢肆柴，楊（揚）塵起堨，所以營其目者

許注：梢，小柴也。堨，埃。

按：《六韜・虎韜・臨境》：「令我老弱曳柴揚塵，鼓呼而往來。」爲此文所本。肆，讀爲拽。《老子》第 58 章：「直而不肆。」漢帛書乙本肆作絏，是其證。《說文》：「拽，捈也。」朱駿聲曰：「與曳略同，俗作拽字，又作拽作捙。」〔註 173〕《廣韻》：「拽，亦作拽，拕也。」《集韻》：「拽，拖也。」陳廣忠謂「肆」訓恣、放肆〔註 174〕，非也。

（145）錞鍭牢重，固植而難恐，勢利不能誘，死生不能動

按：植，立也。俗字或作揰，《廣韻》：「揰，柱杖曰揰。」《集韻》：「揰，持也。」皆「立」義之引申。《管子・法法》：「上無固植，下有疑心。」尹注：「植，志。」《楚辭・招魂》：「弱顏固植。」王逸注：「固，堅。植，志也。植，一作立。」一本植作立者，以同義字易之也。固植，言固守之志，「之志」二字乃以意補足者也。舊注植訓志者，「植」字動詞名用，因有「志」義；「操」本訓把持，動詞名用，因有「節志」、「節操」之義，是其比也。朱駿聲、朱起鳳、姜亮夫謂植叚借爲志、識〔註 175〕，皆非也。《賈子・容經》：「軍旅之視，固植虎張。」章太

〔註172〕　參見蔡偉《據漢簡校讀〈文子〉一則》，《中華文史論叢》2011 第 1 期，第 90 頁。王利器《文子疏義》，中華書局 2000 年版，第 537 頁。李定生、徐慧君《文子校釋》，上海古籍出版社 2004 年版，第 487 頁。彭裕商《文子校注》，巴蜀書社 2006 年版，第 243～244 頁。下同。

〔註173〕　朱駿聲《說文通訓定聲》，武漢市古籍書店 1983 年版，第 668 頁。

〔註174〕　陳廣忠《淮南子斠詮》，黃山書社 2008 年版，第 848 頁。

〔註175〕　朱駿聲《說文通訓定聲》，武漢市古籍書店 1983 年版，第 218 頁。朱起鳳《辭通》，上海古籍出版社 1982 年版，第 1652 頁。姜亮夫《楚辭通故（四）》，收

炎引《管子·法法》、《楚辭·招魂》訓植爲志〔註176〕。倒言則作「植固」,《管子·版法》:「植固不動,倚邪乃恐。」尹注:「言執法者必當深植而固守。」又《任法》:「植固而不動,奇邪乃恐。」〔註177〕尹注:「所立堅則不可動。」《文選·薦譙元彥表》:「竊聞巴西譙秀,植操貞固。」呂延濟注:「植,立。操,志也。」「植操」同義連用,皆動詞名用也。「植固」即「植操貞固」也。倒言又作「埴固」,另參見《泰族篇》「重者可令埴固」條校補。反言之,則爲「弱植」,《左傳·襄公三十年》:「其君弱植,公子侈,大子卑,大夫敖,政多門。」孔疏:「《周禮》謂草木爲植物,植爲樹立,君志弱,不樹立也。」孔說是也。俞樾曰:「植當爲脂膏膩敗之膩,字本作殖,亦或作埴。」〔註178〕俞說非也。《文選·和謝監靈運》:「弱植慕端操。」李善引王逸《楚辭》注:「植,志也。」劉良注:「植,立。」二義本相因。

(146)先勝者,守不可攻,戰不可勝,攻不可守,虛實是也

按:下「勝」字當作「敗」。《道德指歸論》卷5:「戰不可敗,守不可攻。」

(147)上下有隙,將吏不相得,所持不直,卒心積不服,所謂虛也

許注:言積怨不服之也。

按:積,久也,素也。疑不訓「積怨」。

(148)不可正喻

按:正,讀爲証。《說文》:「証,諫也。」

(149)凡國有難,君自宮召將,詔之曰:「社稷之命在將軍,即今國有難,願請子將而應之。」

按:《六韜·龍韜·立將》:「太公曰:『凡國有難,君避正殿,召將而詔

入《姜亮夫全集》卷4,雲南人民出版社2002年版,第468頁。

〔註176〕轉引自方向東《賈誼集匯校集解》,河海大學出版社2000年版,第258頁。

〔註177〕《管子·版法解》同。

〔註178〕俞樾《群經平議》,收入王先謙《清經解續編》第13冊,鳳凰出版社2005年版,第6957頁。說又見俞氏《古書疑義舉例》卷7,中華書局1956年版,第135頁。

之曰：社稷安危，一在將軍。今某國不臣，願將軍帥師應之也。』」
爲此文所本。即，景宋本作「耳」，《類聚》卷 59、《御覽》卷 274
引作「耳」，《御覽》卷 340、680 引作「身」。王念孫謂「即」爲「身」
誤，張雙棣謂「耳」字是，屬上句。按作「即」屬下亦可，「即今」
連文。《六韜》無「身」字。願請，《御覽》卷 274 引無「願」字，《類
聚》、《御覽》卷 340、680 無「請」字。「請」字未必爲衍，其文自
通。《長短經·出軍》：「社稷安危，一在將軍。今某國不臣，願煩將
軍應之。」「願請」即願煩也。王氏謂《御覽》三引並作「身」字、
無「請」字，失檢。

（150）國不可從外治也，軍不可從中御也，二心不可以事君，疑志不可以應敵，臣既以受制於前矣，鼓旗斧鉞之威，臣無還請

按：《六韜·龍韜·立將》：「臣聞國不可從外治，軍不可從中御，二心不
可以事君，疑志不可以應敵，臣既受命，專斧鉞之威，臣不敢生還。」
〔註 179〕爲此文所本。《長短經·出軍》：「臣既受命，專斧鉞之威，
臣不敢還諸。」《虎鈐經》卷 2：「臣既受命，專斧鉞之威，臣不敢生
還。」亦本之。王叔岷謂此文「鼓旗斧鉞之威」上脫「專」字，是
也。《隋書·禮儀志》、《通典》卷 76 作「有鼓旗斧鉞之威」，有「有」
字，謂專有也。「請」當作「諸」，字之誤也。諸，猶之也。《御覽》
卷 274 引作「臣無還」。臣無還之，猶言不敢生還，指效死戰場也。
亦即「視死若歸，計不旋踵」之誼。《治要》31 引《六韜》「臣不敢
生還」作「不敢還請」，亦誤。王念孫、于大成皆以爲「還請」是「還
覆請命」之誼，非也。

（151）願君亦以垂一言之命於臣也

按：《六韜·龍韜·立將》：「願君亦垂一言之命於臣。」爲此文所本。亦，
猶其也〔註 180〕，希冀之詞，表祈使語氣。「以」字當涉「亦」音誤
而衍，王念孫據《御覽》卷 274 所引校「以」作「無」，于大成駁之，

〔註179〕《太白陰經》卷 3 同，當即本之《六韜》。
〔註180〕參見裴學海《古書虛字集釋》，中華書局 1954 年版，第 175～177 頁。蕭旭《古
書虛詞旁釋》有補證，廣陵書社 2007 年版，第 73 頁。

是也。此句乃謂將軍求君許以一言作保證，故下文接云「君若不許，臣不敢將；君若許之，臣辭而行」。《通志》卷 44 作「願假一言之命於臣」，得之。《隋書・禮儀志》、《太白陰經》卷 3「以」亦誤作「無」字。

（152）其臨敵決戰，不顧必死，無有二心，是故無天於上，無地於下，無敵於前，無主於後

按：《六韜・龍韜・立將》：「臨敵決戰，無有二心，若此則無天於上，無地於下，無敵於前，無君於後。」《尉繚子・武議》：「無天于上，無地于下，無主于後，無敵于前。」為此文所本。不顧，《類聚》卷 59 引誤作「而領」。

（153）如此，則智者為之慮，勇者為之鬥，氣厲青雲，疾如馳鶩，是故兵未交接而敵人恐懼

按：《六韜・龍韜・立將》：「是故智者爲之謀，勇者爲之鬥，氣厲青雲，疾若馳鶩，兵不接刃而敵降服。」為此文所本。氣厲青雲，《太白陰經》卷 3 作「氣勵清爽」，誤。

（154）若戰勝敵奔，畢受功賞，吏遷官，益爵祿，割地而為調

按：《六韜・龍韜・立將》：「戰勝於外，功立於內，吏遷上賞，百姓歡悅，將無咎殃。」為此文所本。《御覽》卷 274 節引作「若戰勝敵奔，賞吏遷官」，誤以「賞」字屬下。

（155）顧反於國，放旗以入斧鉞

按：呂傳元曰：「『放』當爲『㪃』，字之譌也。《說文》：『㪃，讀若偃。』此猶言偃其旌旗也。」竊謂「放」即放置、收起之誼。《御覽》卷 274 引「放」作「効」，無義，蓋形之誤也。

（156）大勝三年反舍，中勝二年，下勝期年

按：下，當從《御覽》卷 274 引校作「不」。「下勝」不辭。

（157）故能戰勝而不報，取地而不反……戰勝於外，福生於內

按：馬王堆帛書《十六經・順道》：「若此者，單（戰）朕（勝）不報，

取地不反；單（戰）朕（勝）於外，福生於內。」〔註181〕《國語·越語下》：「是故戰勝而不報，取地而不反，兵勝於外，福生於內。」為此文所本。韋昭注：「敵家不能報也。」《漢書·趙充國傳》：「故舉得於外，則福生於內。」

〔註181〕馬王堆帛書《十六經·順道》，收入《馬王堆漢墓帛書〔壹〕》，文物出版社1980年版，第79頁。

《說山篇》校補　卷第十六

（1）人不小學，不大迷；不小慧，不大愚

按：《廣雅》：「學，覺也。」《玉篇》同。「學」同「斅」。王念孫《疏證》：「《說文》：『斅，覺悟也。篆文作學。』《白虎通》云：『學之爲言覺也，以覺悟所不知也。』《淮南子・說山訓》：『人不小學，不大迷。』《文子・上德篇》『學』作『覺』。」〔註1〕《白虎通》見《辟雍篇》，《文子》明刊本作「覺」，《纘義》本亦作「學」。《御覽》卷534引《禮記外傳》：「學者覺也。」王氏《淮南子雜志》謂「學」爲「覺」字之誤，非也。何寧謂「學」字不煩改作，亦是也，而失引王氏《疏證》，不知王氏已自訂其說矣。

（2）人莫鑑於沬雨而鑑於澄水者，以其休止不蕩也

高注：沬雨，雨潦上〔若〕覆甕也。澄，止水也。蕩，動也。沬雨，或作「流潦」。

按：《莊子・德充符》：「仲尼曰：『人莫鑑於流水而鑑於止水，唯止能止眾止。』《釋文》：「流水，崔本作『沬水』。」爲此文所本。此文作「沬雨」，與崔本作「沬水」合。《慧琳音義》卷38引許叔重曰：「沬，濛雨也。」濛雨猶言小雨，字或作霿，《廣韻》：「濛，涳濛細雨。」又「霿，小雨。」王叔岷從王念孫說，謂「沬」當作「流」，其說非

〔註1〕王念孫《廣雅疏證》，收入徐復主編《廣雅詁林》，江蘇古籍出版社1998年版，第316頁。

也。《文選・江賦》李善注引《淮南子》：「莫鑒于流灤而鑒于澄水。」又引許慎注：「楚人謂水暴溢爲灤。」是許本作「流灤」也。《俶真篇》：「人莫鑑於流沫而鑑於止水者，以其靜也。」〔註2〕高注：「沫，雨潦上沫起〔若〕覆甌也。言其濁擾不見人形也。」《文子・上德》：「莫鑒於流潦而鑒於止水，以其內保之止而不外蕩。」又《九守》：「人莫鑒於流潦而鑒於澄水，以其清且靜也。」是「澄水」即「止水」也。一本作「流潦」者，與《文子》合，《梁書・處士傳》引《淮南子》：「人皆鑒於止水，不鑒於流潦。」正作「流潦」。高注二文「覆」字上王利器據《倭名類聚鈔》卷1引補「若」字〔註3〕，王叔岷則補「沫起若」三字。《文子・上德》之「保」字，當據此文訂爲「休」，形之誤也。《劉子・清神》：「不鑑於流波而鑑於靜水者，以靜能清也。」即本《俶真篇》之文。傅山曰：「此沫字似當音沬，所謂涎（涎）沫也。」〔註4〕非是。

（3）詹公之釣，千歲之鯉不能避

按：《初學記》卷30、《御覽》卷834、936引作「詹公之釣，千歲之鯉」，《事類賦注》卷29引作「詹公能釣，千歲之鯉」，《廣韻》、《五音集韻》、《韻府群玉》「釣」字條引作「詹公釣，千歲之鯉」。王念孫校作「詹公之釣，得千歲之鯉」，謂脫「得」字，「不能避」三字衍。按不必補「得」字，「不能避」確爲衍文。《埤雅》卷1、《會稽志》卷17：「詹何之釣，千歲之鯉不能避也。」則宋代已誤衍「不能避」三字也。

（4）瓠巴鼓瑟，而淫魚出聽；伯牙鼓琴，〔而〕駟馬仰秣

按：淫魚，《三國志・郤正傳》裴松之注、《文選・蜀都賦》、《吳都賦》劉淵林註、《白帖》卷98引並作「鱏魚」。「淫」爲「鱏」之音轉，取義於「潭」，古楚語，淵也。參見附錄二《〈淮南子〉古楚語舉證》。

〔註2〕《御覽》卷10、717、720三引「流沫」並作「沫雨」。

〔註3〕王利器《文子疏義》，中華書局2000年版，第269頁。

〔註4〕傅山《讀子二・淮南存雋》，收入《霜紅龕集》卷33，《續修四庫全書》第1395冊，上海古籍出版社2002年版，第670頁。

（5）螾無筋骨之强，爪牙之利，上食晞堁，下飲黃泉，用心一也

高注：晞，乾也。堁，土塵也，楚人謂之堁。

按：上食晞堁，《文子·上德》明刊本同，《續義》本作「上食晞塊」，《大戴禮記·勸學》作「上食晞土」〔註5〕，《荀子·勸學》作「上食埃土」，《說苑·雜言》作「上墾晞土」。《淮南子》用古楚語「堁」，諸書易作通語「土」、「埃土」。《孟子·滕文公下》作「槁壤」，亦通語。塊、堁一聲之轉，古楚語，參見附錄二《〈淮南子〉古楚語舉證》。墾，讀爲狠、齦，《說文》狠、齦並訓齧，俗作啃字。

（6）清之爲明，杯水〔而〕見眸子；濁之爲闇，河水不見太山

按：牟，一本作「眸」，《御覽》卷39、《記纂淵海》卷55引亦作「眸」，《文子·上德》同。牟、眸，古今字。闇，《類聚》卷73、《御覽》卷759引《文子》同，今本《文子》作「害」。

（7）視日者眩，聽雷者聾

按：《玉篇》：「聬，女江切，《淮南子》曰：『聽雷者聬。』注：『耳中聬聬然。』《埤蒼》云：『耳中聲也。』」何寧謂許本作「聬」，高本作「聾」，是也。敦煌寫卷P.2058《碎金》：「聬聬：女江反。」

（8）神蛇能斷而復續，而不能使人勿斷也；神龜能見夢元王，而不能自出漁者之籠

按：《莊子·外物》：「仲尼曰：『神龜能見夢于元君，而不能避余且之網；知能七十二鑽而無遺筴，不能避刳腸之患。』」爲此文所本。《史記·龜策傳》：「……龜之力也，故云神至能見夢于元王，而不能自出漁者之籠。」《論衡·定賢》：「神蛇能斷而復續，不能使人弗斷；聖賢能困而復通，不能使人弗害。」《弘明集》卷1漢·牟融《理惑論》：「神蛇能斷而復續，不能使人不斷也；靈龜發夢於宋元，不能免豫且之網。」《搜神記》卷12：「千歲龜鼉能與人語……千歲之蛇斷而復續。」皆本此文。續，《御覽》卷933引作「屬」，乃以同義改之。《說文》：「屬，連也。」又「續，連也。」《廣雅》：「屬，續也。」

（9）越人學遠射，參天而發，適在五步之內，不易儀也，世已變
　　矣，而守其故，譬猶越人之射也

高注：越人習水便舟，而不知射。射遠反直仰向天而發，矢勢盡而還，
故近在五步之內。參，猶望也。儀，射法也。言不曉射，故不知易去參天之
法也。

按：《說苑·雜言》：「愚人有學遠射者，參矢（天）而發，已射五步之內，
　　又復參矢而發。世以易矣，不更其儀，譬如愚人之學遠射。」《抱朴
　　子外篇·用刑》：「參天而射五步。」皆本此文。參，高注訓望，望
　　爲介詞，猶言朝、對、向，故高氏又云「向天而發」。王引之謂參訓
　　直（值），值亦向也。王氏謂高注失之，所謂知二五而不知一十也。
　　朱駿聲謂參借爲審〔註6〕，非也。適，讀爲啻，猶但也。《文選·與
　　從弟君苗君冑書》李善註、《御覽》卷 745 引作「適」，同今本；《類
　　聚》卷 74、《龍筋鳳髓判》卷 2 注引作「鏑」，誤。《說苑》「已射」
　　之「已」，猶僅也。陳直曰：「適爲敵字之假借（《御覽》引本文正作
　　敵字）。」〔註7〕其說非也，景宋本、《四庫》本《御覽》引並不作「敵」，
　　不知陳氏何本。趙宗乙謂「適」當作「鏑」，指箭〔註8〕，亦非也。

（10）月望，日奪其光，陰不可以乘陽也

高注：月十五日與日相望，東西中繩，則月食，故奪月光也。

按：《御覽》卷 4、《記纂淵海》卷 5 引誤高注作正文，又誤「繩」作「絕」。
　　乘，《文子·上德》作「承」，借字。

（11）故末不可以強於本，指不可以大於臂

按：《戰國策·秦策三》：「臣未嘗聞指大於臂，臂大於股。」爲此文所
　　本。《主術篇》：「故枝不得大於榦，末不得強於本。」《文子·上德》：
　　「末不可以強於本，枝不可以大於榦。」《鹽鐵論·刺權》：「枝大
　　而折榦。」《賈子·大都》：「天下之勢，方病大瘇，一脛之大幾如
　　要，一指之大幾如股。」《說苑·君道》：「故曰脛大於股者，難以

〔註6〕　朱駿聲《說文通訓定聲》，武漢市古籍書店 1983 年版，第 98 頁。
〔註7〕　陳直《讀子日札·淮南子》，收入《摹廬叢著七種》，齊魯書社 1981 年版，第
　　　　107 頁。
〔註8〕　趙宗乙《淮南子札記》，黑龍江人出版社 2009 年版，第 227 頁。

步；指大於臂者，難以把；本小末大，不能相使也。」並可互證。

（12）牆之壞，愈其立也

高注：壞，反本還爲土。故曰愈其立也。

按：《說林篇》：「牆之壞也，不若無也，然逾屋之覆。」高注：「牆之壞，
更爲土，歸於本，故曰逾屋之覆也。」愈，讀爲逾。

（13）泰山之容，巍巍然高，去之千里，不見埵堁，遠之故也

高注：容，形。埵堁，猶席翳也。埵，讀似望，作江淮間人言能得耳。

按：埵堁，《論衡·說日》作「埵塊」，又《書虛》作「蚳螺」。塊、堁、
螺，音之轉也。《集韻》：「堁，一曰堆土。」又「堁，一曰阜也。」
《法華經義記》卷5：「平地小高稱爲土埵。」《玄應音義》卷6引《字
林》：「堁，聚土也。」《慧琳音義》卷27引《切韻》：「小土聚隅有爲
堁音。」「埵堁」猶言小土堆。「埵」俗作「堆」、「塠」、「垛」、「陳」、
「碓」。高注「席（塵）翳」，非也。何寧謂「埵堁」乃「壤堁」之誤，
與《論衡》不合，其說亦非也。

（14）蘭生幽宮，不爲莫服而不芳；舟在江海，不爲莫乘而不浮

按：宮，《御覽》卷983引同；一本作「谷」，《意林》卷2引作「谷」；《記
纂淵海》卷60引作「室」。《金樓子·立言下》：「蘭生空谷，不爲莫
用而不芳；舟在江海，不爲莫乘而不浮。」即本此文。是蕭氏所見
本亦作「谷」，疑爲許本。鄭良樹謂「作『谷』恐是後人所改」，非
也。郭店楚簡《窮達以時》：「……鼻（嗅）而不芳；無菩董愈埴（珤
璐瑾瑜包）山石，不爲……」〔註9〕《荀子·宥坐》：「夫芷蘭生於深
林，非以無人而不芳。」《韓詩外傳》卷7：「夫蘭茝生於茂林之中，
深山之間，不爲人莫見之故不芳。」《家語·在厄》：「且芝（芷）蘭

〔註 9〕荊門市博物館編《郭店楚墓竹簡》，文物出版社 1998 年版，第 145 頁。無菩
董愈**埴**，劉樂賢讀爲「珤璐瑾瑜韜」，劉嬌讀爲「珤璐瑾瑜包」，劉釗曰：「菩
字不解，董愈讀爲瑾瑜，**埴**疑讀爲抱。」今釋文從劉嬌，斷句從劉樂賢、劉
嬌，劉釗誤斷。劉樂賢《郭店楚簡雜考（五則）》，《古文字研究》第 22 輯，
中華書局 2000 年版，第 205～206 頁。劉釗《郭店楚簡校釋》，福建人民出版
社 2005 年版，第 175 頁。劉嬌《西漢以前古籍中相同或類似內容重複出現現
象的研究》，復旦大學 2009 年博士學位論文，第 143 頁。

生於深林，不以無人而不芳。」《文子・上德》：「蘭芷，不爲莫服而
不芳；舟浮江海，不爲莫乘而沈。」並可參證。

（15）曰：「不為善，將為不善邪？」

按：將，《文選・馬汧督誄》李善註引同，《世說新語・賢媛》劉孝標注、
《記纂淵海》卷 40 引作「當」。將，猶當也，副詞〔註10〕。

（16）善且由弗為，況不善乎

按：由，讀爲猶，《文選・馬汧督誄》李善註、《記纂淵海》卷 40、《海錄
碎事》卷 12 引正作「猶」。《世說新語・賢媛》劉孝標注、《意林》
卷 2 引「且由」作「尚」，義同。

（17）故沮舍之下，不可以坐

高注：沮，舍壞也。

按：沮，讀爲庴，音槎。《玄應音義》卷 9 引《通俗文》：「物欲壞曰庯庴。」
《玉篇》：「庴，仕加切，屋欲壞也。」《廣韻》：「庴，鉏加切，壞也。
《淮南子》云：『庴屋之下，不可坐也。』」〔註11〕《集韻》：「庴，
屋隤貌。」《龍龕手鑑》：「庴，士（七）加反，屋欲壞也。又（庴）
屋〔之〕下，不可坐也。」「又屋下不可坐也」當即引《淮南》此文，
而有脫誤。今吳語猶謂物之破敗、敗壞曰庴，謂壓爛物事曰壓（庯）
庴。注文「舍壞」連文，猶言屋壞，吳承仕謂「舍」字衍，非也。

（18）夫至巧不用劍，善閉者不用關楗

按：王引之謂「劍」當作「鉤繩」，是也。《老子》第 23 章：「善閉無關
鍵而不可開，善結無繩約而不可解。」爲此文所本。

（19）君子之於善也，猶采薪者，見一介〔則〕掇之，見青葱則
拔之

按：介，讀爲芥，草也。《成都文類》卷 23 宋・馬涓《二江先生文集序》：
「其學之博，猶採薪者之見一芥掇之，見菁蔥拔之。」

〔註10〕 參見吳昌瑩《經詞衍釋》，中華書局 1956 年版，第 143 頁；楊樹達《詞詮》，
中華書局 1954 年版，第 297～298 頁。
〔註11〕 《五音集韻》同。

（20）月不知畫，日不知夜

高注：言不能相兼也。

按：《繆稱篇》：「日不知夜，月不知畫，日月爲明，而弗能兼也。」高注本此爲說。《御覽》卷4所引爲《繆稱篇》之文，與今本全同也。于大成謂「《御覽》引注作『日月爲明，而弗能兼也』」，何寧謂「《御覽》兼引注意，非異本也」，以爲所引出此文，並失考也。

（21）近之則鍾音充，遠之則磬音章

高注：充，大也。

按：充，《書鈔》卷108、《御覽》卷575、《樂書》卷110、《天中記》卷43引作「亮」。吳承仕謂「高本自作充也」，于大成謂「亮」爲「充」字形誤，趙宗乙謂「充」爲「亮」字形誤〔註12〕。于說是也，《呂氏春秋·貴直》：「無使齊音，充人之游。」《董子·王道》：「听鄭衛之音，充傾宮之志。」

（22）譬猶陶人爲器也，揲挻其土而不益厚，破乃愈疾

高注：揲，讀揲脈之揲。

按：揲，讀爲枼。《說文》：「枼，薄也。」挻之言延也。《說文》：「挻，長也。」《慧琳音義》卷57：「挻土：《淮南子》云：『陶人之剋挻埴。』許叔重曰：『挻，揉也。埴，土也。』挻，擊也，亦和也。」字或作埏，《玄應音義》卷13：「埏，揉也。」《老子》第11章：「埏埴以爲器。」河上公注：「埏，和也。埴，土也。」《釋文》作「挻」。《精神篇》：「譬猶陶人之埏埴也。」「埏埴」即此文之「挻土」也。揲挻其土，言揉和、拍擊其土，使之又薄又長也。朱駿聲曰：「揲，叚借爲鍱。按：椎薄之也。注『讀揲脈之揲』非是。」〔註13〕朱氏得其義，未得其字。「鍱」爲椎薄的金屬片，語源也是「枼」。何寧引《說文》「揲，閱持也」以說之，非也。

（23）雞知將旦，鶴知夜半

按：鶴，《類聚》卷91引作「鵠」，同。《抱朴子外篇·博喻》：「雞知將

〔註12〕趙宗乙《淮南子札記》，黑龍江人出版社2009年版，第229～230頁。
〔註13〕朱駿聲《說文通訓定聲》，武漢市古籍書店1983年版，第142頁。

旦，不能究陰陽之曆數；鶴識夜半，不能極晷景之道度。」即本此
文。《慧琳音義》卷 4、54 引「旦」作「曉」，蓋避唐睿宗李旦諱而
改〔註14〕。

（24）山有猛獸，林木為之不斬；園有螫蟲，藜藿為之不采

按：此蓋古諺。《文子・上德》：「山有猛獸，林木爲之不斬；園有螫蟲，
葵藿爲之不採；國有賢臣，折衝千里。」《漢書・蓋寬饒傳》鄭昌上
書頌蓋寬饒曰：「臣聞山有猛獸，藜藿爲之不采；國有忠臣，姦邪爲
之不起。」《鹽鐵論・崇禮》：「故《春秋》曰：『山有虎豹，葵藿爲
之不採；國有賢士，邊境爲之不害也。』」《能改齋漫錄》卷 5 指出：
「然（鄭）昌所言爲誤。蓋藜藿乃園中之物，而猛獸則伏於山。故
林木可稱不斬，而不可稱不采也。」考《後漢書》卷 100：「昔諫大
夫鄭昌有言：『山有猛獸者，藜藿爲之不採。』」則是鄭昌自誤，非
傳寫有脫文也。

（25）今夫闇飲者，非嘗不讉飲也，使之自以平，則雖愚無失矣

按：讉，讀爲讉。《方言》卷 3：「膠、譎，詐也。」郭注：「汝南人呼欺
爲讉。他回反。」《集韻》：「讉，江南呼欺曰讉。」非，猶未也。
欺飲，言飲酒有詐也。句謂飲於暗室者，未嘗不欺飲也。若使敬酒
者能自持平，則雖愚者亦無過失矣。馬宗霍曰：「讉猶散溢也。使，
舉也。」未得其誼。

（26）人有多言者，猶百舌之聲；人有少言者，猶不脂之戶也

高注：言其不鳴，故不脂之喻無聲也。一說：不脂之戶難開閉，亦喻人
少言語也。

按：《爾雅翼》卷 14：「不脂之戶，則以難於啓閉故也。」取後說。不脂
之戶，言戶樞不加油脂，故難於啓閉也。戶，《記纂淵海》卷 154 引
誤作「尸」，又卷 156 引誤作「婦」〔註15〕。

〔註14〕 參見張鉉《佛經音義三種引子部書考》，浙江大學 2008 年博士學位論文。
〔註15〕 此據《北京圖書館古籍珍本叢刊》第 71 冊，書目文獻出版社 1998 年版，第
642、652 頁。《四庫》本並在卷 63，二引並誤作「婦」，景印文淵閣《四庫全
書》第 932 冊，臺灣商務印書館 1986 年初版，第 21、36 頁。

（27）百人抗浮，不若一人挈而趨

高注：抗，舉也。浮，瓠也。百人共舉，不如一人持之走便也。

按：《埤雅》卷 16：「細要曰蒲，一曰蒲盧……說者曰：蒲一名浮，蓋是矣。」《六家詩名物疏》卷 10：「蓋瓠爲摠名……無柄者名壺蘆……有柄者懸瓠……小者名瓢……細腰者名蒲盧，《淮南子》云『百人抗浮』是也。瓟亦可通名壺，《鶡冠子》云：『中流失船，一壺千金。』」「浮」、「瓟」、「壺」並一聲之轉，緩言則爲「蒲盧」、「壺盧」。朱駿聲、于大成謂「浮」讀爲瓟〔註16〕，是也。《禮記・投壺》鄭注：「浮，或作瓟。」是其確證。《戰國策・秦策三》：「百人輿瓠而趨，不如一人持而走疾。」《廣雅》：「瓠，瓢也。」金其源已知引證《策》、《雅》，而反謂此文「浮」當訓輕，失之交臂也。此篇下文「乘桴而入胡」，高注：「桴，筏，一曰瓠。」一說則讀桴爲瓟。

（28）下有茯苓，上有兔絲；上有叢蓍，下有伏龜

按：《史記・龜策傳》引《傳》：「下有伏靈，上有兔絲；上有擣蓍，下有神龜。」《索隱》：「擣，音逐留反。擣蓍，即藂蓍。擣，古稠字。」「叢蓍」即「藂蓍」也。

（29）好方非醫也，好馬非騶也

按：騶，主馬之官也〔註17〕。

（30）楚王亡其猨，而林木為之殘；宋君亡其珠，池中魚為之殫

高注：楚王，莊王旅也。猿捷躁，依木而處，故殘林以求之。殫，盡。

按：張雙棣、何寧謂下句「中」字衍，是也。「池魚」上當補「而」字，與上句一律。《御覽》卷 935 引正作「楚王亡其猨，而林木爲之殘；宋君亡其珠，而池魚爲之殫」。《御覽》卷 469 引作「楚王亡其猨，而林木爲之殘；宋玉（王）亡其珠，池魚爲之殫」，脫下句「而」字；又卷 803 引作「楚王亡其猨，而林木爲之殘；宋王亡珠，而池中魚爲之殫」，脫下句「其」字，又衍「中」字，雖有脫衍，尚與原本不

〔註16〕　朱駿聲《說文通訓定聲》，武漢市古籍書店 1983 年版，第 272 頁。
〔註17〕　參見李紱《「騶虞」解》，收入《皇清文穎》卷 12，景印文淵閣《四庫全書》第 1449 冊，臺灣商務印書館 1986 年初版，第 603 頁。

遠。《類聚》卷 84 引作「楚王亡其猨，而林木爲之殘；宋王亡其珠
於池中，而魚爲之殫」，《御覽》卷 910 引作「楚王亡其猨於林，木
爲之殘；宋王亡其珠於池中，魚爲之殫」，皆爲臆改不足據。《廣韻》：
「池，又姓，漢有中牟令池瑗，出《風俗通》，又有池仲魚，城門失
火，仲魚燒死。故諺曰：『城門失火，殃及池魚。』」誤以「池中魚」
即「池仲魚」，爲人姓名〔註18〕。高注「捷躁」，《御覽》卷 469、803、
935 引同。「躁」同「趮」。《說文》：「趮，疾也。」《集韻》：「趮，或
作躁。」

（31）畏馬之辟也不敢騎，懼車之覆也不敢乘

高注：辟，旁。

按：辟，《記纂淵海》卷 74 引作「蹶」，有注：「蹶，一作辟。」辟，讀
爲躄。《說文》：「躄，人不能行也。」指跛腿。于大成讀爲躄，趙宗
乙讀爲躄〔註19〕，皆爲躄之俗字。《荀子·正論》：「不能以辟馬毀輿
致遠。」楊注：「辟，與躄同。」《漢書·賈誼傳》：「又類辟且病痱。」
顏注：「辟，足病。」二例朱駿聲謂「辟」借爲「躄」〔註20〕。高注
辟訓旁，梁玉繩謂「辟音義如『偏僻』之僻」，吳承仕謂注當作「旁
出」，馬宗霍謂「辟讀如『辟易』之辟」，並失之。

（32）鎗然有聲

按：鎗然，《呂氏春秋·自知》作「況然」，《抱朴子內篇·勤求》作「鏗
然」。朱起鳳曰：「各地土音不同，故同爲撞鐘聲，而字各異。」〔註
21〕張雙棣曰：「況、鎗字通。」《呂氏》「況然」，《文選·百辟勸進
今上牋》李善注、《能改齋漫錄》卷 5 引作「悅然」，《記纂淵海》
卷 52 引作「恍然」，《黃氏日抄》卷 56 引作「鎧然」，並音之轉也。

（33）先針而後縷，可以成帷；先縷而後針，不可以成衣

按：《金樓子·立言下》：「先針而後縷，可以成帷蓋；先縷而後針，不可

〔註18〕辨見顧炎武《日知錄》卷 25，嶽麓書社 1994 年版，第 884 頁；黃生《義府》
　　　　卷下，收入《字詁義府合按》，中華書局 1954 年版，第 219 頁。
〔註19〕趙宗乙《淮南子札記》，黑龍江人出版社 2009 年版，第 233 頁。
〔註20〕朱駿聲《說文通訓定聲》，武漢市古籍書店 1983 年版，第 535、536 頁。
〔註21〕朱起鳳《辭通》，上海古籍出版社 1982 年版，第 626 頁。

以成衣服。」即本此文。

（34）針成幕，蕢成城

高注：蕢，土籠也，始一蕢，以上於城。

按：蕢，《古文苑》卷 3《鍼縷賦》章樵註引同，一本作「匱」，一本作
「簣」，《御覽》卷 830 引作「蕢」，引注作「蕢，土籠也，始於一
蕢，以成其城也」。注「上」當作「成」字。張雙棣謂「蕢」為本
字，「蕢」為異體，「匱」為借字。蕢，當讀為虆，字或作樏、虆、
壏，《詩・緜》：「捄之陾陾。」毛傳：「捄，虆也。」《釋文》：「虆，
字或作樏，或作虆，音同。劉熙云：『盛土籠也。』」《集韻》：「虆，
盛土籠，或作虆。」又「虆，盛土籠，或作樏、壏。」字或省作累，
《老子》第 64 章：「九層之臺，起於累土。」高亨曰：「累當讀為
虆。」〔註 22〕帛書乙本作「藁」，可為高說佐證。敦煌寫卷 P.2569
《春秋後語》：「許縮負纍操插而入。」S.1439《〈春秋後語〉釋文》：
「纍，力追反，盛土籠。操揰（插），楚洽（洽）反，鍤。」「纍」
亦讀為虆、虆，尤為切證。許建平曰：「纍、虆字通。」〔註 23〕

（35）故國有賢君，折衝萬里

高注：衝，兵車也，所以衝突敵城也。言賢君德不可伐，故能折遠敵之
衝車於千里之外，使敵不敢至也。

按：注「遠」字當作「還」，字之誤也。《呂氏春秋・召類》高注：「衝，
車，所以衝突敵之軍，能陷破之也。有道之國不可攻伐，使欲攻己
者折還其衝車於千里之外，不敢來也。」正作「折還」。折，折還，
折旋。折衝，使敵之衝車掉轉回頭也〔註 24〕。

〔註 22〕高亨《老子正詁》，中國書店 1988 年版，第 133 頁。
〔註 23〕許建平《春秋後語釋文校證》，《敦煌研究》1995 年第 4 期。
〔註 24〕《詩・緜》毛傳：「折衝曰禦侮。」孔疏：「禦侮者，有武力之臣，能折止敵
人之衝突者，是能扞禦侵侮。」《漢書・李尋傳》：「夫本彊則精神折衝。」顏
師古注：「折衝，言有欲衝突為害者，則能折挫之。」《文選・雜詩》劉良注：
「折者，折挫前敵。衝者，衝突於鋒銳也。」又《楊荊州誄》、《為石仲容與
孫皓書》、《為袁紹檄豫州》劉良、呂向注並曰：「折，摧。衝，突也。」四氏
釋為「折止」、「折挫」、「摧折」。王叔岷曰：「折衝，謂挫折衝車也。」此又
一說。王叔岷《劉子集證》，中華書局 2007 年版，第 90 頁。

（36）因媒而嫁，（而）不因媒而成；因人而交，不因人而親

按：此蓋當時成語。《韓詩外傳》卷 7：「夫薑桂因地而生，不因地而辛；女因媒而嫁，不因媒而親。」《說苑‧善說》：「縷因針而入，不因針而急；嫁女因媒而成，不因媒而親。」《新序‧雜事五》：「夫薑桂因地而生，不因地而辛；婦人因媒而嫁，不因媒而親。」《鹽鐵論‧大論》：「故士因士，女因媒，至其親顯，非媒士之力。」

（37）行合趨同，千里相從；趨不合行不同，對門不通

按：趨不合行不同，《記纂淵海》卷 55 同，《類說》卷 25 引《炙轂子》亦同；一本作「行不合趨不同」，《韻府群玉》卷 1「趨同」條引作「行不合趨不同」。趨，讀爲趣。此亦當時成語。《說苑‧雜言》：「若行不敏禮不合，對門不通矣。」《金樓子‧立言篇下》：「行合趣同，千里相從；趣不合行不同，對門不逢也。」即本此文。

（38）不愛江漢之珠而愛己之鉤

高注：江漢雖有美珠，不爲己用，故不愛也。鉤，鉤也，可以得魚，故愛之也。

按：王念孫謂「鉤」當作「釣」，注當作「釣，鉤也」。劉台拱、劉文典、楊樹達、于省吾謂「鉤」字不誤，指帶鉤。王說誤，諸說是也，考《書鈔》卷 124 引魏文帝《與王朗書》：「不愛江漢之珠，而愛巴蜀之鉤。」即本此文，是《淮南》作「鉤」字之確證。

（39）以束薪為鬼，以火煙為氣。以束薪為鬼，揭而走；以火煙為氣，殺豚烹狗

高注：夜行見束薪，以爲鬼，故去而走。

按：上二句，《類聚》卷 80 引作「以束薪爲鬼，以火煙爲氣，惑也」。陶鴻慶謂「以束薪爲鬼，以火煙爲氣」二句「疑即下文之誤複而失於刪落者」，陶說未是。今本蓋脫「惑也」二字，下文「揭而走」、「殺豚烹狗」即申釋「惑也」的原因。高氏以「去」訓揭，與《說文》同。

（40）羿死桃部不給射

高注：桃部，地名。

按：「桃部」即「桃棓」，桃木杖也。已詳《詮言篇》校補。

（41）矢之於十步貫兕甲，於三百步不能入魯縞

按：此蓋當時成語。《説林篇》：「矢之於十步貫兕甲，及其極，不能入魯縞。」《漢書・韓安國傳》：「彊弩之末，力不能入魯縞。」

（42）騏驥一日千里，其出致釋駕而僵

高注：釋，税。僵，仆也。猶矢於三百步不能穿魯縞，言力竭勢盡也。

按：致，讀爲桎，車轄。《詩・節南山》鄭箋：「氏，當作桎鎋之桎。」孔疏：「《説文》云：『桎，車鎋也。』則桎是鎋之別名耳。」今本《説文》無此文，蓋脱〔註25〕。「鎋」同「轄」。高注釋訓税者，《方言》卷7：「税，舍車也。」《史記・李斯傳》：「吾未知所税駕也。」《索隱》：「税駕，猶解駕，言休息也。」字或作説、脱，《六書故》：「説，借爲説駕之説，脱也，通作税。」出桎亦言休息也。句言騏驥一日而致千里，及至出其轄釋其駕而休息，則疲弊而僵仆矣，此正言其力竭勢盡也。傅山曰：「『出致』無注，似乎謂多求其力出於所可至之地爲僵矣，然已千里矣，尚多責耶？後有『小馬非大馬之類』之語，則此『出致』又似不在騏驥上用意者，或謂千里是其力量可致者，已致之矣，又致出而前。」〔註26〕于大成曰：「『出』字誤，字當作『勢』。勢本作埶，埶奪其右旁丸而壞爲坴，與『出』相似，遂誤爲『出』耳。」二氏説皆非是。

（43）被羊裘而賃，固其事也；貂裘而負籠，甚可怪也

高注：籠，土籠也。

按：《意林》卷2引作「被羊裘而賃顧，其事過也；衣貂裘而負籠，甚可恠也」。《意林》上句引誤，已詳楊樹達説。「顧」即「固」音誤，《意林》誤以「賃顧」爲詞，因臆增一「過」字。今本「貂裘」上當補「衣」字，「衣貂裘」、「被羊裘」對舉成文。《御覽》卷694引已脱「衣」字，「貂裘」作「狐裘」。《精神篇》：「負籠土。」高注：「籠，受土籠也。」此文注「土籠」上疑脱一「受」字。《漢書・王莽傳》：

〔註25〕沈濤曰：「此解當有車轄一義，今奪。《説文》無鎋字，當作轄。」沈濤《説文古本考》，收入《續修四庫全書》第222冊，上海古籍出版社2002年版，第321頁。

〔註26〕傅山《讀子二・淮南存雋》，收入《霜紅龕集》卷33，《續修四庫全書》第1395冊，上海古籍出版社2002年版，第671頁。

「父子兄弟負籠倚（荷）鍤，馳之南陽。」〔註27〕顏師古注：「籠，所以盛土也。」「盛」字義同「受」。《戰國策·燕策一》鮑彪注：「籠，竹器。」籠當指竹製盛土之器。

（44）壞塘以取龜，發屋而求狸，掘室而求鼠，割唇而治齲，桀踞（跖）之徒，君子不與

按：《御覽》卷74引作「壞塘取龜，發屋求狸，桀跖之徒，君子不爲」，又卷368引作「決吻治齲，君子不與」，有注：「齲，丘主切。」又卷740引作「決物治齲，君子不與」。齲，本字爲齲。《說文》：「齲，齒蠹也。」《玉篇》引《說文》作「齲」字。《集韻》：「齲、齲：或從齒。」與，猶爲也。「物」爲「吻」形誤。

（45）有譽人之力儉者，舂至旦，不中員呈，猶譙之，察之，乃其母也

高注：譙，責怒也。稱譽人力儉，呈作不中科員而責怒也。君子視之，乃自呈作其母，以爲力挾（儉）。以此譽人，孰如毀之？故諺曰：「問誰毀之，小人譽之。」此之謂也。

按：《風俗通義·過譽》：「孰使毀之，小人譽之。」可與高引諺語互證。楊樹達謂「員呈爲數量之程課」，是也。傅山曰：「員字猶言官員之員。」〔註28〕非是。

（46）東家母死，其子哭之不哀，西家子見之，歸謂其母曰：「社何愛速死？吾必悲哭社。」

高注：江淮謂母爲社，社讀雖（雒）家謂公爲阿社之社也。

按：《御覽》卷499引注作「淮南間謂母爲社」。「社」爲古楚語，參見附錄二《〈淮南子〉古楚語舉證》。

（47）〔古人〕見竅木浮而知爲舟，見飛蓬轉而知爲車，見鳥迹而知著書

按：「古人」二字據《書鈔》據137、《初學記》卷25引補。《論衡·感類》：

〔註27〕宋祁謂「倚」當作「荷」，《通鑑》卷36、《通志》卷103正作「荷」字。

〔註28〕傅山《讀子二·淮南存雋》，收入《霜紅龕集》卷33，《續修四庫全書》第1395冊，上海古籍出版社2002年版，第671頁。

「以見鳥跡而知爲書，見蜚蓬而知爲車。」《埤雅》卷 16：「故古者觀浮木而知爲舟，觀轉蓬而知爲車。」皆本此文。

（48）以非義為義，以非禮為禮，譬猶倮走而追狂人

按：《意林》卷 2 引作「非禮爲禮，譬躶而追狂人」。躶、倮，爲贏（裸）俗字。《說文》：「贏，袒也。裸，或從果。」字亦作臝，見《廣韻》。

（49）江出岷山，河出崑崙，濟出王屋，潁出少室，漢出嶓冢，分流舛馳，注於東海，所行則異，所歸則一

按：《金樓子·立言篇下》：「江出岷山，河出崑崙，涇出王屋，潁出少室，漢出嶓冢，分流，同注於東海，出則異，所歸者同也。」即本此文。「涇」當據此文作「濟」，《墜形篇》亦云「濟出王屋」。《博物志》卷 1：「四瀆：河出崑崙墟，江出岷山，濟出王屋，淮出桐柏。」

（50）通於學者若車軸，轉轂之中，不運於己，與之致千里，終而復始，轉無窮之源

按：《齊俗篇》「學」作「道」，「源」作「原」，《文子·上德》、《道德》同〔註 29〕。「道」字是。

（51）未有天地能生天地者也

按：能，《說林篇》作「而」，一聲之轉也。

（52）因高而為臺，就下而為池，各就其勢，不敢更為

按：《修務篇》：「因高爲田，因下爲池。」《文子·上德》：「因高爲山，即安而不危；因下爲淵，即深而魚鼈歸焉。」又《自然》：「因高爲山，因下爲池。」並可互證。「田」當作「山」，字之誤也。敢，猶得也、可以也〔註 30〕。不敢更爲，猶言不得改作。

（53）魯人身善制冠，妻善織履，往徙於越，而大困窮

按：張雙棣、何寧指出語本《韓子·說林上》「魯人身善織屨，妻善織縞，而欲徙於越，或謂之曰：『子必窮矣。』……」。按《莊子·逍遙遊》：

〔註 29〕此據明刊本，《纘義》本《文子·上德》「原」誤作「厚」。
〔註 30〕參見蕭旭《古書虛詞旁釋》，廣陵書社 2007 年版，第 132～133 頁。

「宋人資章甫而適諸越，越人斷髮文身，無所用之。」爲《韓》及此文所本。《說苑・反質》：「魯人身善織屨，妻善織縞，而徙於越……」亦本之。

（54）方車而蹠越，乘桴而入胡

高注：方，出。蹠，至。桴，筏，一日瓠。言非其所宜也。

按：「方車」、「乘桴」相對爲文，方，縛也。《孫子・九地篇》：「方馬埋輪。」曹操注：「方，縛馬也。」字或作紡，《國語・晉語九》：「獻子執而紡於庭之槐。」本字爲繃，《說文》：「繃，束也。」俗字作綁〔註31〕。方車，猶言約車、整車。約亦縛束也。高注方訓出，謂備車而出，所謂輾轉相訓也。吳承仕謂高注當作「方，出旁也」或「方，旁出也」，楊樹達、馬宗霍謂「出」爲「並」形誤，皆未得。注「出」，王溥本作「並」，張雙棣從之。各本皆作「出」，王本臆改不足據也。金其源謂「方車猶將車，即御車也」，尤爲曲說，方訓將，是副詞，不得轉爲將御之義，金氏偷換概念，其說非也。《呂氏春秋・權勳》：「方車二軌以遺之。」張雙棣引以證楊、馬之說。《呂氏》「方車」確是「並車」之義，然與此文不同也。

（55）楚王有白蝯，王自射之，則搏矢而熙；使養由基射之，始調弓矯矢，未發而蝯擁柱號矣

高注：熙，戲。

按：熙，朱駿聲讀爲嬉、娭〔註32〕，楊樹達說同，是也。蔣超伯讀爲嫛，未得。《後漢書・班固傳》李賢注、《御覽》卷350、《古今事文類聚》後集卷37引作「嬉」，《類聚》卷95引《呂氏春秋》、《事類賦注》卷13引《韓子》、《法苑珠林》卷80亦作「嬉」〔註33〕，正字；《古今事文類聚》前集卷42、《古今合璧事類備要》前集卷57引作「喜」，省借字；《文選・幽通賦》、《勵志詩》李善注引作「顧」，臆改。《搜神記》卷11作「笑」，義同。《幽通賦》：「養流睇而猿號兮。」李善注：「流，或爲由，非也。」李善注未得，流、由一聲之轉。流、遊

〔註31〕 參見蕭旭《國語校補》，收入《群書校補》，廣陵書社2011年版，第174頁。
〔註32〕 朱駿聲《說文通訓定聲》，武漢市古籍書店1983年版，第170頁。
〔註33〕 《御覽》卷910引《呂氏春秋》同。

亦一聲之轉，是其比也。《莊子‧徐無鬼》：「吳王浮于江，登乎狙之
上，眾狙見之，恂然棄而走，逃於深蓁，有一狙焉，委蛇攫抓，見
巧乎王，王射之，敏給搏捷矢，王命相者趨射之，狙執死。」屬之
吳王，蓋傳聞異辭。

（56）咼氏之璧，夏后之璜，揖讓而進之，以合歡；夜以投人，
　　　則為怨，時與不時

高注：咼，古和字。

按：咼，《類聚》卷 30、《御覽》卷 483、806 引作「和」。合歡，《類聚》
　　引同，《御覽》卷 806 引作「合欣」，又卷 483 引作「忻」，脫一「合」
　　字。

（57）畫西施之面，美而不可說；規孟賁之目，大而不可畏

按：《意林》卷 2 引二句互易，「規」亦作「畫」；《御覽》卷 750 引句序
　　同今本，脫二「不」字。二書引「說」作「悅」，同。《鹽鐵論‧遵
　　道》：「說西施之美，無益於容；道堯舜之德，無益於治。」即本此
　　文。

（58）君形者亡焉

高注：生氣者人形之君，規畫人形，無有生氣，故曰君形亡。

按：楊慎曰：「君形者亡，猶《莊子》云『尊足者存也』。」〔註 34〕《莊
　　子》見《德充符》：「今吾來也，猶有尊足者存。」

（59）登高使人欲望，臨深使人欲闚，處使然也

按：陶鴻慶謂二「欲」字衍，非也。《賈子‧審微》：「彼人也，登高則望，
　　臨深則窺，人之性非窺且望也，勢使然也。」《說苑‧說叢》：「登高
　　使人欲望，臨淵使人欲窺，何也？處地然也。」《金樓子‧立言篇下》
　　同此文，皆有二「欲」字。「窺」同「闚」。《金樓子‧雜記篇上》：「登
　　高而望，臨深而闚，事使然也。」《文選‧雜詩》李善注引《顧子》：
　　「登高使人意遐，臨深使人志清。」皆本此文。

〔註 34〕楊慎《升菴集》卷 68，收入景印文淵閣《四庫全書》第 1270 冊，臺灣商務印
　　　　書館 1986 年初版，第 668 頁。

（60）射者使〔人〕端，釣者使人恭，事使然也

按：《說苑·說叢》：「御者使人恭，射者使人端，何也？其形便也。」是
本書作「釣」而《說苑》作「御」也。《金樓子·立言篇下》同此文，
《金樓子·雜記篇上》：「射使人端，釣使人恭。」並本此文。

（61）曰殺罷牛可以贖良馬之死，莫之為也

按：莫之，猶言莫肯、莫願。「爲」下省「之」字。《戰國策·韓策三》：
「使善扁鵲而無臃腫也，則人莫之爲之也。」此其完整句式〔註35〕。

（62）與枉與直，如何不得？舉直與枉，勿與遂往

按：第一個「與」字，一本作「舉」，于大成讀與爲舉。《文子·符言》、
《上德》亦作「舉」，是也。

（63）此所謂同污而異塗者

按：《意林》卷 2 引「而」誤作「無」。塗，《文子·符言》作「泥」。塗
亦泥也，污也。《廣雅》：「塗，泥也。」《文選·西都賦》李善注、《慧
琳音義》卷 60 引《廣雅》並作「塗，汙也。」泥亦塗也，俗作埿、
呈、堲，《玉篇》：「埿，埿塗也。」《干祿字書》：「埿、泥：並上俗
下正。」《集韻》：「埿，塗也，或作呈、堲，通作泥。」

（64）眾議成林，無翼而飛，三人成市虎，一里〔能〕撓椎

高注：眾人皆議平地生林，無翼之禽能飛，凡人信之，以爲實然也。三
人從市中來，皆言市中有虎。市非虎處，而人信以爲有虎，故曰三人成市虎。
撓，弱。一里之人皆有能屈椎者，人則信之也。

按：于大成指出語本《戰國策·秦策三》：「聞三人成虎，十夫揉椎，眾
口所移，毋翼而飛」。《鄧子·轉辭》：「古人有言：『眾口鑠金，三人
成虎。』」亦爲此文所本。曾本《國策》「揉」作「楺」。《類說》卷
36 引《國策》「揉椎」作「操權」，「移」作「侈」；《記纂淵海》卷
50 引「揉椎」作「撓椎」。「操」爲「揉」形誤。侈、移，並讀爲陊。

〔註35〕 參見蕭旭《古書虛詞旁釋》，廣陵書社 2007 年版，第 335 頁；又《古漢語中
兩個特殊的「莫之 V」句式》，收入《群書校補》，廣陵書社 2011 年版，第 1449
頁。彼文誤「說山篇」爲「說林篇」，當正。

《廣雅》：「陊，壞也。」指讒毀。專字作訤、詑，《集韻》：「訤，欺罔也，同詑。」揉、楺，讀爲煣。《說文》：「煣，屈申木也。」撓，讀爲橈。《說文》：「橈，曲木。」《漢書·景十三王傳》：「朋黨執虎，十夫橈椎。」顏師古注：「橈，曲也。」正用本字。高注「撓」訓「弱」、「屈」，與「揉」同義。「眾議成林」與「眾口鑠金」取譬相同，言眾口議論，則成林也。《戰國策·魏策二》：「龐葱與太子質於邯鄲，謂魏王曰：『今一人言市有虎，王信之乎？』王曰：『否。』『二人言市有虎，王信之乎？』王曰：『寡人疑之矣。』『三人言市有虎，王信之乎？』王曰：『寡人信之矣。』龐葱曰：『夫市之無虎明矣，然而三人言而成虎。』」《韓子·內儲說上》略同。蓋皆據古語「三人成虎」而敷衍成文也。高注撓訓弱，又申言屈椎，弱斯屈矣，義固相因。于大成謂「弱字讀爲搦」，引《說文》「搦，按也」，非是。

（65）曾子立孝，不過勝母之閭

按：立孝，何寧據《文選·答東阿王書》李善注引校爲「至孝」，是也。《古今事文類聚》續集卷 4、《古今合璧事類備要》別集卷 11 引亦作「至孝」。《漢書·鄒陽傳》：「故里名勝母，曾子不入。」顏師古注：「曾子至孝，以勝母之名不順，故不入也。」是其旁證。《御覽》卷 413 引作「孔子立孝」，則誤自宋代。

（66）有鳥將來，張羅而待之，得鳥者，羅之一目也。今為一目之羅，則無時得鳥矣

按：于大成指出語本《鶡冠子·世兵》「一目之羅，不可以得雀」。《文子·上德》、《申鑒·時事》同此文，《說林篇》：「一目之羅，不可以得鳥。」亦皆本之。時，猶言能、可以也〔註36〕。無時，《意林》卷 1 引《文子》作「不可」，《海錄碎事》卷 10 引《文子》作「無可」，《長短經·用無用》作「不能」，義並相同。《御覽》卷 914 引《文子》作「無得鳥時」，未得其誼而妄乙之。趙宗乙曰：「無時猶言無期。期有希望之意。」〔註37〕趙說非也。今，假設之辭，猶若也〔註38〕。下文

〔註36〕參見蕭旭《古書虛詞旁釋》，廣陵書社 2007 年版，第 376～377 頁。
〔註37〕趙宗乙《淮南子札記》，黑龍江人出版社 2009 年版，第 234 頁。
〔註38〕參見王引之《經傳釋詞》，嶽麓書社 1984 年版，第 98 頁。

「今被甲者，以備矢之至，若使人必知所集，則懸一札而已矣」〔註
39〕，「若」與此文「今」字互文同義。

（67）戺屯犂牛，既挧以犏

高注：戺屯，醜牛貌。犂牛，不純色。挧，無角。犏，無尾。

按：挧犏，王念孫校爲「牫犏」、「科犏」，謂無角亦可謂之犏，至確。景
宋本正作「牫」字。楊樹達謂「科之言空，犏正字當作髡」，亦是〔註40〕。牫
字亦作牠、牫，犏字亦作觕。《廣韻》：「牠，牛無角也。牫，上同。」《集韻》：
「牫，或作牠、牫、觕。」《集韻》以「觕」同「牫」，則誤。《廣雅》：「郭牫、
丁犖，牛屬。」《類聚》卷94引桓譚《新論》：「夫畜生，賤也。然有尤善者，
皆見記識，故馬稱驊騮、驦騄，牛譽郭椒、丁櫟。」王念孫曰：「牰（牫）當
爲牫。《集韻》：『牫，苦禾切。』引《博雅》：『郭牫，牛屬。』《玉篇》、《廣
韻》並云：『牫，牛無角也。』《新論》作『郭椒』，〔椒〕乃『科』之誤。段
氏《說文》『犖』字注引此二書，謂科、椒同韻，非也。」〔註41〕錢大昭曰：
「蓋牛之佳者，郭氏名椒，丁氏名櫟，猶言韓盧、宋促也。」〔註42〕王說是，
錢說非也〔註43〕。惠士奇曰：「犂，《說文》作犛，耕也。犛牛爲耕牛，司馬犂
字子牛。戺屯、牫犏，醜牛之貌。戺，古髡字。」〔註44〕與高氏「不純色」
說不同。戺，一本作「髡」，同。張雙棣謂「戺屯」爲文部疊韻聯綿詞，亦是。
然諸家皆未明「戺屯」之語源，茲詳證之。戺屯，光禿貌，下句「科犏」即
申釋其義。戺屯犂牛，既科以犏，言圓禿禿的犂牛，既無角，又無尾也。字
或作「髡頓」，《法苑珠林》卷45引《白澤圖》：「又故牧弊池之精名曰髡頓，
狀如牛，無頭，見人則逐人，以其名呼之，則去。」〔註45〕于大成指出「髡頓

〔註39〕劉台拱謂此句「今」字衍。
〔註40〕余舊作《敦煌寫卷〈碎金〉補箋》「物皷皮」條與王說合，而詳略不同。舊作
　　　　失引王、楊之說，疏矣。特於此出之。收入《群書校補》，廣陵書社 2011 年
　　　　版，第 1344～1345 頁。
〔註41〕王念孫《廣雅疏證補正》，收入徐復主編《廣雅詁林》，江蘇古籍出版社 1998
　　　　年版，第 1019 頁。王氏《疏證》說誤，已自訂其說，故未鈔引。
〔註42〕錢大昭《廣雅疏義》，收入徐復主編《廣雅詁林》，江蘇古籍出版社 1998 年版，
　　　　第 1019 頁。
〔註43〕「丁櫟」、「丁犖」之詞源待考。
〔註44〕惠士奇《禮說》卷 3，收入阮元《清經解》第 2 冊，鳳凰出版社 2005 年版，
　　　　第 1615 頁。
〔註45〕《御覽》卷 886 引同。《淵鑒類函》卷 441 引誤作「髡項」。

即此凱屯」。字或作「髡屯」，《左傳·僖公三十三年》：「外僕髡屯禽之以獻。」林堯叟注：「鄭之外僕髡髮而名屯者禽瑕，殺之，以其尸獻鄭伯。」此人得名蓋以禿髮也，林注云「髡髮而名屯者」，未得。于大成指出「『髡屯』似是人名，亦必由其人貌醜而得名」，其說近之，而猶不明「髡屯」所以爲貌醜之由。音轉又爲「髡梱」，《爾雅》：「髡梱。」郭注：「未詳。」《集韻》：「梱，木名，《爾雅》：『髡梱。』」其樹蓋以禿而命名也。音轉又爲「穎顁」、「顤顁」，《玉篇》：「穎，徒困切，穎顁，禿。」《廣韻》：「顁，顤顁，禿無髮也。」又「顤，顤顁。」《集韻》：「顁，顤顁，禿也。」音轉又爲「瓝瓨」、「瓝瓟」，《玉篇》：「瓝，瓝瓨，瓜名。」《廣韻》：「瓟，瓝瓟，瓜名。」禿則圓，其瓜蓋以圓而命名也。音轉又爲「渾沌」、「渾敦」、「倱伅」、「混沌」、「混屯」、「混庉」、「混潡」，《莊子·應帝王》：「中央之帝爲渾沌。」《山海經·西山經》：「有神焉，其狀如黃囊，赤如丹火，六足四翼，渾敦無面目，是識歌舞，實爲帝江也。」《玉篇》：「倱，帝鴻氏有不才子，天子之民，謂之倱伅。」《廣韻》：「倱，倱伅，四凶之一，《春秋》作『混沌』。」又「混沌，陰陽未分。」《集韻》：「倱，倱伅，不慧也，通作渾。」又「伅，倱伅，不慧，或作敦。」《酉陽雜俎》卷14：「天山有神，是名混潡。」《路史》卷4：「渾沌氏，是爲渾敦。」羅苹注：「《三墳》作『混沌』，《風俗通》作『混屯』。」神名、人名「渾沌」者，取其渾然一體，不分明之義；不慧亦取不分明之義。詞根皆爲「渾圓」。《左傳·文公十八年》：「昔帝鴻氏有不才子，掩義隱賊，好行兇德，醜類惡物。頑囂不友，是與比周，天下之民謂之渾敦。」杜預注：「渾敦，不開通之貌。」孔疏：「渾敦，不開通之貌，言其無所知也……混沌與渾敦，字之異耳。」《史記·五帝本紀》作「渾沌」，《路史》卷15作「倱伅」。《白虎通·天地》：「混沌相連，視之不見，聽之不聞，然後剖判。」《文選·七發》：「混混庉庉，聲如雷鼓。」《類聚》卷1引徐整《三五曆紀》：「天地混沌如雞子，盤古生其中。」《御覽》卷2引作「渾沌」。以雞子譬況之，是「混沌」爲圓義也。食物名「餛飩」、「餫飩」、「脢肫」者，本指餅，亦取圓義。吳玉搢曰：「渾沌，餫飩也。程大昌言餫飩出于渾氏、屯氏。予謂乃渾屯之轉聲也。近時又名鶻突，《釋稗》云：『鶻者渾之入，突者暾之入。』」〔註46〕音轉又爲「困敦」，《爾雅》：「歲陽……在子曰困敦。」《史記·天官書》《索隱》引孫炎注：「困敦，混沌也，

_____

〔註46〕吳玉搢《別雅》卷1，收入景印文淵閣《四庫全書》第222冊，臺灣商務印書館1986年初版，第636頁。

言萬物初萌，混沌於黃泉之下。」《天文篇》：「困敦之歲。」高注：「困，混。敦，沌也。」郭沫若認為子之歲名「困敦」來源於蠍座之巴比倫名 GIR.TAB，郭氏曰：「歲名之困敦，今音為 kun-tun，古音為 kuən-tuən。又困可讀群，敦古亦讀對，故困敦可讀 kun-tuə 若 Giun-tuə，此於 GIR.TAB 聲紐幾于全同，僅韻母略變耳。」〔註47〕郭氏不考「困敦」之語源，以巴比倫語「GIR.TAB」牽附之，未得。音轉又為「坤屯」，《御覽》卷 1 引張衡《靈憲注》：「並體同色，坤屯不分。」有注：「坤屯，音渾沌。」《唐開元占經》卷 1、《雲笈七籤》卷 56 引作「混沌」，《後漢書‧天文志》劉昭注、《古微書》卷 19 引作「渾沌」。音轉又為「渾淪」、「昆侖」、「混淪」，《列子‧天瑞》：「氣形質具而未相離，故曰渾淪。渾淪者，言萬物相渾淪而未相離也。」《路史》卷 1 引之，羅苹注云：「渾淪，混沌也。」《子華子‧執中》：「渾淪鴻濛，道之所以為宗也。」《太玄經‧中》：「昆侖旁薄。」范望注：「昆，渾也。侖，淪也。天之象也。」《集韻》：「侖，昆侖，天形。」謂天地初開，天之形象渾然一體，未相分離，不分明也。《集韻》：「淪，混淪，水流轉貌。」此即取圓轉義。《周禮‧大宗伯》鄭玄注：「謂神在崐崘者也。」《釋文》本作「混淪」，云：「混，本又作崑，音昆。淪，音倫，本又作崙。」山名「昆侖」、「混淪」、「崐崘」、「崑崙」者，蓋以神所居而名之也，或以渾圓形容其山勢。蘇雪林曰：「考西亞遠古傳說，即謂有一仙山曰 Khursag Kurkura，其義猶云『大地唯一之山』或曰『世界之山』，為諸神聚居之處，亦即諸神之誕生地。……而中國之昆侖，希臘之奧林匹司，印度之蘇迷盧，天方之天園，亦為此山之翻版。……筆者固不解西亞語文，以意測之，Khursag 之一字或指『世界』，或指『大地』，而 Kurkura 之一字則或為『大山』，為『高山』。中國之昆侖，古書皆作『昆侖』，《說文》謂昆為古渾切，侖，盧昆切。以今日粵音讀之，與 Kurkura 相差不遠，殆音譯其後一字也（且此仙山實為阿拉拉持，波斯人呼阿拉拉持山為 Kuhinuh，則音與昆侖更近）。夫西亞與中國古代之語音，一則幾經轉譯，一則屢有變遷，而尚能保存此項對音，使昆侖之真源不昧，終能互證於數千年後之今日，此則非可喜可慶之事耶？」〔註48〕蘇氏不能考「昆侖」之語源，妄以西亞語「Kurkura」牽附之，未得也。漢語言之研究，動輒牽附於外來語，此則漢語言研究之大

〔註47〕郭沫若《釋支干》，收入《郭沫若全集》（考古編 1），科學出版社 1982 年版，第 280 頁。

〔註48〕蘇雪林《昆侖之謎》，http://club.xilu.com/wave99/replyview-950484-11043.html。

不幸也。音轉又爲「鶻圇」、「鶻淪」、「鶻崙」、「囫圇」、「鶻盧」，《六書故》：「昆侖，渾厚之象也，義取其聲。西方之山隤然渾敦，故謂之昆侖，別作崐崘，俗呼昆侖。昆或讀如鶻，或讀如汩，義皆如其聲。」宋·朱熹《答楊至之書》：「聖人之言固渾融，然其中自有條理，毫髮不可差，非如今人鶻圇儱侗無分別也。」《朱子語類》卷 34：「道理也是一箇有條理底物事，不是囫圇一物，如老莊所謂恍惚者。」一本「囫圇」作「鶻淪」。又卷 65：「他這物事雖大，然無間斷，只是鶻淪一個大底物事，故曰大生。」宋·楊萬里《題李子立知縣問月臺》：「初頭混沌鶻崙樣，阿誰鑿開一爲兩。」四例猶言整個，取其渾然一體，不分明之義。與「混沌」、「儱侗」複詞連用〔註49〕。宋·羅大經《鶴林玉露》卷 1：「澶淵之役，畢士安有相公交取鶻崙官家之說。」此例爲不明事理之義。《學林》卷 8：「下至閭閻鄙語，亦有以音切爲呼者……鶻崙爲渾，鶻盧爲壺。」《俗書刊誤》卷 11：「物完曰囫圇，音笏倫。」雙音爲「鶻崙」、「鶻盧」，單音則爲「渾」、「壺」，皆一義也。章太炎曰：「《左傳》『渾敦』，杜解謂不開通之貌。《莊子·應帝王篇》『渾沌』，亦此義也。今音轉謂人不開通者爲昏蛋。」〔註50〕朱起鳳曰：「凡不開通之人，皆得謂之混沌，輕言之曰昏沈，重言之爲渾蛋，轉聲言之又爲囫圇，此皆混沌兩字之嬗變也。」〔註51〕「昏蛋」同「渾蛋」、「混蛋」，章氏、朱氏以「渾蛋」爲「渾敦」、「混沌」音轉，稍爲失之。蛋指圓形之物，只起標記名詞的作用。俗嘗語曰「傻蛋」、「壞蛋」，「蛋」亦此義。「渾蛋」指不明事理之人，「渾」即「倱伅」之合音，不慧也。俗嘗語曰「糊塗蛋」，「糊塗」即「倱伅」音轉。俗嘗語又曰「渾球」、「混球」，球亦指圓形之物，與「蛋」同義。音轉又爲「硱磳」、「硱硱」，《玉篇》：「硱，硱磳，石貌。」《廣韻》：「硱，硱硱，石落貌。」此亦取圓轉義，猶言滾落之貌。倒言則作「磳硱」、「崘崯」、「稐稛」，《集韻》：「磳，磳硱，石落貌。」又「崘，崘崯，山貌。」又「稐，稐稛，束也。」倒言又作「䰇顐」、「憴悃」，《類篇》：「顐，䰇顐，不幹事。」又「憴，憴悃，心不明也。」不幹事即糊塗義，亦取不分明之義。倒言又作「輪困」、「輪菌」，《文選·獄中上書自明》：「蟠木根柢，輪困離奇。」左思《吳都賦》：「輪菌虬蟠。」枚乘

〔註49〕　《俶真篇》：「蕭條霄霏。」「霄霏」即「蕭條」之音轉，古人自有此句法。

〔註50〕　章太炎《新方言》卷 2，收入《章太炎全集 (7)》，上海人民出版社 1999 年版，第 45 頁。

〔註51〕　朱起鳳《辭通》，上海古籍出版社 1982 年版，第 1376 頁。

《七發》：「中鬱結之輪菌，根扶踈以分離。」倒言又作「綸棍」，尹灣漢簡《神烏傅（賦）》：「高樹綸棍（輪困），支（枝）格相連。」

（68）得萬人之兵，不如聞一言之當；得隋侯之珠，不若得事之所由；得和氏之璧，不若得事之所適

按：《御覽》卷 806 引「得事之所適」之「得」作「以」，非是。

（69）見彈而求鴞炙，見卵而求晨夜

按：《莊子·齊物論》：「見卵而求時夜，見彈而求鴞炙。」《釋文》：「崔云：『時夜，司夜，謂雞也。』」為此文所本。晨，讀為辰〔註52〕，《詩·東方未明》：「不能辰夜。」毛傳：「辰，時也。」朱子《詩集傳》作「晨」，《白帖》卷 1 引同。《書·牧誓》：「古人有言曰：『牝雞無晨。』」孔傳：「言無晨鳴之道。」俞樾謂「晨」為「辰」誤，何寧從之，非也。

（70）人能以所不利利人，則可

高注：所不利，若子罕不利玉人之寶。利，若玉人自得玉以為寶。

按：《管子·版法解》：「凡所謂能以所不利利人者，舜是也。舜耕歷山，陶河濱，漁雷澤，不取其利，以教百姓，百姓舉利之，此所謂能以所不利利人者也。」為此文所本。高注以子罕事說之，不長。

（71）比干以忠靡其體

按：《國語·越語下》：「王若行之，將妨於國家，靡王躬身。」《文選·贈劉琨》：「靡軀不悔。」靡，讀為㕮。《說文》：「㕮，碎也。」「靡體」義同「靡身」、「靡軀」，猶言粉身碎骨。《國語》韋昭注：「靡，損也。」朱駿聲申韋注，謂靡叚借為礳，礳同磨〔註53〕。汪遠孫引《詩》毛傳「靡，累也」說之〔註54〕，則讀為縻。《文選》李善注：「靡，爛也。」朱駿聲申李注，謂靡叚借為糜。諸說並失之〔註55〕。

〔註52〕 《左傳·僖公五年》：「童謠云：『丙之晨，龍尾伏辰。』」《漢書·律曆志》、《御覽》卷 328、《事類賦注》卷 2 引「晨」作「辰」。是其例。

〔註53〕 朱駿聲《說文通訓定聲》，武漢市古籍書店 1983 年版，第 495 頁。

〔註54〕 汪遠孫《國語發正》，收入王先謙《清經解續編》第 11 冊，鳳凰出版集團 2005 年版，第 3122 頁。

〔註55〕 參見蕭旭《國語校補》，收入《群書校補》，廣陵書社 2011 年版，第 216 頁。

（72）周之簡圭，生於垢石

高注：簡圭，大圭。

按：《文選·侍五官中郎將建章臺集詩》李善注引作「周之簡珪，產於
垢土」，《初學記》卷 30 引作「周人簡珪，產於古石」。何寧指出「人」
為「之」形誤，「古」為「垢」脫誤，是也。「圭」同「珪」，「生」、
「產」義同。《記纂淵海》卷 41 引「垢」作「𥑇」。「𥑇」同「均」
〔註56〕，當讀為珣。《說文》：「珣，石之次（似）玉者。」〔註57〕
《玉篇》：「珣，音狗，石似玉也。」李善引作「垢土」，未達通假之
誼而妄改。「𥑇」當有二種用法，一為「垢」俗字〔註58〕，一為「珣」
異體。《類聚》卷 83 引《墨子》：「周之靈珪，出於土石。」〔註59〕
于大成指出為此文所本。朱起鳳曰：「垢字作土，石字作口，並字之
殘缺……簡圭即介圭，簡、介聲之轉。」〔註60〕「土」為「垢」脫
誤，朱說是也；景宋本《御覽》卷 802 引作「出於土〔石〕」，脫「石」
字，朱氏所見本作「土口」，故有此說；簡，李善注引《爾雅》：「簡，
大也。」與高注同。朱氏讀為介，未是。

（73）大蔡神龜，出於溝壑

高注：大蔡，元龜之所出地名，因名其龜為大蔡。臧文仲所居蔡是也。

按：蔡，《初學記》卷 30 引作「蒙」，「蒙」字當為形誤。《左傳·襄公二
十三年》：「臧武仲自邾使告臧賈，且致大蔡焉。」杜預注：「大蔡，
大龜。」即高注所本。

（74）欲學歌謳者，必先徵羽樂風

按：張雙棣謂「歌」字衍，是也。《爾雅翼》卷 6 引正無「歌」字。

（75）爝蟬者務在明其火

〔註56〕見《集韻》。又「詁」同「詢」，「咶」同「昫」，「𥑇」同「枸」，「蚼」同「蚼」，
　　　皆其比。

〔註57〕「次」當從《繫傳》作「似」，《廣韻》亦作「似」。

〔註58〕「𥑇」字惟見收錄於《類篇》，云：「𥑇，舉后切，濁也。」元·蕭䫻《雪夜
　　　聯句》：「模糊增丘陵，浩蕩匿瑕𥑇。」「瑕𥑇」即「瑕垢」。

〔註59〕《御覽》卷 941、《玉海》卷 87、《埤雅》卷 2 引同，《御覽》卷 802 引作「周
　　　之靈珪，出於土〔石〕」，又卷 806 引作「周之靈圭，出於土石」。

〔註60〕朱起鳳《辭通》，上海古籍出版社 1982 年版，第 2557 頁。

按：《荀子・致仕》：「夫耀蟬者務在明其火振其樹而已。」《呂氏春秋・
期賢》「耀」作「爝」。于大成指出為此文所本。楊倞註：「南方人照
蟬，取而食之，《禮記》有蜩范，是也。」「耀蟬」固是楚俗也。《本
草綱目》卷41：「古人食之，夜以火取，謂之耀蟬。」

（76）欲致魚者，先通水；欲致鳥者，先樹木

按：《文子・上德》：「欲致魚者，先通谷；欲求鳥者，先樹木。」《意林》
卷1引「求」作「來」，是。來亦致也。

（77）水積而魚聚，木茂而鳥集

按：《逸周書・大聚解》：「泉深而魚鱉歸之，草木茂而鳥獸歸之。」為此
文所本。《荀子・致仕》：「川淵深而魚鱉歸之，山林茂而禽獸歸之。」
《呂氏春秋・功名》：「水泉深則魚鱉歸之，樹木盛則飛鳥歸之，庶
草茂則禽獸歸之。」亦皆本之。

（78）嫫母有所美，西施有所醜

高注：嫫母，古之醜女，而行貞正，故曰有所美也。西施，古之好女，
雖容儀光艷，未必貞正，故曰有所醜也。

按：《抱朴子外篇・博喻》：「西施有所惡而不能減其美者，美多也；嫫母
有所善而不能救其醜者，醜篤也。」即本此文而反其義用之。美醜、
善惡皆指容儀言之，高注以貞正說之，非也。

（79）琬琰之玉在洿泥之中，雖廉者弗釋

按：洿泥，《類聚》卷83引作「污泥」，《御覽》卷74、492、《記纂淵海》
卷60引作「汙泥」，《御覽》卷805引作「汗泥」，《記纂淵海》卷61
引作「泥沙」。「汗」為「汙」形誤。

（80）弊箄甀瓵在衽茵之上，雖貪者不搏

高注：瓵，甀帶。搏，取。瓵讀靁電之靁也。

王念孫曰：今本箄作箅，非也。瓵當作瓵，字之誤也。《玉篇》甌或作瓵，
亦作窒，甀下空也。《楚辭・哀時命》：「璋珪雜於甀窒兮。」瓵字不得音電，
注當作「瓵讀靁電之靁」。瓵、靁皆從圭聲，故讀瓵如靁。《御覽・器物部二》

引此已誤作甀，洪興祖補注所引與《御覽》同，惟注內音畫尙不誤。各本肺誤作袥，《御覽》引作旆。旆與氈同。

何寧曰：注「帶」即「幣」，「幣」即「柢」之借字。甌幣即甌底。又案：可訓甀爲空，不得訓甀爲底。正文注文似均不可通，疑有字誤，爲後人妄改。《御覽》卷492引「甀」作「麋」，注同。疑作「麋」字是也。麋、甿聲近，故曰「讀畫甿之甿也」。宋本、藏本作「畫甿之甿」，莊本改作「畫甿之畫」，未必是。

　　按：高注「畫甿」，出《周禮・秋官・蟈氏》：「蟈氏掌去畫甿。」王念
　　孫謂「甀」爲「甀」誤恐未得，餘說皆是。「甀」從委得聲，疑與
　　「倭」、「湊」、「矮」、「踒」同音，四字《廣韻》並讀烏禾切，「甿」
　　讀烏媧切，二音正近。《楚辭・哀時命》洪興祖注：「窊，音攜，又
　　音畫，《淮南》云：『弊箄甌甀在袥菌之上。』注云：『甀，甌帶，
　　音畫。』」朱子註亦云：「窊，甌帶也。」「甀」爲「甀」俗字，「甌
　　甀」即《楚辭》之「甌窊」。《說文》：「窊，甌空也。」《玉篇》：「窊，
　　甌孔也，亦作甀。」「孔」同「空」。《集韻》：「窊，甌空也，或作甌、
　　甀、甀。」弊箄甌甀，《御覽》卷757引同，又卷492引作「弊算
　　甌麋」，注作：「麋，甌帶也。」「算」亦「箄」形誤。袥，《御覽》
　　二引並作「旆」。蓋高本作「甀」許本作「麋」，高注當訓甌空，許
　　注自訓甌帶。何說未得。傅山曰：「袥音然……此似指鋪陳之褥而
　　言。」〔註61〕未得。

（81）今人放燒，或操火往益之，或接水往救之，兩者皆未有功，而怨德相去亦遠矣

　　按：《御覽》卷869引作「今人放燒，或操火往益之，或雨者皆未有功，
　　而相去亦遠矣」，有脫誤。放燒，放火焚燒。劉文典謂「放燒」義不
　　可通，當據《御覽》作「於燒」。《御覽》景宋本作「放燒」，《四庫》
　　本作「於燒」。「於」字誤，不可據改。王叔岷駁劉說，謂「方、放
　　古通」，亦未得其誼。接、操同義對舉，《廣雅》：「接，持也。」《集
　　韻》：「接，同『挾』，持也。」楊樹達謂「接」字無義，借作喥，以

〔註61〕傅山《讀子二・淮南存雋》，收入《霜紅龕集》卷33，《續修四庫全書》第1395
　　　　冊，上海古籍出版社2002年版，第671頁。

口微吸之也，非是。

（82）狸頭愈鼠，雞頭已瘻

按：《山海經·中山經》郭注引作「狸頭已瘋」，《御覽》卷742引作「狸頭已鼠，雞頭已瘻」，又卷912引作「狸頭止瘋，雞頭止瘻」，《六書故》：「瘋，漏創也。」引此文亦作「瘋」。瘋、鼠，正、借字。愈、已、止，並同義。

（83）䖵散積血，斵木愈齲

按：《御覽》卷740、《本草綱目》卷49引作「啄木愈齲」，《路史》卷38同。「斵木」即指啄木鳥也。散，《慧琳音義》卷51、《御覽》卷961引同，《本草綱目》卷41引作「破」；《御覽》卷945引誤作「戢」，何寧已訂。齲，本字為䯄，已詳上文。

（84）膏之殺鱉，鵲矢中蝟

何寧曰：「膏之」當作「青涅」。《類聚》卷96、《御覽》卷932引《淮南萬畢術》云：「青泥殺鱉，得莧復生。」《說文》：「藍，染青草也。涅，澱也。」青涅即藍澱。青泥即青涅，與「鵲矢」文正相對。

按：膏之，《御覽》卷961、《埤雅》卷8、《本草綱目》卷45引皆同。尋《類聚》卷96引《淮南萬畢術》作「青堊」，何氏失檢。《干祿字書》：「堊、泥：上俗下正。」《埤雅》卷17、《會稽志》卷17亦引《傳》曰：「青泥殺鱉，得莧復生。」滓澱殺鱉，非所聞也，何說當未是。竊謂「膏」字不誤，「堊」、「泥」、「之」為「𪓟」字音誤。「膏之」、「青泥」當作「膏𪓟」，「膏𪓟」又為「𪓟膏」誤倒。《廣韻》：「𪓟，𪓟𪓫，似龜，堪啖，多膏。」《御覽》卷943引《臨海水土物志》：「𪓟𪓫、𪓟𪓫相似，形大如𧄼，生渤海邊沙中，肉極好，噉一枚，有三斛膏。」[註62]蓋𪓟之膏能殺鱉，與「鵲矢中蝟」文正相對。《博物志》卷4：「取鱉，挫令如碁子大，搗赤莧汁和合，厚以茅苞，五六月中作，投地（池）中，經旬，攣攣盡成鱉也。」[註63]矢，《御覽》卷912

〔註62〕《文選·江賦》李善注引作「𪓟𪓫與𪓟䠱（𪓫）相似，形大如𧄼，生乳海邊沙中，肉極好，中啖」。
〔註63〕《北戶錄》卷1、《御覽》卷932引作「投於池澤中」。

引作「屎」，同。

（85）爛灰生繩（蠅）

按：《左傳·昭公七年》孔疏引張叔《皮（反）論》：「賓爵下華，田鼠上騰，牛哀虎變，鮫化爲熊，久血爲燐，積灰生蠅。」〔註64〕是兩漢人有「蠅生於灰」之說也。《埤雅》卷10引《類從》解云：「蠅生於灰，蓋蠅值水溺死，以置灰中須臾即活。」又引束皙《發蒙記》：「蠅生積灰，蜂出蜘蛛。」《御覽》卷948引同。《本草綱目》卷40：「蛆入灰中，蛻化爲蠅，如蠶蠶之化蛾也。蠅溺水死，得灰復活。」

（86）天下無粹白〔之〕狐，而有粹白之裘，掇之眾白也

按：《慎子·君人》：「粹白之裘，非一狐之腋。」爲此文所本。掇，《呂氏春秋·用眾》作「取」。《說文》：「掇，拾取也。」

（87）刀便剃毛，至伐大木，非斧不剋

高注：剋，截。

按：《詩·南山》：「析薪如之何？匪斧不克。取妻如之何？匪媒不得。」毛傳：「克，能也。」又《伐柯》：「伐柯如何？匪斧不克。」鄭箋：「克，能也。」于大成引之，謂「剋字當讀爲克」，其說實本朱駿聲〔註65〕；于氏嘗譏王念孫不援莊說，云「王氏故沒而不言，亦殊未得事理之平」〔註66〕，何故于氏亦爾？

〔註64〕《文選·魏都賦》、《與山巨源絕交書》李善註二引「張升《反論》」，又《廣絕交論》李善註引「張升《反論語》」，又《代君子有所思》、《答東阿王牋》李善註二引「張叔《及論》」，《校勘記》引錢大昕云：「考《後漢書·文苑傳》有『張升，字彥眞，陳留尉氏人』……『反論』殆升所撰之一篇……曰皮曰及，皆字形相涉而譌。叔與升亦字形相涉也。」惠棟曰：「張姓，叔名，叔曾作《反論》，引見《御覽》，作皮誤也。」沈廷芳曰：「案：陳張沖字叔玄。叔皮疑叔玄之誤。」按：沈說非是。錢、惠二氏謂當作「《反論》」，可從。錢氏謂「叔與升字形相涉而譌」，恐非。考《御覽》卷407引《後漢書》作「張叔升，字彥眞」，是「張叔」即「張叔升」，其名爲「升」，「叔」爲排行。《御覽》未引《反論》之文，惠氏失檢。《十三經注疏校勘記》，中華書局1980年版，第2054頁。惠棟《春秋左傳補註》卷5，收入景印文淵閣《四庫全書》第181冊，臺灣商務印書館1986年初版，第198頁。沈廷芳《十三經注疏正字》卷66，收入《四庫全書》第192冊，第874頁。
〔註65〕朱駿聲《說文通訓定聲》，武漢市古籍書店1983年版，第221頁。
〔註66〕于大成《淮南子鴻烈說山校釋》，1970年臺灣大學博士論文，收入《淮南鴻烈

（88）物固有以寇適成不逮者

按：寇，一本作「冠」，一本作「尅」，皆「寇」字形近之譌。《方言》卷
1：「凡物盛多謂之寇，齊宋之郊楚魏之際曰夥，自關而西秦晉之閒
凡人語而過謂之遏。」郭注：「今江東有小梟，其多無數，俗謂之寇
梟。」《慧琳音義》卷 10 引《韻詮》：「寇，盛多也。」字或作夠，《廣
雅》：「夠，多也。」王念孫曰：「寇與夠聲近義同。」〔註67〕不逮，
猶言不足。「寇」與「不逮」正相對舉。諸家於此並無說，亟當揭而
出之。于大成曰：「莊本改寇作尅，是。」未得其誼。

（89）梧桐斷角，馬釐截玉

按：釐，景宋本同，別本作「氂」，《埤雅》卷 14 引作「犛」。《路史》
卷 6：「馬氂截玉，梧桐斷角。」此篇上文「執而不釋，馬氂截玉。」
梁玉繩謂「釐」同「氂」，是也。「氂」亦同「犛」，藏本、景宋本
作「釐」，用其俗字〔註 68〕。《家語·五刑解》：「白冠釐纓。」《賈
子·階級》、《漢書·賈誼傳》、《前漢紀》卷 7 並作「氂」，敦煌寫
卷 S.1891 作「犛」，亦「氂」俗字。張雙棣據別本改作「氂」，殊無
必要。《御覽》卷 805 引作「故梧桐斷馬，角截梨玉」，「馬」、「角」
互倒，「梨」為「氂」誤，又誤倒於下。

（90）媒但者，非學謾他，但成而生不信

高注：但，猶詐也。

按：方以智曰：「媒但，詭譎也。但與誕通……媒但之媒，則取媒蘗之媒
意，蓋齊人名麴糱為媒，謂釀蓄詭詐也。」〔註69〕朱起鳳曰：「媒、
謾一聲之轉，但、誕同音通用。」〔註70〕王念孫、朱駿聲亦並讀但
為誕〔註71〕。諸家讀但為誕，是也。媒者，當讀如字，王念孫引《戰

論文集》，里仁書局 2005 年版，第 1029 頁。
〔註67〕王念孫《廣雅疏證》，收入徐復主編《廣雅詁林》，江蘇古籍出版社 1998 年版，
第 244 頁。
〔註68〕敦煌寫卷 S.2055V《切韻並序》：「犛十毫。」《玄應音義》卷 3：「十毫曰犛，
今皆作釐。」亦其例也。
〔註69〕方以智《通雅》卷 5，收入《方以智全書》第 1 冊，上海古籍出版社 1988 年
版，第 215～216 頁。
〔註70〕朱起鳳《辭通》，上海古籍出版社 1982 年版，第 1382 頁。
〔註71〕朱駿聲《說文通訓定聲》，武漢市古籍書店 1983 年版，第 738 頁。

國策・燕策一》「周地賤媒，爲其兩譽也，之男家曰女美，之女家曰男富」以說之，是也。方、朱二氏說誤。學，讀居效切，《廣雅》：「學，教也。」王念孫曰：「但，與誕同。他與詑同。謾詑，詐欺也。《說文》：『謾，欺也。』又曰：『沇州謂欺曰詑。』《急就篇》：『謾詑首匿愁勿聊。』顏師古曰：『謾詑，巧黠不實也。』或謂之『詑謾』，《楚辭・九章》：『或詑謾而不疑。』詑、詆、他字異而義同。」〔註72〕王說是也，所引《急就篇》見卷4，王應麟補注：「謾詑，欺也。」所引《楚辭》，王逸注：「詑一作詆。」「詆」字亦同「詑」。「詑謾」即「謾詑」、「謾他」之倒言。字或作「誕謾」，《史記・龜策傳》：「或忠信而不如誕謾。」《集解》引徐廣曰：「誕，一作詑，音土和反。」此則王氏所未及。

（91）故君子不入獄，為其傷恩也；不入市，為其佐廉也

高注：佐，辱也。

按：佐，《御覽》卷426引作「挫」。挫、佐，正、假字。《說文》：「挫，摧也。」故引申訓辱也，《孟子・公孫丑上》：「思以一豪挫於人。」朱子注：「挫，猶辱也。」字或作剉，《說文》：「剉，折傷也。朱駿聲謂借佐爲剉〔註73〕，得之。

（92）走不以手，縛手，走不能疾；飛不以尾，屈尾，飛不能遠

按：屈，《御覽》卷394引作「挫」。屈尾，短尾。《韓子・說林下》：「鳥有翢翢者，重首而屈尾。」《易林・暌之升》：「老狐屈尾，東西爲鬼。」《初學記》卷29、《御覽》卷904並引何承天《纂文》：「䶂，屈尾犬也。」《玉篇》：「䶂，犬短尾。」可證屈尾即短尾也。《集韻》：「屈、屈：《博雅》：『短也。』一曰無尾。或省。」王念孫曰：「屈，與屈同……今江淮間猶呼鳥獸之短尾者爲屈尾。」〔註74〕挫，讀爲剉。《廣雅》：「剉，短也。」

〔註72〕王念孫《淮南子雜志》，收入《讀書雜志》卷14，中國書店1985年版，第83頁。又見王念孫《廣雅疏證》，收入徐復主編《廣雅詁林》，江蘇古籍出版社1998年版，第184頁。
〔註73〕朱駿聲《說文通訓定聲》，武漢市古籍書店1983年版，第493頁。
〔註74〕王念孫《廣雅疏證》，收入徐復主編《廣雅詁林》，江蘇古籍出版社1998年版，第179頁。

（93）嘗一臠肉，〔而〕知一鑊之味；懸羽與炭，而知燥濕之氣，
以小明大

　　按：于大成指出語本《呂氏春秋・察今》「嘗一脟肉，而知一鑊之味一鼎
　　　　之調」。畢沅謂「脟」爲「胳」誤，「胳」同「臠」，《意林》卷 2、《書
　　　　鈔》卷 145、《御覽》卷 863、《記纂淵海》卷 55 引「脟」並作「臠」
　　　　〔註 75〕。

（94）以小明大……以近論遠

　　高注：論，知也。

　　按：論，《類聚》卷 9、《御覽》卷 68 引並作「諭」。「論」爲「諭」字形
　　　　誤。《氾論篇》：「以近諭遠，以小知大也。」《說林篇》：「以小見大，
　　　　以近喻遠。」「喻」同「諭」，皆其確證。何寧謂「諭」爲「論」字
　　　　之誤，傎矣。《齊俗篇》：「以小知大，以近知遠。」此高注所本。

（95）三人比肩，不能外出戶；一人相隨，可以通天下

　　按：一人相隨，言一人接著一人相隨也。王念孫改「一人」爲「二人」，
　　　　張雙棣謂「一人」衍，並未得。「一人相隨」與「三人比肩」對舉，
　　　　「一人」斷非衍文。外出戶，言外出於門戶。「出戶」爲詞。梁玉繩、
　　　　劉殿爵乙作「出外戶」〔註 76〕，則以「外戶」爲詞，殊無必要。

（96）莊王誅里史，孫叔敖制冠浣衣

　　按：里史，《御覽》卷 826 引同，《渚宮舊事》卷 1 引作「里使」，《御覽》
　　　　卷 684、《事類賦注》卷 12 引作「史里」。浣，《事類賦注》卷 12 引
　　　　同，《渚宮舊事》卷 1、《御覽》卷 684、826 引作「澣」。《廣韻》：「澣，
　　　　濯也。浣，上同。」制，劉文典讀爲製，于大成舉《事類賦注》卷
　　　　12 引正作「製」，《御覽》卷 684 引作「作冠」以證之，是也。蓋孫
　　　　叔敖無冠，得知莊王誅里史，故特地製冠也。衣則素有，故僅需洗
　　　　一下即可。俞樾謂「制」疑「刷」之誤，許建平從而爲之辭，謂「刷

〔註 75〕畢沅《呂氏春秋新校正》，收入《叢書集成新編》第 20 冊，新文豐出版公司
　　　　1985 年版，第 562 頁。
〔註 76〕劉殿爵《讀淮南鴻烈札記》，香港《聯合書院學報》第 6 期，1967 年出版，第
　　　　179 頁。

冠義與彈冠同」〔註77〕，非也。《渚宮舊事》卷 1、《御覽》卷 684、826 引皆作「制」字。

（97）文公棄荏席後黴黑，咎犯辭歸

按：荏，《意林》卷 2 引作「衽」。荏，讀爲衽，字或作筵。《集韻》：「筵，臥蓆也，通作衽。」黴，俗作「霉」，已詳《本經篇》校補。《修務篇》：「顏色黴黑。」又「舜黴黑。」「黴黑」疑爲古楚語。

（98）故桑葉落而長年悲也

高注：桑葉時既茹落，長年懼命盡，故感而悲也。

按：（a）王念孫據周・庾信《枯樹賦》、《文選・蜀都賦》李善注、《文賦》李善注、《御覽》卷 488 所引，校「桑」爲「木」；于大成引孫志祖說，謂「木字本有桑音」。孫說非也，已詳《時則篇》校補。《楚辭・九歌・湘夫人》：「嫋嫋兮秋風，洞庭波兮木葉下。」爲此文所本。《文選・文賦》李善注引亦作「木」字，魏文帝《寡婦詩》：「霜露紛兮交下，木葉落兮萋萋。」唐・盧照鄰《釋疾文》：「木葉落兮長年悲。」皆本此文，是唐以前人所見，皆作「木」字。《類聚》卷 88 引作「故葉落而長年悲」，注作「長年人忌木黃，善時」，列於「木」部，而未入同卷之「桑」部，蓋今本脫「木」字。《御覽》卷 952 引亦無「木」字，列於「木」部，而未入卷 955 之「桑」部，亦脫「木」字，蓋誤承《類聚》也。《楚辭》洪興祖《補注》引此文作「桑」，則作「桑」字乃宋人所改。（b）茹，吳承仕謂「茹」爲「苑」字之誤，訓枯病，得其義，而未得其字。于省吾、馬宗霍並引《呂氏春秋・功名》、《文選・魏都賦》「神惢形茹」注，謂茹落猶敗落。二氏說是，而猶未盡。《文選・魏都賦》呂向注：「物之自死曰茹。」《呂氏春秋・功名》：「以茹魚去蠅，蠅愈至。」高注：「茹，讀茹船漏之茹字。茹，臭也。」《廣韻》：「茹，臭也。」趙少咸《疏證》舉高誘、李善注爲證〔註78〕。《楚辭・離騷》：「攬茹蕙以掩涕兮，霑余襟之浪浪。」《文選・離騷》

〔註77〕許建平《淮南子補箋》，《中國典籍與文化論叢》第 6 輯，中華書局 2000 年版，第 353～354 頁。
〔註78〕趙少咸《廣韻疏證》，巴蜀書社 2010 年版，第 1604 頁。

呂延濟注：「茹，臭也。」黃靈庚曰：「茹蕙，謂萎絕之芳草。」〔註79〕二氏說是。茹蕙，言臭敗之蕙也〔註80〕。「茹」訓敝敗、物之自死，敝敗斯臭矣，二義相因也，故高誘、李善訓「臭」也。《呂氏》高注「茹，讀茹船漏之茹字」，是高氏所見本亦同子夏作「茹」也。高注「茹船漏」者，謂以破布塞漏船之空隙也。塞漏船空隙之物，亦可用竹屑、竹皮，其專字作「笝」。《玉篇》：「笝，竹笝，以塞舟。」《集韻》：「笝，刮取竹皮爲笝。」《六書故》：「笝，刮取竹青也。」《備急千金要方》卷 12 有藥物「青竹笝」，又卷 16 有「生竹笝」，皆指竹皮。今西南官話猶稱用來堵塞船漏的竹屑爲笝〔註81〕。《魏書・食貨志》：「又其造船之處，皆須鋸材人功，並削船笝，依功多少，即給當州郡門兵，不假更召。」此所削之茹，即笝，竹皮也。《會稽志》卷 17：「會稽往歲販羊臨安，渡浙江，置羊艎版下，羊齧船笝，舟漏而沈溺者甚眾。」羊所齧之茹，不是破布，就是竹皮。「茹」、「笝」皆指破布、笝，用來堵塞船漏，作動詞用，以破布、竹皮堵塞孔洞亦謂之茹、笝。名詞、動詞，其義相因也。《廣雅》：「絮，塞也。」王念孫曰：「絮，各本訛作絮。《既濟》《釋文》云：『袽，《說文》作絮，《廣雅》云：『絮，塞也。』子夏作茹，京房作絮。』今據以訂正。」〔註82〕「絮」字不誤，王說非是。《周易》《釋文》引《說文》

〔註79〕 黃靈庚《楚辭章句疏證》，中華書局 2007 年版，第 318 頁。

〔註80〕 王逸注：「茹，柔懁也。」朱子《集注》同。吳仁傑曰：「周少隱云：『茹之爲食也……此言茹蕙猶言食秋菊耳。』仁傑按：茹，香草名也。」錢杲之曰：「茹，猶藏也、納也。」汪瑗曰：「茹、蕙，二草名。」徐文靖曰：「按：《易・泰》初〔九〕云：『拔茅連茹。』王弼曰：『茹，相牽引貌。』程傳曰：『茹，根之相連者。』茹蕙，謂以連根之蕙而拭涕。連根則蕙多，乃以之拭涕，而涕尤多，故復霑衣襟而浪浪也……茹無柔奕之訓。」王闓運曰：「茹，萌也。」朱季海、姜亮夫並據晉灼所引訂作「茹蕙」，茹即荷字。胥未得也。吳仁傑《離騷草木疏》卷 2，收入《叢書集成新編》第 44 冊，新文豐出版公司 1985 年版，第 14 頁。錢杲之《離騷集傳》，收入《叢書集成新編》第 58 冊，第 577 頁。汪瑗《楚辭集解》，北京古籍出版社 1994 年版，第 68 頁。徐文靖《管城碩記》卷 14，中華書局 1998 年版，第 254 頁。王闓運《楚辭釋》，收入《續修四庫全書》第 1302 冊，上海古籍出版社 2002 年版，第 622 頁。朱季海《楚辭解故》，上海古籍出版社 1980 年版，第 52 頁。姜亮夫《楚辭通故》，收入《姜亮夫全集》卷 3，雲南人民出版社 2002 年版，第 425 頁。

〔註81〕 參見許寶華、宮田一郎《漢語方言大詞典》，中華書局 1999 年版，第 6199 頁。

〔註82〕 王念孫《廣雅疏證》，收入徐復主編《廣雅詁林》，江蘇古籍出版社 1998 年版，

《廣雅》並作「絮」字，王氏所據本誤。《齊民要術》卷 7：「及下釀，則茹甕。」又「多釀者，必須厚茹甕，覆蓋。」又「十月初凍，尚煖，未須茹甕；十一月、十二月，須黍穰茹之。」又卷 9：「小開腹，去五臟，又淨洗，以茅茹腹令滿。」黃生曰：「按：茹者，以物擁覆取煖之名。字書茹字無此義。《禮・樂記》：『煦嫗覆育萬物。』注：『以氣曰煦，以體曰嫗。』當用此嫗字。」黃承吉曰：「此正各條所云『凡同聲之字皆同義』，故茹之義即是嫗，古不必定書嫗。」〔註83〕黃氏以「嫗」爲正字，非也。繆啓愉曰：「茹，《要術》中特用詞，作『包』、『裹』解釋。字書未載此義。高誘注《呂氏春秋・功名》的『茹』說：『茹，讀茹船漏之茹字。』字亦作袽，王弼注《易經・既濟》的『衣袽』說：『衣袽，所以塞舟漏也。』由塞這一義引申爲外面包裹，就是『茹甕』。」〔註84〕繆氏釋義是也，而謂「字書未載此義」，則失檢《廣雅》「絮，塞也」之訓。《唐律疏義》卷 27：「茹船，謂茹塞船縫。」蘇軾《杜處士傳》：「船破須笳，酒成於麴。」二例亦塞義。字或作胒、姃，《玉篇》：「胒，魚敗。姃，魚敗也。」《廣韻》：「胒，魚不鮮。」《集韻》：「胒，肉敗曰胒。」胡吉宣謂「姃，字本作胒，從女聲，此變從女肉聲，形誼俱乖」，是也；但胡氏又謂「胒」、「姃」爲「胵」俗字〔註85〕，則非也。《福建通志》卷 67 載南宋阮元齡乾道元年作《愬旱魃文》：「流泉石之淵淵，窘蛟龍而就胒。」有注：「胒，音汝，魚不鮮也。」「胒」、「姃」並從肉如省聲，《玉篇》同音而煮切，當即一字。《玉篇》「胒」入肉部，而「姃」入女部，後者非是。「姃」字亦當歸於肉部。字或作秼，《玉篇》：「秼，臭草也。」臭草，言臭敗之草，非專名。字或作痴，《玉篇》：「痴，痴病也。」《集韻》：「痴，病也。」今西南官話猶稱一種脹、麻、痛綜合症爲痴〔註86〕。字或作癙，《玉篇》：「癙，癙病也。」字或作疬，

第 199 頁。

〔註83〕黃生《義府》卷下，黃生、黃承吉《字詁義府合按》，中華書局 1954 年版，第 207 頁。

〔註84〕繆啓愉《齊民要術校釋》，農業出版社出版 1982、1998 年版，第 494 頁。

〔註85〕胡吉宣《玉篇校釋》，上海古籍出版社 1989 年版，第 660、1534 頁。

〔註86〕參見許寶華、宮田一郎《漢語方言大詞典》，中華書局 1999 年版，第 5726 頁。

《廣雅》:「疞,病也。」《廣韻》:「疞,病也,見《尸子》。」字或作痡,《玉篇》:「痡,病也。」《集韻》:「痡,病也,一曰憊劣。」胡吉宣曰:「痴,疑與疞、痡及癉等同,憊弱病也。」〔註 87〕胡說是,古如、乃、而一聲之轉也,各換聲符以製字,其實一也。字或作帤、袽、絮、袈,《說文》:「帤,一曰幣巾。」段注:「幣當為敝,字之誤也。」〔註 88〕《六書故》引正作「敝巾」。《繫傳》:「臣鍇按:《易》曰:『濡有衣帤。』又道家《黃庭經》曰:『人間紛紛臭如帤。』皆以塞舟漏孔之故帛也,故以喻煩臭。」《繫傳》所引《易》見《既濟》:「濡有衣袽。」《釋文》:「袽,王肅音如,《說文》作絮,《廣雅》云:『絮,塞也。』子夏作茹,京作絮。」馬王堆帛書本《周易》作「茹」,與子夏本同。《集解》引虞翻曰:「袽,敗衣也。」盧文弨曰:「絮,舊本作絮,案《說文》作絮,今從改補。」〔註 89〕黃焯校云:「絮,宋本同,盧依《說文》改作絮,下『絮塞』同。」〔註 90〕盧改非也,《周禮‧夏官‧司馬》、《考工記‧弓人》鄭玄注二引《周易》,並作「絮」字,與京房本同。《考工記》《釋文》:「絮,本亦作帤,《周易》作袽。」毛奇齡曰:「敝絮名袽……若夫袽、絮、帤同音,同是敗絮塞舟漏之物,故徐鍇云『帛臭』。臭者,敗也。《黃庭經》云:『人間紛紛臭如帤。』亦指臭敗。」〔註 91〕《繫傳》所引《黃庭經》,《雲笈七籤》卷 12、宋陳田夫《南嶽總勝集》卷下《敘唐宋得道異人高僧》亦引之,《雲笈七籤》有注:「帤,弊惡之帛也。」宋‧宋祁《七不堪詩》:「六不堪,不樂俗人共,聒聒沸蝄集。紛紛臭孥眾,怒遷多市色,禮煩方聚訟。」「孥」當作「帤」。《說文》:「絮,敝緜也。」又「絮,一曰敝絮也。《易》曰:『需有衣絮。』」又「袈,弊衣。」段注:「敝,各本作弊,誤。今正。袽者敝衣,帤者敝巾,絮者敝絮。各依所從而解之……晁說之曰:『袽又作袈。』玉裁謂:袽、袈皆袽

〔註 87〕 胡吉宣《玉篇校釋》,上海古籍出版社 1989 年版,第 2273 頁。
〔註 88〕 段玉裁《說文解字注》,上海古籍出版社 1981 年版,第 357 頁。
〔註 89〕 盧文弨《經典釋文考證》,收入《續修四庫全書》第 180 冊,上海古籍出版社 2002 年版,第 197 頁。
〔註 90〕 黃焯《經典釋文彙校》,中華書局 2006 年版,第 58 頁。
〔註 91〕 毛奇齡《仲氏易》卷 26,收入阮元《清經解》第 1 冊,鳳凰出版社 2005 年版,第 962 頁。

之誤字耳。」〔註92〕考《廣韻》：「裂，衣敝。」「裂」同「袽」。絮、
絮，當以作絮、裂爲正，字從如得聲，非從奴得聲，《周易》《釋文》
引《說文》正從如作絮字。《說文》誤收錯誤字形「袈」、「絮」。段氏
謂「袽、裂皆袈之誤字」，黃侃謂「『絮』同『絮』」〔註93〕，皆非也。
1922年《福建新通志》：「敝衣曰袈。」〔註94〕「袈」亦當作「裂」，
可知此義猶存於近代閩語也。草木之腐敗爲茹、秚，故字從艸從禾；
魚、肉之腐敗爲胹、妠，故字從肉（月）；敝衣爲袽、裂，故字從衣；
敝巾爲帤，故字從巾；敝縣爲絮，故字從糸；破敝之竹皮竹屑爲笳，
故字從竹。其義一也。物之敝敗，固其病也，故專字從广作痴。《龍
龕手鑑》：「鈕，尼主、而遇二反。」〔註95〕《改併五音類聚四聲篇
海》：「鈕，冗主、而遇二切。」〔註96〕《篇海類編》：「鈕，冗主切，
音汝，又而遇切。」〔註97〕《康熙字典》列入《備考》〔註98〕，《中
文大辭典》、《漢語大字典》皆云「義未詳」〔註99〕。有音無義，陳
飛龍、鄭賢章二氏之《〈龍龕手鏡〉研究》皆未考〔註100〕。以同源
字考之，從「如」得聲之字，多有敝敗、破碎之義，「鈕」字從金，
當指金屬之破敗也〔註101〕。

〔註92〕段玉裁《說文解字注》，上海古籍出版社1981年版，第395頁。

〔註93〕黃侃《說文同文》，收入《說文箋識》，中華書局2006年版，第94頁。

〔註94〕《福建新通志》，轉引自許寶華、宮田一郎《漢語方言大詞典》，中華書局1999
年版，第5854頁。

〔註95〕釋行均《龍龕手鏡》（高麗版影遼刻本），中華書局1985年影印，第16頁。

〔註96〕韓道昭《改併五音類聚四聲篇海》，收入《續修四庫全書》第229冊影印明成
化刻本，上海古籍出版社1996年版，第262頁。

〔註97〕宋濂《篇海類編》，收入《續修四庫全書》第230冊，上海古籍出版社2002
年版，第189頁。

〔註98〕《康熙字典》，收入景印文淵閣《四庫全書》第231冊，臺灣商務印書館1986
年初版，第672頁。

〔註99〕《中文大辭典》，華岡出版有限公司出版1979年版，第15002頁。《漢語大字
典》（第二版），崇文書局、四川辭書出版社2010年版，第4526頁。

〔註100〕陳飛龍《〈龍龕手鑑〉研究》，文史哲出版社1974年初版。鄭賢章《〈龍龕手
鏡〉研究》，湖南師範大學出版社2004年版。

〔註101〕「鈕」字在文獻中惟檢得一例。高麗本《賢愚經》卷4：「寒地獄中，受罪
之人，身肉冰燥，如爆豆散，腦髓白爆，頭骨碎破，百千萬分，身骨劈裂，
如魚箭鈕。」據《校記》，「魚」一作「剖」，「鈕」一作「鈕」；據《大正藏
校勘記》（cbeta），宋、元本作「如剖箭鈕」，明本作「如剖箭栝」；金藏廣

（99）地平則水不流，重鈞則衡不傾。物之尤，必有所感

高注：流，行。傾，邪也。尤，過也。輕重則衝（衡）低卬，故曰必有
所感。感，動也。

按：《文子·上德》作「地平則水不流，輕重均則衡不傾。物之生化也，
有感以然」。此文脫「輕」字，「尤」爲「化」形誤。高注尤訓過，
則所見本已誤。「鈞」同「均」。

（100）祭之日而言狗生，取婦夕而言衰麻，置酒之日而言上冢

按：「取婦」下脫「之」字，「夕」當作「日」，與上下文一律。《類說》
卷 25 引《炙轂子》正作「取婦之日而言衰麻」。冢，《炙轂子》作「塚」，
俗字。

（101）故或吹火而然，或吹火而滅，所以吹者異也

勝寺本作「如刨箭鉫」。這一例「鉫」當爲「鉫」形誤，金藏廣勝寺本不誤。
景宋本及高麗本《龍龕手鑑》、《改併五音類聚四聲篇海》並云：「鉫，音
加，又古荷反。」四庫全書本《龍龕手鑑》作「鉫，音加，又古禾反」。
皆失載其義，《康熙字典》亦列入《備考》。鉫音加者，是「枷」俗字（《心
性罪福因緣集》卷 3：「或云鉫鑠繫縛手足。」《大方廣華嚴十惡品經》卷
1：「鐵鉫鐵鈕鐵銜鐵鉉。」是「鉫」即「枷」。《大方廣華嚴十惡品經》卷
1：「鐵枷、鐵鈕、鐵銜、鐵鏈。」正作「枷」字）。鉫音古荷、古禾反者，
當是「笴」之俗字。箭笴，箭幹也。明本作「箭栝」者，蓋不得其字而臆
改。《儀禮·鄉射禮》《釋文》：「三笴：劉古可反，矢幹也。《字林》云：『箭
笴也。』」《廣韻》：「笴，古旱切，箭笴，又音哿。」又「笴，古我切，箭
莖，又公旱切。」《集韻》：「笴，下可切，箭幹。」古音從可從加多通（參
見張儒、劉毓慶《漢字通用聲素研究》，山西古籍出版社 2002 年版，第 163
～164 頁），《廣韻》笴音哿，尤爲顯證。「炰」當作「炰」，同「炮」。「刨」
爲「刨」形誤，刨亦炮借字。《廣韻》：「炮，灼貌。」《集韻》：「炮，灼也。」
古人製作箭幹，須烤燒烘乾材質，使之乾燥堅硬也。高麗本《賢愚經》，
收入《大正新修大藏經》第 4 冊，新文豐出版有限公司 1983 年印行，第
378 頁。金藏廣勝寺本《賢愚經》，收入《中華大藏經》（漢文部分）第 51
冊，中華書局 1996 年版，第 57 頁。景宋本《龍龕手鏡》，收入《四部叢
刊》續編經部，第 5 頁。高麗本《龍龕手鏡》，中華書局 1985 年影印，第
11 頁。《改併五音類聚四聲篇海》，收入《續修四庫全書》第 229 冊影印明
成化刻本，上海古籍出版社 1996 年版，第 262 頁。《四庫》本《龍龕手鑑》，
收入景印文淵閣《四庫全書》第 226 冊，臺灣商務印書館 1986 年初版，
第 651 頁。《康熙字典》，收入景印文淵閣《四庫全書》第 231 冊，第 672
頁。

按：然，《金樓子・立言下》同，《御覽》卷 826 引作「燈」。「燈」當爲「燃」之誤。

（102）烹牛以饗其里，而罵其東家母，德不報而身見殆

高注：殆，危害也。

按：殆，讀爲怠，輕慢不敬也。

（103）文王污膺，鮑申傴背，以成楚國之治

高注：文王，楚武王之子熊疵。污膺，陷胷也。鮑申，楚相。傴背，僂。

按：（a）污，朱駿聲謂借爲窊〔註102〕，《說文》：「窊，污衺下也。」《原道篇》：「蹟蹈於污壑阱陷之中。」亦此誼也。字或作汙、洿、窳，《御覽》卷 371 引作「洿膺」，又引許慎注：「洿，盧也。」「盧」當作「虛」，字之誤也。《爾雅》：「水潦所止泥丘。」郭注：「頂上汙下者。」《釋文》：「汙，音烏，又烏花反，本或作洿。」《說文》：「洿，一曰窳下也。」《六韜・犬韜・戰騎》：「汙下沮澤，進退漸洳，此騎之患地也。」方以智曰：「汙隆，一作『窊隆』、『窳隆』……窊、窳皆與汙通聲。」〔註103〕字或作圩，《史記・孔子世家》：「（孔子）生而首上圩頂，故因名曰丘云，字仲尼，姓孔氏。」《索隱》：「圩，音烏。圩頂，言頂上窊也。故孔子頂如反宇。反宇者，若屋宇之反，中低而四傍高也。」中井積德曰：「圩是汙下之義，非取字義。」〔註104〕《左傳・桓公六年》孔疏引作「汙頂」。《六書故》：「圩，于姑切。《史記》：『孔子生而首上圩。』司馬貞曰：『窊也。』今江淮間水高於田，築堤扞水而甸之曰圩田。」靖邑正以築堤扞水而甸之曰圩田，其堤謂之「圩岸」，圩字音轉讀爲 wéi（圍）音，地名「八圩」、「七圩」是也。字或作宇、羽、獶，《白虎通義・聖人》：「孔子反宇，是謂尼甫。」《論衡・講瑞篇》、《劉子・命相》：「孔子反宇。」《論衡・骨相篇》：「孔子反羽。」《唐開元占經》卷 18：「甘氏曰：『五星反羽，其下之國，

〔註102〕朱駿聲《說文通訓定聲》，武漢市古籍書店 1983 年版，第 421 頁。
〔註103〕方以智《通雅》卷 7，收入《方以智全書》第 1 冊，上海古籍出版社 1988 年版，第 282 頁。
〔註104〕中井積德說轉引自瀧川資言《史記會注考證》，上海古籍出版社 1986 年版，第 1144 頁。

不可久處。反羽者，光芒上大下小，狀如反羽也。』」〔註 105〕《弘
明集》卷 1 漢·牟融《理惑論》：「仲尼反頨。」《音釋》云：「頨，
音羽，孔子頭也。」高麗本《大藏經》作「反宇」，《隆興編年通論》
卷 1、《佛祖歷代通載》卷 5 引同。《弘明集》卷 8 釋僧順《釋三破論》：
「孔子頨。」〔註 106〕《路史》卷 19：「尼母顏野合，生而頨頂，故
名丘，而字仲尼。」羅苹注：「頨，蓋坳字，坳（坳）貌。故《世本》、
《史記》、《家譜》皆作『坳（圩）頂』，緯書言孔子反宇，《世本》
云：『反首張面。』言頂上窊也。淮人謂堰水準浸為坳（圩）。」小
司馬謂「反宇者，若屋宇之反」，梁玉繩、黃暉並從其說〔註 107〕，
望文生訓，其說非也。繆楷曰：「宇者，借字，其正字作頨。《說文》：
『頨，頭妍也，從頁從翩省，讀若翩。』（自注：翩原誤翩，依桂馥
《說文義證》說訂正）徐鍇《繫傳》云：『《書》、《傳》多言孔子反
宇，作此頨字。云：頭頂四崖峻起，象尼丘山。』是也。《論衡·骨
相篇》：『孔子反羽。』羽即頨之省借。《廣韻》：「頨，孔子頭也。」
專屬之孔子，為解疏矣。《路史·後紀》羅苹注云：『言頂上窊也。』
頨頂不辭，作坳亦非。」〔註 108〕繆氏據小徐說，謂「正字作頨」，
又謂「作坳亦非」；孫蜀丞云「羽當作頨」，王叔岷云「羽乃頨之省」
〔註 109〕，斯皆失考矣。考《廣韻》：「頨，頨妍，美頭。」是「頨」
本義為美頭，與孔子反宇不相涉也。段玉裁曰：「頨，《篇》、《韻》
王矩一切，蓋有認為羽聲者耳。《廣韻》注云：『孔子頭也。』又附
會以為孔子圩頂之圩。」〔註 110〕斯為得之。常人頭上小下大，孔子
頭則上大下小，中間低陷，與常人相反，故謂之反宇也。「宇」、「羽」、
「頨」皆為同音借字。孔子以其頭形反宇，故名丘，字仲尼，與《爾

〔註 105〕《御覽》卷 7 引《天文錄》同。

〔註 106〕高麗本《大藏經》「頨」誤作「願」。

〔註 107〕梁玉繩《史記志疑》，中華書局 1981 年版，第 1113 頁。黃暉《論衡校釋》，
中華書局 1990 年版，第 112 頁。

〔註 108〕繆楷《經餘隨筆》，收入《叢書集成續編》第 25 冊，新文豐出版公司 1991
年版，第 29 頁。

〔註 109〕孫蜀丞《論衡舉正》，轉引自黃暉《論衡校釋》，中華書局 1990 年版，第 112
頁。王叔岷《史記斠證》，「中央」研究院歷史語言研究所專刊之七十八，1983
年版，第 1727 頁。

〔註 110〕段玉裁《說文解字注》，上海古籍出版社 1981 年版，第 420 頁。

雅》「水潦所止泥丘」及郭注「頂上汙下者」之說正合。《孝經》《釋文》:「仲尼取象尼丘山。」邢昺疏:「仲尼有兄,字伯,故曰仲。」斯皆能得古人名、字之由。邢疏又指出:「劉瓛述張禹之義,以爲仲者中也,尼者和也,言孔子有中和之德,故曰仲尼。殷仲文又云,夫子深敬孝道,故稱表德之字。至梁武帝又以丘爲聚,以尼爲和,今竝不取。」其去取亦誠爲卓識。方以智曰:「孔子反羽,謂反脣也。」〔註111〕此解失之。字亦作洼、窪、漥、窐、湮,俗字作凹。向宗魯曰:「污膺,謂伏地受笞而污其膺也。傴背,謂行笞而俯其身也。」尤爲附會之言。(b)《呂氏春秋·直諫》:「荊文王得茹黃之狗,宛路之矰,以畋於雲夢,三月不反;得丹之姬,淫,朞年不聽朝,葆申曰……」《類聚》卷46、《御覽》卷206、905引「葆申」作「保申」,《說苑·正諫》同。「鮑申」即「保申」、「葆申」也。于大成曰:「作保、作葆得相通,《淮南》作鮑,失之。」「鮑」爲借字,于氏未達通借之指。

（104）裨諶出郭而知，以成子產之事

　　高注:裨諶,鄭大夫,謀于野則獲,謀于國則否。鄭國有難,子產載如野,與議四國之事,故曰成子產之事。

　　　　按:郭,《類聚》卷21、《永樂大典》卷13494引作「郊」。《御覽》卷432引作「裨諶出而智,公成子產之事」,「出」下脫「郭」字,「公」爲「以」誤。

（105）故凡問事，必於近者

　　　　按:《意林》卷2引作「問事,當問近者」。必,猶當也〔註112〕。《說苑·辨物》:「今者君之出,必驂駃馬而出畋乎?」《類聚》卷93引作「今者吾君當驂駃馬以出乎」,亦其例。

（106）寇難至，躄者告盲者，盲者負而走，兩人皆活，得其所能也；故使盲者語，使躄者走，失其所〔能〕也

〔註111〕方以智《通雅》卷18,收入《方以智全書》第1冊,上海古籍出版社1988年版,第623頁。
〔註112〕參見蕭旭《古書虛詞旁釋》,廣陵書社2007年版,第399頁。

按：語亦告也。言使盲者告瞽者寇難至也。趙宗乙據《葉八白易傳》卷
14 所引，改「語」為「睹」，失其舊矣。故，假設之辭，裴學海解為
「若或」〔註 113〕。

（107）郢人有鬻其母〔者〕，為請於買者曰：「此母老矣，幸善食之而勿苦。」

按：《呂氏春秋・長利》高注引作「楚有賣其母者，而謂其買者曰：『此
母老矣，幸善食之。』」《意林》卷 2 引作「郢人自賣其母，而語買
者曰：『此母老矣，望善飴之。』」《爾雅》：「請，告也。」《廣韻》：
「謂，告也。」語亦告也。為，猶而也〔註 114〕。王叔岷謂「為」為
「而」形誤，非也。

（108）介蟲之動以固，貞蟲之動以毒螫，熊羆之動以攫搏，兕牛之動以觝觸，物莫措其所脩，而用其短也

按：《鬼谷子・權篇》：「是故智者不用其所短而用愚人之所長；智者不
用其所拙而用愚人之所工，故不困也……故介蟲之捍也必以堅厚，
螫蟲之動也必以毒螫。」為此文所本。《文選・羽獵賦》李善注引
《文子》：「兕牛之動以抵觸也。」〔註 115〕觝、抵，正、假字。

（109）治國者若鎒田，去害苗者而已；今沐者墮髮，而猶為之不止，以所去者少，所利者多

按：于大成指出語本《韓子・六反》「古者有諺曰：『為政猶沐也，雖有
棄髮，必為之。』愛棄髮之費，而忘長髮之利，不知權者也。」（于
氏未引下句）。按《意林》卷 1 引《尸子》：「農夫之耨，去害苗者；
賢者之治，去害義者。」〔註 116〕亦為此文所本。《兵略篇》：「故聖
人之用兵也，若櫛髮耨苗，所去者少，而所利者多。」可以互證。
《書鈔》卷 27、《類聚》卷 52、《御覽》卷 624 引此文「鎒」作「耨」，

〔註 113〕裴學海《古書虛字集釋》，中華書局 1954 年版，第 318 頁。
〔註 114〕參見吳昌瑩《經詞衍釋》，中華書局 1956 年版，第 35～36 頁；裴學海《古書
虛字集釋》，中華書局 1954 年版，第 119～120 頁。
〔註 115〕今本《文子》無此文。
〔註 116〕《治要》卷 36 引同。

《御覽》卷 271、823 引《兵略篇》「鐯」亦作「耨」。鐯、耨，正、俗字。

（110）力貴齊，知貴捷。得之同，邀為上；勝之同，遲為下

高注：齊、捷，皆疾。

按：《呂氏春秋・貴卒》：「力貴突，智貴卒。得之同，則邀爲上；勝之同，則淫爲下。」高注：「淫，猶遲久之也。」爲此文所本。《劉子・貴速》：「成務雖均，機速爲上；決謀或同，遲緩爲下。」亦本之。「邀」爲「邀」形誤，「邀」同「速」。

（111）劙靡勿釋，牛車絕轔

高注：劙，切。楚人謂門切之（爲）轔，車行其上則斷之。

按：惠士奇曰：「《管子》曰：『漸也，順也，靡也，久也，服也，習也，謂之化。』然則漸、順、服、習、久而化者，靡之義也。故曰：『劙靡勿釋，牛車絕轔。』靡古作劘，見《法言》，省作靡。」〔註117〕楊樹達謂「劙讀爲剺，靡讀爲摩，剺、摩同義」，何寧引《玉篇殘卷》作「磿」申證之，謂又作剺。諸說並是也。字亦作磓、甐、扴、刌、汽，《廣雅》：「刌、扴，磨也。」《玉篇》：「磓，磨也。」《廣韻》：「刌，刌刀使利。」《集韻》：「刌，一曰礪刃。」又「甐，切近也，或作刌、汽、磓。」劉家立謂「劙靡」當作「削劘」，朱起鳳、于省吾讀爲「羈靡」〔註118〕，並非也。轔，字或作橉，古楚語，參見附錄二《〈淮南子〉古楚語舉證》。

〔註117〕惠士奇《易説》卷6，收入阮元《清經解》第2冊，鳳凰出版社2005年版，第1580頁。

〔註118〕朱起鳳《辭通》，上海古籍出版社1982年版，第173頁。

《說林篇》校補　卷第十七

（1）暮，薄而求之

高注：日暮，薄岸而止，求劍於其所刻捲（楫）下。

按：薄，讀爲泊。《戰國策・楚策一》：「寡人臥不安席，食不甘味，心搖搖如懸旌而無所終薄。」鮑彪注：「薄、泊同。」《玉篇》：「泊，止舟也。」《慧琳音義》卷 13：「依泊：王逸注《楚辭》云：『泊，止也。』顧野王曰：『今謂舟止於岸曰泊。』」又卷 32：「棲泊：泊，止也，今謂舟止爲棲泊也。」《呂氏春秋・察今》：「舟止，從其所契者入水求之。」「薄」即「舟止」之義。劉殿爵謂「高注非是，薄謂薄舟上所契刻處」〔註1〕，以不狂爲狂也。

（2）足以躡者淺矣，然待所不躡而後行；智所知者褊矣，然待所不知而後明

高注：躡，履也。

按：《文子・上德》「躡」作「踐」，「智」作「心」。于大成指出語本《莊子・徐無鬼》「故足之於地也踐，雖踐，恃其所不躡而後善博也；人之知也少，雖少，恃其所不知而後知天之所謂也」。俞樾曰：「兩踐字並當作淺，或字之誤，或古通用也。」王叔岷曰：「踐、淺古通用，非字之誤也……《淮南子》踐正作淺。恃，《淮南子》作待，

〔註 1〕 劉殿爵《讀淮南鴻烈札記》，香港《聯合書院學報》第 6 期，1967 年出版，第 179 頁。

亦古字通用。」〔註2〕王說是也。成疏：「踐、躔，俱履蹈也。」馬其昶曰：「踐謂容足。」鍾泰曰：「(踐、淺) 草書足旁與水旁極近，故以致誤，非通用也。」〔註3〕並失之。博，與此文「行」同義，高亨讀爲步〔註4〕，是也。

（3）游者以足蹶，以手拂，不得其數，愈蹶愈敗

按：蹶，踏也、蹬也。《集韻》：「拂，擊也。」本字蓋爲拍，《說文》：「拍，拊也。」字或作拍，《廣雅》：「拍，擊也。」《論衡·論死》：「使舒手而擊，舉足而蹶。」句言以足踏水，以手拍水也。拂或讀爲撥，分開。言以手撥水也。于省吾謂拂訓推，可通。馬宗霍讀拂爲拔，言游者入水，屈伸其足如踏弓，以手分水如張弓。馬說恐非。

（4）鳥飛反鄉，兔走歸窟，狐死首丘，寒將翔水，各哀其所生

高注：寒將，水鳥。哀，猶愛也。

按：寒將翔水，《文子·上德》作「寒螿得木」。《楚辭·九章·哀郢》：「鳥飛反故鄉兮，狐死必首丘。」《禮記·檀弓上》：「古之人有言曰：『狐死正丘首，仁也。』」《列女傳》卷 5：「夫鳥飛反鄉，狐死首丘，我其首晉而死。」《繆稱篇》：「夫子曰：『狐向丘而死，我其首禾乎！』」可知「鳥飛反鄉，狐死首丘」爲古成語。哀，《文子》作「依」。依，讀爲哀，猶愛也。《文子·上德》：「聖人偎陽，天下和同；偎陰，天下溺沉。」徐靈府注：「偎，音依。」舊註：「偎陽者，親忠賢，故和同。偎陰者，親姦佞，故沈溺。」《老子》第 31 章：「殺人眾，多以悲哀泣之。」馬王堆帛書甲本「哀」作「依」，郭店本作「恔」。又第 69 章：「故抗兵相加，哀者勝矣。」馬王堆帛書甲本亦作「哀」，乙本作「依」。《龍龕手鑑》：「恔，哀也。」《漢書·天文志》：「聚十五星曰哀烏郎位。」《晉書》、《隋書》「哀」作「依」。楊愼曰：「按：依亦音哀，白樂天詩：『坐依桃葉妓。』自注：『依音哀。』曹子建詩：『君懷良不開，賤妾當何依。』可證。」〔註5〕方以智曰：「哀烏

〔註2〕 並見王叔岷《莊子校詮》，中華書局 2007 年版，第 987～988 頁。
〔註3〕 馬其昶《莊子故》，黃山書社 1989 年版，第 178 頁。鍾泰《莊子發微》，上海古籍出版社 2002 年版，第 591 頁。
〔註4〕 高亨《莊子新箋》，收入《諸子新箋》，齊魯書社 1980 年版，第 111 頁。
〔註5〕 楊愼《升庵集》卷 74，收入景印文淵閣《四庫全書》第 1270 冊，臺灣商務印

即依烏……哀字作衣音，如優俙讀爲依稀。」〔註6〕何焯曰：「依、烏皆切，白詩中猶如此用。」〔註7〕白居易《歲除對酒》：「醉依香枕臥，慵傍煖爐眠。」自注：「依，烏皆切。」皆依、哀相通之證。《拔陂菩薩經》卷1：「得聞法數依墮淚。」宮本「依」作「悇」，《磧砂藏》本《音義》：「數悇，下正作悇，泣也。」《字彙》：「悇，同『哀』。」「依」、「悇」並讀爲「哀」，俗寫作「悇」。譚翠謂「依」、「悇」皆爲「悇」形誤〔註8〕，未達通借之誼。哀，悲感。各哀其所生，各愛其所生之處也。俞樾謂「哀」爲「依」借字，于大成申之，非也。《鹽鐵論·未通》：「樹木數徙則痿，蟲獸徙居則壞，故代馬依北風，飛鳥翔故巢，莫不哀其生。」即本此文。

（5）毋貽盲者鏡，毋與躄者履，毋賞越人章甫

高注：賞，遺也。

按：賞，讀爲餉、饟。《爾雅》：「饟，饋也。」《說文》：「餉，饟也。」又「饟，周人謂餉曰饟。」本指進食於人，引申之，則爲贈予義。《廣雅》：「餉，遺也。」此文賞、貽、與三字對舉同義。蔣禮鴻據《莊子·逍遙遊》「宋人資章甫而適諸越」，改「賞」爲「資」，讀爲齎，訓持遺，非也。《莊子》之「資」，當訓販賣，不當訓持遺。《釋文》：「李云：資，貨也。章甫，殷冠也。以冠爲貨。」趙宗乙謂「賞」由「賜」義引申爲「贈予、給與」義〔註9〕，未得。

（6）椎固百柄，不能自椓

按：百，一本作「有」。《文子·上德》作「椎固百內，而不能自椓」。王叔岷曰：「顧云：『椓字誤，《說林訓》作椓。』案：『百內』乃『有丙』之誤，《淮南子》作『有柄』，柄、丙，正、假字。景宋本椓作椓，與《淮南子》合。」〔註10〕

書館1986年初版，第737頁。

〔註6〕 方以智《通雅》卷11，收入《方以智全書》第1冊，上海古籍出版社1988年版，第434頁。

〔註7〕 何焯《義門讀書記》卷46，中華書局1987年版，第903頁。

〔註8〕 譚翠《〈磧砂藏〉隨函音義研究價值發微》，《古漢語研究》2011年第2期，第36～37頁。

〔註9〕 趙宗乙《淮南子札記》，黑龍江人出版社2009年版，第239頁。

〔註10〕 王叔岷《文子斠證》，收入《諸子斠證》，中華書局2007年版，第518頁。

（7）目見百步之外，不能自見其眦

　　按：此爲古成語。《文子・上德》亦有此語。于大成已引《韓子・喻老》：
　　　　「智如目也，能見百步之外，而不能自見其睫。」〔註11〕按《類聚》
　　　　卷 17 引《胡非子》：「目見百步之外，而不能見其眥。」〔註12〕眥、
　　　　眦，正、俗字。

（8）狗彘不擇甌甊而食，偷肥其體，而顧近其死

　　高注：偷，取也。顧，反也。

　　按：此爲古成語。《列女傳》卷 2：「犬彘不擇食，以肥其身，坐而須死
　　　　耳。」于大成指出語本《國策》「凡豕不擇食，故肥而死」。《戰國
　　　　策》無此文，于氏失檢。偷，《文子・上德》《纘義》本作「愈」，
　　　　明刊本作「俞」，並借字。于省吾、馬宗霍、王利器偷訓苟且〔註13〕，
　　　　是也。何寧謂偷讀爲愈，未得。《戰國策・燕策一》：「人之飢，所
　　　　以不食烏喙者，以爲雖偷充腹，而與死同患也。」「偷」字義同。《御
　　　　覽》卷 990 引《春秋後語》作「偷」，又卷 460 引《策》作「愈」，
　　　　《史記・蘇秦傳》亦作「愈」。《索隱》：「劉氏以愈猶暫，非也。按
　　　　謂飢人食烏頭，爲其暫愈飢而充腹，少時毒發而斃，亦與飢死同患
　　　　也。」劉氏愈訓暫，則亦讀爲偷，劉說是也。王念孫曰：「愈即偷
　　　　字也。鄭注《表記》曰：『偷，苟且也。』」〔註14〕岡白駒說同〔註
　　　　15〕。黃式三曰：「愈即偷字，薄也，暫也。」〔註16〕

（9）月照天下，蝕於詹諸

　　按：蝕，《爾雅翼》卷 30、《戰國策・趙策四》鮑注引作「食」。詹諸，《御
　　　　覽》卷 946、《記纂淵海》卷 59 引作「蟾蜍」，《御覽》卷 949 引作
　　　　「蟾諸」。

（10）騰蛇游霧，而殆於蝍蛆

〔註11〕《文選・爲齊明帝讓宣城郡公第一表》李善注引「睫」作「煩」。
〔註12〕《古今事文類聚》後集卷 19 引作《韓非子》。
〔註13〕王利器《文子疏義》，中華書局 2000 年版，第 278 頁。
〔註14〕王念孫《史記雜志》，收入《讀書雜志》，中國書店 1985 年版。
〔註15〕轉引自瀧川資言《史記會注考證》，北嶽文藝出版社 1999 年版，第 3458 頁。
〔註16〕轉引自諸祖耿《戰國策集注匯考》，鳳凰出版社 2008 年版，第 1516 頁。

高注：殆，猶畏也。

按：騰，《御覽》卷 946 引作「䐉」。殆，《御覽》卷 15 引作「困」。《莊子‧養生主》：「以有涯隨無涯，殆已。」郭象注：「以有限之性尋無極之知，安得而不困哉？」《釋文》引向秀曰：「殆已，病困之謂。」

（11）莫壽於殤子，而彭祖為夭矣

按：《莊子‧齊物論》：「天下莫大於秋毫之末，而太山為小；莫壽乎殤子，而彭祖為夭。」為此文所本。

（12）短綆不可以汲深，器小不可以盛大

按：《莊子‧至樂》：「褚小者不可以懷大，綆短者不可以汲深。」《荀子‧榮辱》：「故曰：『短綆不可以汲深井之泉，知不幾者不可與及聖人之言。』」為此文所本。《說苑‧政理》：「夫短綆不可以汲深井，知鮮不可以與聖人之言。」亦本之。王叔岷、何寧據《莊》乙作「綆短」，以求對文，殊無必要。

（13）聽於無聲，則得其所聞矣

高注：言皆易恤無聲，故得有聞。

按：恤，讀為侐。《說文》：「侐，靜也。」字或作䦶，《玉篇》：「䦶，清淨也，或作䦧。」字或作謐，《說文》：「謐，靜語也。」《書‧舜典》：「惟刑之恤哉！」《史記‧五帝本紀》引「恤」作「靜」，《集解》引徐廣曰：「今文云：『惟刑之謐哉。』《爾雅》曰：『謐，靜也。』」《索隱》：「案古文作『恤哉』，且今文是伏生口誦，郵、謐聲近，遂作謐也。」太史公作「靜」者，以訓詁字易之。易，平也。易恤，猶言平靜。

（14）至味不慊，至言不文，至樂不笑，至音不叫

高注：慊，快。叫，譟呼也。

按：此皆古成語。馬王堆帛書《稱》：「實穀不華，至言不飾，至樂不笑。」[註17]《列女傳》卷 3：「實穀不華，至言不飾。」《法言‧問明》：「良

〔註17〕馬王堆帛書《稱》，收入《馬王堆漢墓帛書〔壹〕》，文物出版社 1980 年版，第 82 頁。

玉不彫，美言不文。」〔註18〕《弘明集》卷 1 引漢・牟融《理惑論》「至味不合於眾口，大音不比於眾耳。」《後漢書・陳元傳》：「夫至音不合眾聽，故伯牙絕弦；至寶不同眾好，故卞和泣血。」慊，讀爲嗛。《說文》：「嗛，口有所銜也。」《玉篇》、《慧琳音義》卷 95 引正作嗛，《玉篇》釋云：「嗛，銜也。」《慧琳音義》引許注：「嗛，銜也。」並申釋云：「口有所銜食也。」食銜于口則有味，故引申訓快。朱駿聲謂嗛、慊訓快乃叚爲猒、厭〔註19〕，非也。劉台拱曰：「慊之訓本爲不足，而反之即爲快足，此義之反覆旁通，美惡不嫌同名者也。」〔註20〕劉氏以反訓說之，亦未得。

（15）是故所重者在外，則內為之掘

高注：所重謂金與玉。掘律，氣不安祥也。

按：掘，《呂氏春秋・去尤》同，陳昌齊據《莊子・達生》讀爲拙。高注解爲「掘律」，與《莊》不同。掘律，屈曲鬱結也。張雙棣以「律氣不安祥」爲「掘」之釋語，未得其讀。字或作「屈律」，唐人皮日休造黃巢讖：「欲知聖人姓，田八二十一；欲知聖人名，果頭三屈律。」「屈律」即指頭髮卷曲也。宋・陳振孫《直齋書錄解題》卷 16 解云：「賊疑讖己髮拳，遂見害。」解爲「髮拳（卷）」，是宋人猶知其義也。宋・曾慥《類說》卷 41 解云：「巢頭醜，掠髮不盡，疑三屈律之言爲讖也，遂及禍。」〔註 21〕掠髮不盡，蓋謂頭髮抹不平，亦卷曲之誼。音轉又爲「嵑礨」、「堀礨」、「嵑嵂」、「鬱礨」、「鬱嵂」、「鬱礨」、「掘礨」、「窟礨」，《集韻》：「礨，堀礨，不平貌。」又「嵂、礨：鬱嵂，不平貌，或省。」《史記・司馬相如傳》：「徑入靁室之砰磷鬱律兮，洞出鬼谷之嵑礨嵬礒。」《正義》：「張〔揖〕云：『嵑礨嵬礒，不平也。』」《漢書》作「堀礨」。又「邱墟嵑嵂，隱轔鬱嵂。」《正義》：「嵑嵂，皆堆礨不平貌。嵂，音律。郭云：『皆其形勢也。』」《漢書》作「邱虛堀礨，隱轔鬱嵂」。「嵑礨」、「堀礨」、「嵑嵂」即

〔註18〕《御覽》卷 390 引「美」作「至」。
〔註19〕朱駿聲《說文通訓定聲》，武漢市古籍書店 1983 年版，第 120～121 頁。
〔註20〕劉台拱《經傳小記》卷 2，收入《續修四庫全書》第 173 冊，上海古籍出版社 2002 年版，第 244 頁。
〔註21〕宋・錢易《南部新書》卷 4 同。

「鬱嶊（嶉）」、「鬱律」之音轉，賦家鋪排文勢，固不嫌於複沓也。《易林·大畜之噬嗑》：「東山西陵，高峻難升；滅夷掘壘，使道不通。」〔註22〕明·王翰《寄董仲倫》：「造物戲人眞窟壘，才名忌我太崔嵬。」音轉又爲「鬱律」、「鬱嵂」、「鬱嵂」，《文選·江賦》：「氣滃渤以霧杳，時鬱律其如煙。」李善注：「滃渤，霧出貌。鬱律，煙上貌。」李周翰注：「鬱律，黑盛貌。」又《西京賦》：「隱轔鬱律。」呂延濟注：「隱轔、鬱律，皆險曲貌。」又《長笛賦》：「充屈鬱律，瞋菌碨柍。」李善注：「皆衆聲鬱積競出之貌。」呂延濟注：「皆聲鬱結不散貌。」《後漢書·禮儀志》劉昭注引蔡質《漢儀》：「其上鬱嵂與天連。」《玉海》卷 159 引《洛陽宮閣疏》作「鬱律」〔註23〕。梁·江淹《扇上綵畫賦》：「山乃嶄巖鬱嵂。」鬱嵂，高峻貌，與「嶄巖」同義連文。胡之驥注：「鬱嵂，蔥蒨貌。」〔註24〕胡注非是。唐·李白《明堂賦》：「含佳氣之青蔥，吐祥煙之鬱嵂。」一本作「鬱律」。音轉又爲「郁捋」〔註25〕，《廣韻》捋音郎括切。《文選·笙賦》：「郁捋劫悟，泓宏融裔。」呂向注：「郁捋，聲屈申貌。」李善注：「郁捋，口循孔貌。」李注非也。音轉又爲「鬱嶵」、「甄嶵」、「宛崒」，

〔註22〕此據宋本、汲古本，《四部叢刊》所收影元刊殘本作「握櫐」。「握」爲「掘」形誤。

〔註23〕《水經注》卷 16《穀水》引《漢官典職》作「鬱然」，《類聚》卷 62 引作「鬱樸」，並誤。鬱律，言其山鬱結高大貌，故《水經注》下句云「是明峻極矣」。朱謀㙔、全祖望、沈炳巽、趙一清、王先謙、王國維、陳橋驛皆未能是正。熊會貞曰：「會貞按：鬱然，《類聚》卷 62 作『鬱樸』，《河南志》作『鬱律』。……此『鬱然』亦較『鬱樸』、『鬱律』爲勝。」熊氏説非是。朱謀㙔《水經注箋》，收入《四庫未收書輯刊》第 9 輯第 4 冊，北京出版社 2000 年版，第 693 頁。全祖望《全校水經注》，收入《四庫未收書輯刊》第 2 輯第 24 冊，第 188 頁。沈炳巽《水經注集釋訂訛》，收入景印文淵閣《四庫全書》第 574 冊，臺灣商務印書館 1986 年初版，第 306 頁。趙一清《水經注釋》，並收入《四庫全書》第 575 冊，第 291 頁。趙一清《水經注箋刊誤》亦未及之，收入《四庫全書》第 575 冊。王先謙《合校水經注》，光緒十八年思賢講舍刊本。王國維《水經注校》，上海人民出版社 1984 年版，第 541 頁。陳橋驛《水經注校釋》，杭州大學出版社 1999 年版，第 293 頁。陳橋驛《水經注校證》，中華書局 2007 年版，第 398 頁。楊守敬、熊會貞《水經注疏》，江蘇古籍出版社 1989 年版，第 1411～1412 頁。

〔註24〕胡之驥《江文通集彙注》，中華書局 1984 年版，第 67 頁

〔註25〕《集韻》「嘩」同「呀」，「篼」同「等」，是其比。《廣韻》碼、酹同音盧對切，亦其比。

《廣韻》黝、鬱同音紆物切。莊履豐、莊鼎鉉曰：「黝肆（羇）、宛
崒、鬱律，即鬱壘也。」〔註26〕倪濤亦謂「鬱壘」、「鬱律」、「黝肆」、
「宛崒」同，並云：「古文宛與鬱通。」〔註27〕音轉又爲「鬱壘」、「鬱
雷」、「鬱櫑」、「鬱樏」、「鬱儡」，門神之名。羅泌《路史》卷14：「鬱
律，《戰國策》作鬱雷，義同。」又卷40：「按《漢舊儀》引《山海
經》云：『神荼、鬱壘二神人，主執惡害之鬼，黃帝乃立桃人于門戶，
畫荼壘，與虎索以禦鬼。』其爲說蓋如此。獨《風俗通》作鬱律，《戰
國策》又作余與、鬱壘，厥義同也。故《集韻》中壘音爲律。蓋神
荼者，伸舒也；而鬱律者，苑結之謂也。周代多以荼爲舒，如公子
荼、夏后荼是也。《西京賦》云：『靁鬱律于岩突。』聲鬱屈也。沈
伴（休）文云：『鬱律構丹巘。』形鬱屈也。而黑深又爲鼟肆，王充
亦云『《禮》刻尊爲雷形，一出一入，爲相較之狀，蓋鬱律者，嵬巑
之類也。』……其引《山海經》『鬱壘』與《舊儀》同，惟《括地圖》
言二神曰鬱曰律，則失之矣。」〔註28〕楊愼說全本之〔註29〕。羅氏
所引《漢舊儀》引《山海經》「鬱壘」，《論衡・訂鬼》、《史記・五帝
本紀集解》、《通典》卷78引同，《後漢書・禮儀志》劉昭注引作「鬱
儡」，《齊民要術》卷10引《漢舊儀》作「鬱樏」。所引《風俗通》「鬱
律」，見《祀典篇》，今本作「鬱壘」。所引《戰國策》「余與、鬱壘」，
見《齊策三》高誘注，今本作「荼與、鬱雷」，高氏實暗引《山海經》
也。所引《西京賦》，實爲《漢書・揚雄傳》《甘泉賦》：「雷鬱律而
巖突兮，電倐忽於牆藩。」顏師古注：「鬱律，雷聲也。」羅氏誤記。
所引沈伴文語，當作「沈休文」，見沈約《遊鍾山詩》，《文選》呂向
注：「鬱律，直上貌。」所引王充語，見《論衡・雷虛》。所引《括
地圖》言二神曰鬱曰律，梁・宗懍《荊楚歲時記》、《事類賦注》卷4
引並「律」作「壘」，《野客叢書》卷20引作「樏」。王觀國曰：「樏、

〔註26〕莊履豐、莊鼎鉉《古音駢字續編》卷5，收入景印文淵閣《四庫全書》第228
　　　　冊，臺灣商務印書館1986年初版，第522頁。

〔註27〕倪濤《六藝之一錄》卷258《古文轉注》，收入景印文淵閣《四庫全書》第835
　　　　冊，臺灣商務印書館1986年初版，第508頁。

〔註28〕羅泌《路史》卷14、40，收入景印文淵閣《四庫全書》第383冊，臺灣商務
　　　　印書館1986年初版，第122、580頁。

〔註29〕楊愼《丹鉛續錄》卷4，又見《譚苑醍醐》卷6，並收入景印文淵閣《四庫全
　　　　書》第855冊，臺灣商務印書館1986年初版，第176、727頁。

壘二字通用之也。」〔註30〕《後漢書・禮儀志》:「設桃梗、鬱櫑。」
二門神名神荼、鬱壘者,其得名之由,羅泌解為「伸舒、苑結」,甚
為精審。方以智曰:「沈又作黲黷,古文作宛崔。智按:《演繁露》
曰:『東海度朔山大桃二神,一曰荼與,一曰鬱雷。』王枺作鬱櫃,
引《括地志》曰:『度朔桃二神,一名鬱,一名櫃。』鬱壘、屈律音
轉,隨人分合,隨人書名耳。唐人尚有屈律語,《紀事》曰:『田八
二十一,果頭三屈律。』言黃巢也。」〔註31〕音轉又為「結留」,《本
草綱目》卷 31 載「枳椇」一名「蜜樻橄」,一名「蜜屈律」,李時珍
曰:「枳椇,徐鍇註《說文》作樻橄,又作枳枸,皆屈曲不伸之意。
此樹多枝而曲,其子亦卷曲,故以名之……珍謂枅栱及俗稱鷄矩,
蜀人之稱桔枸、棘枸,滇人之稱鷄橘子,巴人之稱金鈎,廣人之稱
結留子,散見書記者,皆枳椇、鷄距之字,方音轉異耳。」重言則
為「鬱鬱纍纍」等形,亦苑結之義,狀憂思貌。《樂府詩集》卷 62
《悲歌》:「思念故鄉,鬱鬱纍纍。」《紺珠集》卷 8、《海錄碎事》卷
9 作「鬱鬱累累」,《風雅翼》卷 10 作「役役壘壘」。《文選・善哉行》:
「還望故鄉,鬱何壘壘。」「鬱何壘壘」是「鬱鬱壘壘」的變式,亦
苑結之義,狀憂思貌。與《悲歌》「思念故鄉,鬱鬱纍纍」之誼正同。
古今注家,皆未達厥誼。李善注引《廣雅》:「壘,重也。」李周翰
註:「壘壘,山重貌。」黃節曰:「鬱,積也。」〔註32〕余冠英曰:「『鬱
何』句指高山林木而言。『鬱鬱』是形容茂密的詞,這裏是重言而用
一字。『壘壘』是形容重疊。『何』是語助字,猶『啊』。」〔註33〕皆
非也。音轉又為「魁瘣」、「磈磊」、「傀儡」、「磈壘」、「磈礧」、「塊
礧」、「塊磊」、「魁壘」、「魁礧」、「魁櫑」、「魁落」、「塊壘」、「傀壘」,
《爾雅》:「柜遒木魁瘣。」郭注:「謂樹木叢生根枝節目盤結磈磊。」
《釋文》:「磈,本或作傀。磊,本或作儡。」《集韻》:「瘣,魁瘣,
木枝節盤結貌。」「瘣」、「累」同音路罪切。《山海經・北山經》:「其

〔註30〕 王觀國《學林》,中華書局 1988 年版,第 120 頁。

〔註31〕 方以智《通雅》卷 21,收入《方以智全書》第 1 冊,上海古籍出版社 1988
年版,第 718 頁。

〔註32〕 黃節《漢魏樂府風箋》,中華書局 2008 年版,第 200 頁。

〔註33〕 余冠英《漢魏六朝詩選》,人民文學出版社 1978 年版,第 100～101 頁;余冠
英《三曹詩選》說同,人民文學出版社 1979 年版,第 22 頁。

中多礧石。」郭璞注：「礧，音雷，或作壘。磈礧，大石貌。」《廣韻》：「磈，磈礧，石也。」《漢書·鮑宣傳》：「魁壘之士。」服虔曰：「魁壘，壯貌也。」《左傳·哀公二十七年》：「俘酅魁壘。」杜注：「酅魁壘，晉士。」其人名「魁壘」者，蓋以其形體壯大也。顧炎武曰：「近時人好以魁命名，亦取五魁之義。古人以魁命名者絕少，《左傳》有酅魁壘、盧蒲就魁，《呂氏春秋》齊王殺燕將張魁。」〔註34〕顧氏謂「酅魁壘」取五魁之義，非也。《楚辭·九思·憫上》：「魁壘擠摧兮常困辱。」王逸注：「魁壘，促迫也。壘，一作纍。」洪興祖補注：「壘、纍，並音磊。魁壘，盤結也。」《宋書·五行志》：「宋文帝元嘉二十九年十一月己卯朔，日始出，色赤如血，外生牙，塊礧不圓。」宋·劉弇《莆田雜詩》：「賴足樽中物，時將塊磊澆。」宋·石介《慶曆聖德頌》：「予早識琦琦，有奇骨，其器魁礧。」《東都事略》卷 113 作「魁楢」，《宋史·石介傳》作「魁落」。宋·宋庠《休日》：「枉是胸中無塊壘，可能皮裏有陽秋。」《大清一統志》卷 255：「傀儡山，數山高低相連若傀儡，故名。」倒言則作「壘塊」、「壘隗」、「磊磈」、「磊嵬」、「磊瑰」、「碟嵬」「壘磈」、「礧磈」、「磊塊」、「磊嵬」、「磊隗」、「碟魁」、「儡塊」，《六書故》：「磊，多石磊隗也。」又「嵬，磊嵬，高而不平貌，又作庩、隗。」《世說新語·賞譽》：「王右軍目陳玄伯壘塊有正骨。」《御覽》卷 375 引作「塊壘」。《世說新語·任誕》：「阮籍胷中壘塊，故須酒澆之。」《御覽》卷 845 引作「壘隗」，《古今事文類聚》續集卷 14、《錦繡萬花谷》前集卷 35 引作「磊磈」，《記纂淵海》卷 45 引作「壘磈」，《記纂淵海》卷 70 引作「礧磈」，韓愈《感春》宋·韓醇注引作「磊隗」。《南齊書·崔祖思傳》：「淮北義民桓磊磈於抱犢固與虜戰，大破之。」其人名「磊磈」者，當取笨壯之義。唐·韓愈《記夢》：「隆樓傑閣磊嵬高，天風飄飄吹我過。」宋·曾鞏《一鶚》：「歸來碟嵬載俎豆，快飲百甕行春醪。」宋·陳亮《謝教授墓碑銘》：「權奇磊瑰者，固於今世無所合。」宋·黃庭堅《省中烹茶懷子瞻用前韻》：「但恐次山胷磊隗，終便酒舫石魚湖。」宋·劉敞《和焦生石字韻》：「酌酒澆碟魁，

〔註34〕顧炎武《日知錄》卷 32，顧炎武《日知錄》（黃汝成集釋），嶽麓書社 1994 年版，第 1156 頁。

賦詩聽警策。」《唐才子傳》卷 7：「其胸次磊塊，詩酒能爲消破耳。」
清·李漁《奈何天·軟誆》：「只得借他酒杯，消我儡塊。」倒言又
作「礧磈」、「塈塊」、「膃脮」，《玉篇》：「磈，礧磈石。」《廣韻》：
「脮，膃脮。」又「塈，塈塊，土貌。」《集韻》：「磈，礧磈，山
貌，或作礨、塊、嵬。」又「膃，膃脮，腫貌。」魏·曹植《承露
盤銘》：「神石礧磈，洪基岳停。」唐·杜甫《三川觀水漲》：「枯查
卷拔樹，礧磈共充塞。」倒言又作「礫佹」、「壘硊」、「磔硊」、「磊
硊」，《集韻》「硊」同「磈」。《文選·魯靈光殿賦》：「層櫨磥垝以岌
峩，曲枅要紹而環句。」五臣本作「礫佹」〔註35〕。李周翰註：「磥
佹、岌峩，重危貌。」晉·成公綏《雲賦》：「上捷業以梁倚，下壘
硊而相薄。」梁·劉孝綽《酬陸長史倕》：「蒙籠乍一啓，磥硊無暫
平。」《劉子·韜光》：「分條布葉，輪囷磥硊。」《玉海》卷 158：「飛
梁虹指，層櫨磥垝。」明·王立道《苦熱行》：「桃笙紈扇氣不蘇，
冰盤磊硊疑有無。」音轉又爲「傀儡」、「傀僵」、「傀繻」、「魁櫑」、
「魁礨」、「魁僵」、「魁僵」，木偶戲也。敦煌寫卷 P.2717《碎金》：「弄
傀儡子：力外反，五每反。」《集韻》：「儡，傀儡，木偶戲，或作僵、
繻。」又「攂，魁攂，喪家之樂。」《類篇》：「僵，傀僵，木偶戲。」
《後漢書·五行志》劉昭注引《風俗通》：「時京師賓婚嘉會，皆作
魁櫑，酒酣之後，續以挽歌。魁櫑，喪家之樂；挽歌，執紼相偶和
之者……自靈帝崩後，京師壞滅，戶有兼屍蟲而相食。魁櫑、挽歌，
斯之效乎？」〔註36〕《事物紀原》卷 9 引《風俗通》作「魁櫑」。
宋·方大琮《與畫工黃本軒序》：「造物之生斯人也，吾意其甚勞而
不切。方其分布耳目鼻口也，不知若爲而耳，若爲而目，若爲而口
與鼻。目則引而長之，耳則翼而聳之，而其數皆偶。隆之而爲鼻，
方之而爲口，而其數皆奇，而鼻又居奇之偶。皮聯于膜，膜聯于肉，
肉附于骨，骨牽于筋絡運轉，有類傀僵，何爲者哉？」觀其描寫，
可得「傀僵」之仿佛。字或作「窟礨」、「窟礧」、「魁礧」、「塊儡」、
「窟磊」，《顏氏家訓·書證》：「或問：『俗名傀儡子爲郭禿，有故實
乎？』答曰：『《風俗通》云：「諸郭皆諱禿。」當是前代人有姓郭而

〔註35〕　《古今事文類聚》續集卷 5 引誤作「礧佹」。
〔註36〕　《搜神記》卷 6 同。

病禿者，滑稽戲調，故後人爲其象，呼爲郭禿，猶文康象庾亮耳。』」
《通典》卷 146：「窟礧子，亦曰魁礧子。」《雞肋編》卷下：「窟礧
子，亦云魁礧子……今字作塊儡子。」《樂書》卷 185：「窟礧子，亦
謂之魁礧子，又謂之傀儡子。」《文苑英華》卷 222 梁鍾有《窟磊子
人》詩：「刻木牽絲作老翁，雞皮鶴髮與眞同；須臾弄罷寂無事，還
似人生一世中。」「傀儡」用爲木偶戲名者，蓋喪家之樂之演變，當
亦取鬱結不平之誼。門神名作「鬱壘」，木偶名作「窟磊」，音轉而
爲「傀儡」。並聲之轉，義之變，其爲詞固同源也。常任俠謂「鬱壘」
與「傀儡」音近〔註37〕，廖奔亦指出「傀儡與鬱壘、畏壘、鬱律、
族壘，皆系一音之轉」〔註38〕，這都是正確的意見。康保成謂「傀
儡子郭禿是男根形象」，又謂「童與禿音義皆同……郭禿者，郭童也，
乃是一個年末弱冠的少年童子形象」〔註39〕，純爲臆說。「魁礧」本
爲喪家之樂，與男根何涉乎？「郭禿」疑「沐禿」、「𩮰禿」之音轉，
《廣韻》沐、𩮰並音莫卜切。《韻府群玉》卷 17：「𩮰禿，上音木。」
《釋名》：「沐禿也。沐者髮下垂，禿者無髮。皆無上貌之稱也。」
又「禿，無髮沐禿也。」《北史·楊愔傳》：「童謠曰：『白羊頭𩮰禿，
殺羺頭生角。』」〔註40〕胡文英曰：「案：𩮰禿，上音鹿，無毛貌。
吳諺謂頭無毛曰『光𩮰禿』。」〔註41〕今吳方言尚有「光𩮰禿」之語。
俗作「光鹿禿」，褚人獲《堅瓠集》乙集卷 4《嘲禿指》：「幼時曾聞
俚句云：『十指磊埠光鹿禿，有時爬背同轂轆。』」自注：「磊埠，音
雷堆。搔背爬名轂轆子。」〔註42〕褚氏長洲（今蘇州）人，所聞固
吳語也。蓋其木偶無髮，故又謂之「郭禿」，山西的部分地方稱傀儡
木偶郭禿爲「光骷髏」〔註43〕，正可印證。後世擬人化，呼爲「郭

〔註37〕 常任俠《饕餮終葵神荼鬱壘石敢當考》，《說文月刊》第 2 卷合刊，1941 年，
第 558 頁。
〔註38〕 廖奔《傀儡戲略史》，《民族藝術》1996 年第 4 期，第 88 頁。
〔註39〕 康保成《中國戲神再考（下）》，《中山大學學報》1999 年第 1 期，第 54～57
頁。
〔註40〕 《北齊書》誤作「尾禿」。
〔註41〕 胡文英《吳下方言考》卷 10，收入《續修四庫全書》第 195 冊，上海古籍出
版社 2002 年版，第 89 頁。
〔註42〕 褚人獲《堅瓠集》乙集，收入《續修四庫全書》第 1260 冊，上海古籍出版社
2002 年版，第 558 頁。
〔註43〕 參見墨遺萍《蒲劇史魂》，山西省文化局戲劇工作研究室編印，1983 年內部印

公」、「郭郎」〔註44〕。顏氏牽附爲「諸郭皆諱禿」，非是。陳志良謂
「(傀儡)是外來的語言，而不是我國原有的名稱」，日人鹽谷溫也
說「傀儡」是譯音，焦循《劇說》引明人于愼行《谷城山房筆麈》「又
有以手持其末，出之幃帳之上，則正謂之『窟礧子』矣」，以「窟」
指幃帳，三說皆不確，任半塘駁之曰：「《涪翁雜說》：『傀儡戲，木
偶人也。或曰：當書「魁櫑」，蓋象古之魁櫑之士，彷彿其言行也。』
……按之古門神稱『神荼鬱壘』，此義更覺明顯。蓋『魁壘』本義壯
醜，初象之於木人者大，仍曰『魁壘』，繼象之於木人者小，故加『子』
字，其得名之故甚明，皆我所自有，蓋非由外生成。」〔註45〕任氏
說得其誼矣，然謂「子」字狀其小則非是，「魁壘」狀木偶相貌，初
非形制大小也。「子」字用於形容詞詞素之後，構成名詞或名詞性短
語。於所不知，輒牽附爲外來語，中國文化，所存幾何？邢公畹曰：
「『傀儡』和『鬼』字同源。」〔註46〕康保成又謂「傀儡」、「骷髏」
一音之轉〔註47〕，蕭兵謂「郭郎」、「傀儡」音轉〔註48〕，劉琳琳引
《說文》「傀，偉也。儡，相敗也」說之〔註49〕，皆非也。若「郭公」
者，又何音之轉乎？不通故訓，不考文獻，郢書燕說，其有當乎！

（16）逐獸者目不見太山，嗜慾在外則明所蔽矣

按：劉家立《集證》本於「所」上補 「有」字，是也。《記纂淵海》卷

行，第 36 頁。

〔註44〕《酉陽雜俎》卷8：「(宋元素)右臂上刺葫蘆，上出人首，如傀儡戲郭公者。」
《樂府詩集》卷87《邯鄲郭公歌》解題引《樂府廣題》：「北齊後主高緯雅好
傀儡，謂之郭公，時人戲爲《郭公歌》。」《事物紀原》卷9「傀儡」條云：「《顏
氏家訓》云：『古有禿人姓郭，好諧謔。』今傀儡郭郎子是也。」

〔註45〕陳志良《中國的傀儡戲》，鹽谷溫《中國文學概論講話》，焦循《劇說》，並轉
引自任半塘《唐戲弄》上冊第2章《辨體》，上海古籍出版社1984年版，第
419～420頁。任氏所引《涪翁雜說》，宋‧黃庭堅著，見《說郛》卷19引，
又見黃庭堅《山谷別集》卷6《雜著‧論俗呼字》。

〔註46〕邢公畹《傀儡戲尋根》，《尋根》1995年第5期，第31頁。

〔註47〕康保成《補說〈骷髏幻戲圖〉——兼說「骷髏」、「傀儡」及其與佛教的關係》，
《學術研究》2003年第11期，第128頁。又見康氏《佛教與中國傀儡戲的發
展》，《民族藝術》2003年第3期，第59頁。

〔註48〕蕭兵《儺蠟之風》，江蘇人民出版社1992年版，第813頁。

〔註49〕劉琳琳《宋代傀儡戲研究》第1章第1節《傀儡與傀儡戲探源》，首都師範大
學2007年博士論文。

52、55 引正並有「有」字，今本脫。馬宗霍謂「所猶或也」，謂劉補非是，傎矣。

（17）不聾不聰，與神明通

按：《慎子‧君人》：「不聰不明不能王，不瞽不聾不能公。」爲此文所本。

（18）舞者舉節，坐者不期而拚皆如一，所極同也

按：于省吾、馬宗霍謂拚訓拊手，是也。《漢書‧揚雄傳》《解難》：「今夫弦者，高張急徽，追趨逐者，則坐者不期而附矣。」語意相同。附，讀爲拊。張震澤曰：「言……不約而來坐聽。」〔註50〕鄭文曰：「附，隨從。」〔註51〕皆未得。

（19）人莫欲學御龍，而皆欲學御馬；莫欲學治鬼，而皆欲學治人，急所用也

按：《鹽鐵論‧論功》：「故無補於用者，君子不爲；無益於治者，君子不由。」《金樓子‧立言篇下》：「世莫學馭龍而學馭馬，莫學治鬼而學治人，先其急脩也。」皆本此文。「脩」當作「備」，字之誤也。《脩務篇》：「遂爲天下備。」高注：「備，猶用也。」

（20）解門以爲薪，塞井以爲臼，人之從事，或時相似

按：下二句《御覽》卷 762 引作「雖用小，而所喪大矣」，《事類賦注》卷 8 引作「雖有小利，而所喪大矣」。解，鋸也。《方言》卷 13：「劙，解也。」考《廣韻》：「劙，解木。」是劙訓解，即指鋸木也。解之訓鋸，蓋漢代俗語，後世沿用之不絕。《世說‧賞譽篇》劉孝標注：「言談之流，靡靡如解木出屑也。」《晉書》卷 49 作「吐佳言如鋸木屑，霏霏不絕」。《御覽》卷 421 引《續齊諧記》：「不復解樹。」晉‧嵇含《南方草木狀》卷中：「木性如竹，紫黑色，有文理，工人解之以製奕枰。」《修行道地經》卷 3：「以鋸解之，從頭至足令百千段，譬如木工解諸板材。」《太平廣記》卷 242 引《紀聞》：「（張）藏用方怒解木匠。」俗字作界、戒，亦作鐕、剠、鐭〔註52〕。明《天

〔註50〕 張震澤《揚雄集校注》，上海古籍出版社 1993 年版，第 204 頁。
〔註51〕 鄭文《揚雄文集箋注》，巴蜀書社 2000 年版，第 222 頁。
〔註52〕 另參見蕭旭《敦煌變文校補（一）》，收入《群書校補》，廣陵書社 2011 年版，

界覺浪盛禪師語錄》卷 1：「鋸鐝秤錘，易決擇生死，難石上栽花。」

（21）昌羊去蚤虱而來蛉窮

高注：昌羊，昌蒲。蛉窮，蟁蜹，入耳之蟲也。

按：《泰族篇》：「昌羊去蚤虱而人弗席者，爲其來蛉窮也。」《御覽》卷
951 引作「昌羊去蚤虱而人弗席者，爲其來蛉窮也」，又引高誘注：「蛉
窮，幽冀謂之蜻蚳，入耳之蟲。蜻音育。」吳承仕謂《御覽》所引
爲此文，失檢。蛉，梁玉繩、于大成據《泰族篇》校爲「蛉」，是。
注「蟁蜹」，傅山、于大成、張雙棣校爲「蚰蜒」〔註53〕，吳承仕校
爲「蜻蚳」。吳說非也。《爾雅翼》卷 24 引此文正作「蛉窮」，注正
作「蛉窮，蚰蜒，入耳之蟲」。《龍筋鳳髓判》卷 1「菖蒲去蚤蝨而蚰
蜒竟來」明·劉允鵬注引同。「蛉窮」之習性及得名之由，明人馮時
可《雨航雜錄》卷下有說，馮氏云：「蛉窮，即蜒蚰也，聞人髮脂油
香，則入人耳及諸竅中。昌陽香酷，能召是物，故《淮南子》以爲
喻。是物好濡雨，升高則焦死，故曰蛉窮，一曰陵窮。乘陵則窮也。
《宋史》，小人居高位者，亦目蛉窮。」

（22）狡兔得而獵犬烹，高鳥盡而強弩藏

按：此古成語。《韓子·內儲說下》：「狡兔盡則良犬烹，敵國滅則謀臣亡。」
《文子·上德》：「狡兔得而獵犬烹，高鳥盡而良弓藏。」《史記·淮
陰侯傳》：「狡兔死，良狗亨；高鳥盡，良弓藏；敵國破，謀臣亡。」
又《越王勾踐世家》：「蜚鳥盡，良弓藏；狡兔死，走狗烹。」〔註54〕
《論衡·定賢》：「高鳥死，良弓藏；狡兔得，良犬烹。」《漢紀》卷
3：「語曰：『野禽殫，走狗烹：飛鳥盡，良弓藏；敵國滅，謀臣亡。」
《吳越春秋·勾踐伐吳外傳》：「高鳥已散，良弓將藏；狡兔已盡，
良犬就烹。」《黃石公三略》卷中：「高鳥死，良弓藏；敵國滅，謀
臣亡。」得，亦盡也〔註55〕。《晉書·劉牢之傳》：「鄙語有之：『高

第 1180～1181 頁。

〔註53〕傅山《讀子二·淮南存雋》，收入《霜紅龕集》卷 33，《續修四庫全書》第 1395
冊，上海古籍出版社 2002 年版，第 672 頁。

〔註54〕《論衡·骨相》「蜚」作「飛」。

〔註55〕訓見徐仁甫《廣釋詞》，四川人民出版社 1981 年版，第 285 頁。然舉例多不
確，蕭旭《古書虛詞旁釋》有補證，廣陵書社 2007 年版，第 195 頁。

鳥盡，良弓藏；狡兔殫，獵犬烹。』」《抱朴子外篇‧知止》：「狡兔
訖則知獵犬之不用，高鳥盡則覺良弓之將棄。」殫、訖，亦盡也。《類
聚》卷 60 引《文子》「盡」作「得」，《宋書‧樂志三》魏文帝《煌
煌京洛行》：「淮陰五刑，鳥得弓藏。」文帝以「得」字易《淮陰侯
傳》之「盡」字，皆為確證。

（23）蚉與驥致千里而不飛，無糗糧之資而不饑

按：與，《文子‧上德》同，《事類賦注》卷 30「蚉飛附驥」條引作「附」，
《四庫》本《御覽》卷 945 引同〔註56〕。考《文選‧四子講德論》：
「附驥尾則涉千里，攀鴻翮則翔四海。」李善注引《文子》為證，
是作「附」者，據《文選》改也。糗，《文子》作「裹」。

（24）鬻棺者欲民之疾病也，畜粟者欲歲之荒饑也

按：《金樓子‧雜記篇上》：「鬻棺者欲民之死，蓄穀者欲歲之饑。」即本
此文。劉文典據《御覽》卷 551、840 引，謂「病」作「疫」義長；
楊樹達舉《漢書‧刑法志》「諺曰：『鬻棺者欲歲之疫。』」以證之。
按日本舊鈔本古類書《秘府略》卷 864 引亦作「疾疫」，《記纂淵海》
卷 47 引同今本作「疾病」，則誤自宋代也。

（25）河水之深，其壞在山

按：此亦古成語。《文子‧上德》：「河水深，其壞在山。」又「河水深，
壞在山。」《說苑‧說叢》：「河水崩，其懷在山。」「崩」當作「深」，
「懷」當作「壞」，並字之誤也〔註57〕。

（26）鈞之縞也，一端以為冠，一端以為綐，冠則戴致（歧）之，
綐則躡履之

按：鈞，《御覽》卷 819 引同，《文子‧上德》作「鈞」，《御覽》卷 697
引《文子》作「均」。王叔岷曰：「顧云：『鈞字誤，《說林訓》作鈞。』
案：顧說是也，鈞與均同。」〔註58〕王利器曰：「朱弁本作絲。『絲』、
『鈞』、『均』俱誤字也。道藏本《通玄真經纘義釋音》卷 6：『鈞，

〔註56〕景宋本引作「與」。
〔註57〕參見左松超《說苑集證》，「國立」編譯館 2001 年版，第 995 頁。
〔註58〕王叔岷《文子斠證》，收入《諸子斠證》，中華書局 2007 年版，第 518 頁。

音藥，絲麻之屬也。』與景宋本、景刻宋本、道藏本所載舊音合。《說文》：『䋤，白䋤，縞也。』『䋤』字古書罕見，唯《文子》此文用之，而《淮南子》襲用《文子》，則又誤爲『鈞』矣。高誘無注，蓋未達也。」〔註59〕王叔岷說是，王利器非也。鈞之，猶今言「都是」、「同樣是」。《國語・晉語一》：「鈞之死也，無必假手於武王。」韋注：「鈞，同也。假，借也。」又《晉語六》：「鈞之死，不若聽君之命。」韋注：「鈞，等也。」《戰國策・魏策三》：「鈞之出地以爲和於秦也，豈若由楚乎？」皆其例也，不勝枚舉。句言同樣是縞，有的作冠，有的作袜，冠則戴於頭，袜則履於足。袜，《文子》同，《御覽》卷819引此文作「絑」，又卷697引《文子》作「韤」。傅山曰：「絑，即韤字，亦作靺、韎、袜、帓。」〔註60〕楊樹達謂「絑」爲「韤」或體，引《說文》「韤，足衣也」。二氏說是也。袜字或作韤、襪、韈、靺、韎、袜、帓，見《集韻》。《書鈔》卷136、《御覽》卷697引《說文》並作「韤，足衣也」。字亦作幧、縺，《玄應音義》卷 5：「鞵韤：下古文作韤，今作襪。又作怵、韎二形，同。足衣也。經文從巾作幧。」「古文作韤」之「韤」，當作「韤」；「怵」當作「帓」，字之誤也。徐時儀並失校〔註61〕。《玉篇》：「縺，細縺也。」《慧琳音義》卷 35：「韤等：或作靺，亦作韎、袜、作襪，又懱（幧），古字也。」〔註 62〕《釋名》：「襪，末也，在腳末也。」磧砂大藏經本《玄應音義》卷 14 引作「袜，末也，在腳末也」〔註63〕，《慧琳音義》卷59引作「袜，末也，〔在〕腳末也」，《御覽》卷697引作「韤，末〔也〕，在腳〔末〕也」。《慧琳》、《御覽》各有脫文。盧文弨校「末也」爲「襪也」，張步瀛校作「在腳也」，刪去「末」字〔註64〕，並非是。《釋名》本以聲爲訓，故以「末」訓「襪」，說明「襪」在腳之末端也。聲符又作「蔑」者，「蔑」、「末」

〔註59〕王利器《文子疏義》，中華書局 2000 年版，第 279 頁。
〔註60〕傅山《讀子二・淮南存雋》，收入《霜紅龕集》卷 33，《續修四庫全書》第 1395 冊，上海古籍出版社 2002 年版，第 672 頁。
〔註61〕徐時儀《一切經音義三種校本合刊》，上海古籍出版社 2008 年版，第 114 頁。
〔註62〕徐時儀曰：「懱，據文義當作幧。」徐時儀《一切經音義三種校本合刊》，上海古籍出版社 2008 年版，第 1133 頁。
〔註63〕高麗本未引，蓋脫。
〔註64〕並見任繼昉《釋名匯校》，齊魯書社 2006 年版，第 274～275 頁。

聲之轉也。蓋足衣之爲物，或以皮革製成，故字之義符或從韋或從
革或從皮；又或以絲帛爲材質，故字之義符或從糸或從巾或從衣。
《淮南子》既云以縞爲之，其字固當從糸作「絑」也。「絑」爲「絑」
形誤。

（27）金勝木者，非以一刀殘秫（林）也；土勝水者，非以一墣塞
江也

　　按：墣，景宋本作「璞」。《御覽》卷 37、346 引有注：「墣，塊也。」
　　　　又卷 952 引「墣」作「璞」，有注：「璞，音朴，土塊也」。陶方琦
　　　　失引卷 952。「璞」爲「墣」形誤。《文子・上德》：「金之勢勝木，
　　　　一刃不能殘一林；土之勢勝水，一掬不能塞江河。」《長短經》卷 8
　　　　引古語曰：「土性勝水，掬壤不可以塞河；金性勝木，寸刃不可以
　　　　殘林。」

（28）幾易助也，濕易雨也

　　高注：幾，近也。

　　按：此古成語。《越絕書・外傳本事》：「濕易雨，饑易助。」幾，讀爲饑，
　　　　饑亦借字。《逸周書・商誓解》：「幾、耿、肅、執，乃殷之舊。」朱
　　　　右曾曰：「《左傳》殷民七族有饑氏，六族有蕭氏。幾即饑，肅即蕭
　　　　也。《路史・國名紀》相州有幾城。」〔註65〕是其比。高注幾訓近，
　　　　誤。《文子・上德》亦作借字「幾」。顧廣圻曰：「吳君高《越紐錄》
　　　　云：『濕易雨，饑易助。』是幾當作饑。」不必以誤字說之也，《越
　　　　紐錄》當即本於《越絕書》。

（29）設鼠者機動，釣魚者泛杭，任動者車鳴也

　　高注：動，發。發則得鼠。泛，釣浮。杭，動。動則得魚。

　　按：設，于鬯疑「投」字誤，于大成引《御覽》卷 911 引《淮南萬畢術》
　　　　正作「投」以證之，是也。蔣禮鴻訓誘致，非是。投鼠，猶言射鼠。
　　　　射鼠之器，古人謂之梧斗。《說文》：「梧，梧斗，可射鼠。」《玉篇》：

〔註65〕　朱右曾《周書集訓校釋》，收入《續修四庫全書》第 301 冊，上海古籍出版社
　　　　2002 年版，第 140 頁。

「梱，梱斗，可以射鼠也。」杭，《御覽》引作「抗」，古字通。《方言》卷 7：「抗，縣也。自山之東西曰抗。」泛，指釣浮，今吳語謂之魚浮子。言釣魚者魚浮子縣（懸）於水中也。高注杭訓動，非也。王念孫謂「抗」當作「抌」，改字以就高注，亦非是。劉殿爵亦以用韻的角度駁王說，謂「動，東部字。杭、鳴，陽部字。此文東、陽合韻，改杭作抌則失韻矣」〔註66〕，是也。

（30）冬有雷電，夏有霜雪，然而寒暑之勢不易，小變不足以防大節

按：防，景宋本作「妨」。防讀爲妨。明活字本《晏子春秋・內篇諫上》：「內以刑罰自防者，勸乎爲非。」漢簡本「防」作「妨」，是其比。下文「鳥不干防者，雖近弗射」，亦用借字。

（31）牛蹄、鼷顱亦骨也，而世弗灼

按：蹄，《事類賦注》卷 28 引同，《御覽》卷 931 引作「騎」。《龍龕手鑑》：「騎、俗。騠，正。」「騎」、「騠」並爲「蹄」借字，俗或作蹄。

（32）近敖倉者不爲之多飯，臨江河者不爲之多飲，其滿腹而已

按：其，一本作「期」，《御覽》卷 190 引亦作「期」。于大成讀「其」爲期，是。張雙棣謂「其」爲語助，不當作「期」，其說非也。

（33）蘭芝（芷）以芳，未嘗見霜

按：未嘗，《文子・上德》作「不得」。得，猶曾也、嘗也〔註67〕。

（34）鼓造辟兵，壽盡五月之望

高注：鼓造，蓋謂梟。一曰蝦蟆。今世人五月望作梟羹，亦作蝦蟆羹，言物不當爲用。

按：注語，《御覽》卷 861 引作高注，《爾雅翼》卷 16 引作許注。鼓造，

〔註66〕 劉殿爵《讀淮南鴻烈札記》，香港《聯合書院學報》第 6 期，1967 年出版，第 180 頁。「東、陽旁轉」例證參見蕭旭《漢譯佛經語詞語源例考》，《東亞文獻研究》第 11 輯，2013 年出版，第 73～75 頁。
〔註67〕 參見蕭旭《古書虛詞旁釋》，廣陵書社 2007 年版，第 198 頁。

《文子‧上德》作「蟾蜍」，與高注「一曰蝦蟆」說相合。鼓造，莊
逵吉謂即「鼃黽」，孫志祖謂即「屈造」，朱起鳳謂即「鼃鼀」、「鼃鼀」、
「屈造」，朱氏曰：「《集韻》鼀讀口舉切，故叚作鼓字；《唐韻》則
讀七宿切，音蹴，故又叚作屈字。鼀從酋聲，轉入聲即為戚……古
又通造。……《文子‧上德》：『蟾蜍辟兵，壽在五月之望。』註：『案
《萬畢術》：「蟾蜍五月中殺，塗五兵，入軍陣而不傷。」』據此知《淮
南》之『鼓造』，即《文子》之『蟾蜍』，有異名，無異物也。」〔註
68〕于大成、何寧亦引《文子》舊注以證「一曰」之說。皆是也。《大
戴禮記‧夏小正》：「四月……鳴蜮。」傳：「鳴蜮，蜮鳴也。或曰：
屈造之屬也。」「蜮」同「蟈」，即指蝦蟆之屬。《抱朴子內篇‧僊藥》：
「肉芝者，謂萬歲蟾蜍，頭上有角，頷下有丹書八字體（再）重，
以五月五日中時取之，陰乾百日，以其左足畫地，即為流水，帶其
左手於身，辟五兵，若敵人射己者，弓弩矢皆反還自向也。」〔註 69〕
王利器舉以證辟兵之說〔註 70〕，亦是。《抱朴子內篇‧雜應》：「或問
辟五兵之道……或以月蝕時刻，三千歲蟾蜍喉下有八字者血以書所
持之刃劍，或帶武威符熒火丸，或交鋒刃之際，乘魁履剄，呼四方
之長，亦有明效。」此亦「蟾蜍」辟兵之說，諸家未及，故引之。
陳直曰：「鼓造辟兵，謂鼓鑄帶鉤也。」〔註 71〕已為何寧所駁。

（35）聾者不歌，無以自樂；盲者不觀，無以接物

按：二句《御覽》卷 740 引作《尹文子》，此文本之。

（36）使但吹竽，使氏厭竅

高注：但，古不知吹人。但，讀燕言鉏同也。

按：《文子‧上德》作「使倡吹竽，使工捻竅」。王念孫曰：「高讀與燕
言鉏同，則其字當從且，不當從且。《說文》：『伹，拙也。』《玉篇》

〔註 68〕朱起鳳《辭通》，上海古籍出版社 1982 年版，第 1067 頁。

〔註 69〕《類聚》卷 4、98、《御覽》卷 31、949、《事類賦注》卷 4、《太平廣記》卷
473 引「體」作「再」。「帶其左手於身，辟五兵」句不通，《意林》卷 4 引作
「帶之左手，則辟兵」。

〔註 70〕王利器《文子疏義》，中華書局 2000 年版，第 281 頁。

〔註 71〕陳直《讀子日札‧淮南子》，收入《摹廬叢著七種》，齊魯書社 1981 年版，第
109～110 頁。

引《廣雅》云：『伹，鈍也。』（今本《廣雅》伹誤作但）《廣韻》：
『伹，拙人也。』意與高注『不知吹人』相近……但爲伹之誤也。
氏當爲工。厭與擪同，一指按也……捻與厭同義。」王氏厭讀擪，
又校「但」、「氏」爲「伹」、「工」，並是也，陶方琦亦云：「《說文》：
『伹，拙也。』即《說山訓》『使伹吹竽』文，今本作『但』，譌文。」
〔註72〕《六書故》：「伹，似魚切，《說文》曰：『拙也。』《淮南子》
曰：『使伹吹竽。』按今俗亦以拙鈍爲伹。」戴氏所見正作「伹」
字。今本《廣雅》「伹」誤作「伹」，《集韻》、《類篇》引《廣雅》
亦並作「伹」。宋·毛居正《六經正誤》卷6《春秋左氏傳正誤》：「至
於伹臨，伹作但，誤。」〔註73〕皆「伹」、「但」相譌之例。然戴
氏、王氏謂「伹」訓拙鈍，猶未得其誼。《文子》舊注：「倡，樂人
也。工，製器人也。」「工」非工巧之義，則此文「伹」亦非拙鈍
之誼。伹，高注讀鉏音，當借爲姐，女伎也，故《文子》易作「倡」
字也。《文選·與魏文帝牋》：「自左驥史妠，謇姐名倡。」李善注：
「謇姐，蓋亦當時之樂人。《說文》曰：『嬧，字或作姐。』古字假
借也。姐，子也切。」宋·吳曾《能改齋漫錄》卷2「婦女稱姐」
條云：「婦女以姐爲稱。……按魏繁欽《與文帝牋》……以是知婦
之稱姐，漢、魏已然矣。」俞樾謂「伹」爲「倡」之誤，雖得其義，
未得其字。王利器謂「高注伹讀燕言鉏，非是」，引陳遵默、吳梅、
章太炎等說，謂「伹」同「姐」，即後世戲曲中之「旦」字〔註74〕，
亦非也。上舉《文選》「謇姐名倡」，王利器引《文選集注》作「姐」
以證其「旦」字說，亦非也。李善注指出「姐，子也切」，《集注》
本引《說文》「子庶反」，引李注「子也反」，又引《音決》「蕭子也
反，曹子預反」〔註75〕，王利器亦云「注家以『子庶』、『子也』、『子
預』音之，則其字從且非從旦也」，則《文選》原本當從且作「姐」，

〔註72〕陶方琦《許君〈說文〉多采用〈淮南〉說》，收入《漢學室文鈔二》，《清經解
　　　續編》，鳳凰出版社2005年版，第7146頁。

〔註73〕毛居正《六經正誤》，收入景印文淵閣《四庫全書》第183冊，臺灣商務印書
　　　館1986年初版，第532頁。

〔註74〕王利器《文子疏義》，中華書局2000年版，第282～284頁。

〔註75〕《唐鈔文選集注彙存》第2冊，上海古籍出版社2000年版，第457～458頁。
　　　唐鈔本注文之「嬧」作「嬧」，亦誤從「旦」。

而非從且作「姐」字，明矣。宋・吳曾《能改齋漫錄》卷 2 所引，亦正從且作「姐」字。唐鈔本作「姐」，誤也。高注「不知吹人」者，言不知名之吹人，失其名也。王念孫誤以爲「不知吹之人」，故云意與拙鈍相近。高注「但讀燕言鉏」者，《字彙補》：「但，於店切。」《康熙字典》：「但，又音燕。」皆誤以爲「但」音燕。王引之《字典考證》指出：「謹按《淮南子》注『但，讀燕言鉏同也』，謂讀如燕人之言鉏，非讀爲燕也。」〔註 76〕《中華大字典》、《大漢和辭典》、《中文大辭典》、新舊二版《漢語大字典》、《漢語大詞典》皆從《字彙補》及《康熙字典》之誤說〔註 77〕，亟當訂正。朱駿聲以「但」爲「託名幖識字」〔註 78〕，即人名用字，亦非。胡文英《吳下方言考凡例》：「字書愈久愈繁失，如『但民』見《淮南子》『使但吹竽，使氏厭竅』，後世乃作『蜑』，柳柳州又作『蛋』字。」〔註 79〕舊版《辭源》：「但，種族名，與『蜑』通。」即本胡氏說。饒宗頤引列王念孫、俞樾二說，未作按斷，而駁一說云：「論者以『但』同音，說爲『蜑』字，實不可從。」〔註 80〕所駁則是也。

（37）與死者同病，難為良醫；與亡國同道，難與為謀

按：此古成語。《御覽》卷 738 引《尹子》：「與死者同病，難爲良醫；與亡國同道，不可爲謀。」《韓子・孤憤》：「與死人同病者，不可生也；與亡國同事者，不可存也。」〔註 81〕《文子・上德》：「與死同病者，

〔註 76〕 王引之《字典考證》，道光愛日堂藏版。

〔註 77〕 吳任臣《字彙補》，收入《續修四庫全書》第 233 冊，上海古籍出版社 1996 年版，第 464 頁。《康熙字典》，收入景印文淵閣《四庫全書》第 229 冊，臺灣商務印書館 1986 年版，第 91 頁。《中華大字典》，中華書局 1978 年版，第 42 頁。諸橋轍次《大漢和辭典》（修訂本），大修館書店昭和 61 年版，第 685 頁。《中文大辭典》，華岡出版有限公司出版 1979 年版，第 912 頁。《漢語大字典》（縮印本），湖北辭書出版社、四川辭書出版社 1992 年版，第 133 頁。《漢語大字典》（第二版），崇文書局、四川辭書出版社 2010 年版，第 166 頁。《漢語大詞典》（縮印本），漢語大詞典出版社 1997 年版，第 525 頁。

〔註 78〕 朱駿聲《說文通訓定聲》，武漢市古籍書店 1983 年版，第 738 頁。

〔註 79〕 胡文英《吳下方言考》，乾隆四十八年留芝堂刻本，收入《續修四庫全書》第 195 冊，上海古籍出版社 2002 年版，第 4 頁。

〔註 80〕 饒宗頤《說「蜑」》，（香港）《聯合書院學報》第 5 期，第 181 頁。

〔註 81〕 事，《潛夫論・思賢》、《長短經・是非》引作「行」，《晉書・段灼傳》引作「法」。

難爲良醫；與亡國同道者，不可爲忠謀。」又《微明》：「疾之將死者，不可爲良醫；國之將亡者，不可爲忠謀。」《說苑·權謀》：「病之將死也，不可爲良醫；國之將亡也，不可爲計謀。」皆可互證（以上于大成已及）。《備急千金要方》卷89：「與死人同狀者，不可爲醫；與亡國同政者，不可爲謀。」亦爲引古語。難，猶言不可〔註82〕。

（38）乳狗之噬虎也，伏雞之搏狸也，恩之所加，不量其力

按：乳狗，《文子·上德》作「乳犬」。楊樹達舉《荀子·榮辱》「乳彘觸虎，乳狗不遠遊，不忘其親也」以證之。二文「乳狗」所指不同，此文謂母狗，《荀》文謂小狗，劉殿爵已辨之〔註83〕。此亦古成語。《吳子·圖國》：「譬猶伏雞之搏狸，乳犬之犯虎，雖有鬭心，隨之死矣。」《類聚》卷91引《莊子》：「嫗雞搏狸。」《列女傳》卷5：「夫慈故能愛，乳狗搏虎，伏雞搏狸，恩出于中心也。」王照圓曰：「乳者乳哺之也。伏之言抱也。搏，擊也。皆恐傷其子。」〔註84〕《公羊傳·莊公十二年》何休注：「猶乳犬攫虎，伏雞搏狸，精誠之至也。」《釋文》：「攫，一本作搏。」《易林·謙之賁》：「抱雞搏虎，誰敢害者？」又《旅之夬》：「抱雞搏虎，誰肯爲娛？」後蜀·何光遠《鑒誡錄》卷3：「抱雞搏狸，不由人教；乳犬敵虎，自是物情。」《越絕書·敘外傳記》：「乳狗哺虎，不計禍福。」「哺」當作「捕」，讀爲「搏」。言乳狗搏虎，愛護其子，而不計自身之禍福也。李步嘉曰：「其典無考。乳狗，母狗也。哺虎，餵養虎子也。蓋虎子成年後當反噬其乳狗。」〔註85〕未得厥誼。張仲清不得其解，遂云：「此二句與上下文義不貫，疑爲衍文。」〔註86〕于所不知，闕疑可也，率意妄改妄刪，甚不足取。伏，讀爲孚，音轉作抱，已詳《原道篇》「羽者嫗伏」條校補。《莊子》佚文作「嫗雞」，義同。《埤雅》卷6：「《易》曰巽爲雞，兌見而巽伏，故爲雞。雞知時而善伏故也……又曰：伏

〔註82〕參見劉淇《助字辨略》，中華書局1954年版，第66頁。

〔註83〕劉殿爵《讀淮南鴻烈札記》，香港《聯合書院學報》第6期，1967年出版，第180頁。

〔註84〕王照圓《列女傳補注》，收入《續修四庫全書》第515冊，上海古籍出版社2002年版，第712頁。

〔註85〕李步嘉《越絕書校釋》，武漢大學出版社1992年版，第351頁。

〔註86〕張仲清《越絕書校注》，國家圖書館出版社2009年版，第362頁。

雞日抱其卵，伏而未孚，始化之時謂之涅。」前一說未得「伏」字
之誼。

（39）情泄者中易測

高注：不閉其情欲，發泄於外，故其中心〔易〕測度知也。

按：《文子・上德》作「精泄者中易殘」，舊註：「精華發於內，而枝榦凋
於外也。」情，讀為精。測，讀為賊。《說文》：「殘，賊也。賊，敗
也。」即傷害之義。中，身也。《禮記・檀弓下》：「文子其中退然如
不勝衣。」鄭注：「中，身也。」此言精泄，則身體易受傷害也。高
注未得。

（40）出林者不得直道，行險者不得履繩

按：呂傳元據《文子・上德》，謂「出」當作「步」，于大成從之。何寧
謂「出」字義可通，本書文凡三見，皆作「出」（另二處見《繆稱篇》、
《泰族篇》）。何說是也。《金樓子・雜記篇上》：「出林不得直道，行
險不得履繩。」是蕭氏所見，亦作「出」字。

（41）畫者謹毛而失貌，射者儀小而遺大

按：張雙棣指出語本《呂氏春秋・處方篇》「今夫射者，儀毫而失牆；畫
者儀髮而易貌」。按《文心雕龍・附會》：「夫畫者謹髮而易貌，射者
儀毫而失墻。」亦本之。

（42）王子慶忌足躡麋鹿，手搏兕虎

按：搏，《御覽》卷 932 引作「縛」。「搏」字是，《繆稱篇》：「中行繆伯
手搏虎而不能生也。」《御覽》卷 386 引《子思子》：「中行穆伯手捕虎。」「捕」
讀為「搏」。搏虎，古謂之「暴虎」，《爾雅》：「暴虎，徒搏。」

（43）行一棊不足以見智，彈一弦不足以見悲

按：《意林》卷 2 引脫「行」、「彈」二字。《御覽》卷 753 引「棊」作「碁」。
《集韻》：「棊，或作碁，通作棋。」《文子・上德》下「見」作「為」。

（44）三寸之管而無當，天下弗能滿

高注：當，猶底也。

按：《晏子春秋・諫下》「寸之管無當，天下不能足之以粟。」《韓子・飭令》：「三寸之管毋當，不可滿也。」于大成、張雙棣指出二文為此文所本。此蓋古成語。《文子・上德》亦有此語。《商子・靳令》：「四寸之管無當，必不滿也。」

（45）以篙測江，篙終而以水為測，惑矣

高注：以篙渡江，篙沒，因以江水為盡，故曰惑也。

按：《記纂淵海》卷 42 引下「測」字誤作「淺」。《玄應音義》卷 15 引許叔重曰：「篙，謂刺船竹，長二丈，以鐵為鏃者也。」《慧琳音義》卷 61 引許注作「篙謂刺船竹也，長二丈，或用木作」。

（46）漁者走淵，木者走山

按：俞樾謂「木」當作「采」，非是。已詳《齊俗篇》「山處者木」條校補。

（47）無鄉之社易為黍肉，無國之稷易為求福

高注：無祀不禋於神，而卒祝之，故易為黍肉，易為求福也。

按：二「無」字，《類聚》卷 39 引並作「蕪」；《書鈔》卷 87 引作「荒鄉之社易為黍肉，蕪國之稷易為求福」，注作「荒，亂。不禋於神，而享祝之……」。鍾佛操、于大成謂當據改正。按注「卒」為「享」之誤，正文「無」字則不煩改作。無，讀為蕪。徐灝曰：「『無』、『蕪』蓋本一字。」〔註87〕蕪鄉之社，猶言窮鄉之社也。《精神篇》：「今夫窮鄙之社也，叩盆拊瓴，相和而歌，自以為樂矣。」《類聚》卷 39、《書鈔》卷 87、110、《御覽》卷 532、584、《記纂淵海》卷 57 引「窮鄙之社」並作「窮鄉之社」。《子華子・晏子問黨》：「（周）本聞之，窮鄉下里，其為叢祠也，不過於卮酒而臠肉；蕪國之社，不難於請福。」尤其確證。《越絕書・篇敘外傳記》：「故空社易為福，危民易為德。」「蕪鄉之社」，亦即「空社」也。二句言荒蕪之鄉、國的社稷祭祀易於為之也。高注云云，未得。

〔註87〕徐灝《說文解字注箋》，收入丁福保《說文解字詁林》，中華書局 1988 年版，第 1756 頁。

（48）**鼈無耳，而目不可以瞥，精於明也；瞽無目，而耳不可以察，精於聽也**

高注：不可瞥，瞥之則見也。不可以察，察之則聞。

按：《文子・上德》道藏本、《纘義》本「鼈」作「聾」，各本「瞥」、「察」二字並作「蔽」。王引之誤解《文子》二「蔽」字，以為「蔽塞」義，因改「瞥」作「槷（蔽）」，「察」作「塞」，鄭良樹從之；馬宗霍、何寧駁之，是也。《御覽》卷 932、《爾雅翼》卷 31 引作「瞥」，《爾雅翼》解之云：「豈絕其一原視得精專而善司察歟？」所解雖未得，然可知羅氏所見亦作「瞥」字。考《御覽》卷 740 引《尹文子》：「瞽者無目，而耳不可以瞭察視也，精於聽也。」為此文所本。「察視也」三字當作小字注語。此文「瞥」當作「聱」，聞也。《文子》二「蔽」字，拂過也。「目不可以蔽」之「蔽」借作「聱」，《集韻》、《類篇》並云：「聱，暫聞也。」「耳不可以蔽」之「蔽」借作「瞥」，《說文》：「瞥，過目也。一曰財見也。」字或作覽、覕，《廣韻》：「瞥，暫見，亦作覽。」《六書故》：「覕，過目暫見也。《莊子》曰：『譬之猶一覕也。』又作瞥。」以耳拂過謂之「聱」，以目拂過謂之「瞥」，其義一也〔註88〕。今吳語猶謂暫見為「瞥」、暫聞為「聱」。敦煌寫卷 P.3562《劉子・專務》：「瞽無目，而耳不可以察，專於〔聽也〕；〔聾〕無耳，而目不可以聞，專於視也。」〔註89〕《雲笈七籤》卷 79 引《七部語要》「聾」作「驚」，餘同；皆本《文子》，易二「蔽」字分別作「聞」、「察」。二句言鼈無耳，而不可以目代耳暫聞聽之，目專精於明也；瞽無目，而不可以耳代目暫察視之，耳專精於聽也。《尹文子》作「瞭」，是以目察視之專用字〔註90〕。敦煌寫卷 P.3562《劉子》上文「而離婁察秋毫之銳，不

〔註88〕 《史記・孟子荀卿傳》：「趙平原君側行撤席。」《索隱》引張揖《三蒼訓詁》：「撤，拂也。」《六書故》引作「撇」。《集韻》：「擎，拂也，或作蔽，亦書作撇。」以手拂過謂之「擎」、「撇」，以衣巾拂過謂之「撤」，其義亦一也。諸字並同源。

〔註89〕 敦煌寫卷 P.3562，收入《法藏敦煌西域文獻》第 25 冊，上海古籍出版社 2005 年版，第 320 頁。下引同。所缺「聾」字據下句「以瞥聱之微」補，所缺「聽也」二字據今本補足。

〔註90〕 《廣韻》：「瞭，視也。聹，耳聽。」以目察視謂之瞭，以耳察聽謂之聹，皆與「察」同源。

聞雷霆之響；季子聽清角之韻，不〔見嵩岱之形〕。視不〔關耳而耳不〕聞，聽不關目而目不見者何也？心溺秋毫，意入清角故也」，「離婁不聞雷霆之聲」，即此文「目不可以聞，精於明也」之例；「季子不見嵩岱之形」，即此文「耳不可以察，精於聽也」之例。《劉子》之文，羅振玉所藏敦煌本作「而耳不可不察」、「而目不可不瞥」，並作校記云：「刊本『不』誤『以』。刊本作『而目不以聞』。」〔註91〕羅氏謂「以」當作「不」，非也。孫楷第謂古本《劉子》作「瞽無目，而耳不可以察，專於聽也；鱉（聾）無耳，而目不可以瞥，專於視也」，「鱉」為「聾」誤；王叔岷校作「瞽無目，而耳不可不察，專於聽也；聾無耳，而目不可不瞥，專於視也」；傅亞庶校作「瞽無目，而耳不可以察，專於聽也；聾無耳，而目不可以聞，專於視也」〔註92〕，皆非是。何寧謂《劉子》「聞」為「瞥」形近之誤，非也。「聞」、「瞥」形遠，無緣致譌。聽，《文子》《纘義》本同，景宋本及《文子》徐靈府本、明刊本作「聰」。

（49）蝮蛇不可為足，虎豹不可使緣木

高注：蝮蛇皆有毒，螫人，不為足，為足益甚。虎豹，猛獸，不可使能緣木也。

　　按：《類聚》卷96引作「豹獸不可使緣木，蝮蛇不可使安足」，《御覽》卷933引作「虎豹不可使緣木，蝮虵不可以安足」，向宗魯、王利器據補「安」字〔註93〕。向氏誤以「為」為介詞，故補。此文「為」字是動詞，為猶有也。「為足」即「生足」、「有足」。二書改作「安足」，意亦近之。此文「為足」上脫「使」字，《御覽》卷891引作「虵不可使為足，虎不可使緣木」，《事類賦注》卷20引作「蛇不可使有足，虎不可使緣木」，皆其證也。《爾雅翼》卷32引同今本，則所見本已脫「使」字。《記纂淵海》卷50引作「蝮蛇不可為足，

〔註91〕羅振玉《劉子殘卷校記》，收入民國十二年刊《永豐鄉人雜著續編》。據羅振玉前言，此卷校記為其子羅福葆所作。羅氏所藏敦煌本《劉子》，今藏日本東京國立博物館，說見榮新江《兩種流散的敦煌〈劉子〉寫本下落》，《書窗》1993年第1期；收入《鳴沙集：敦煌學學術史和方法論的探討》，新文豐出版公司1999年版，第296頁。

〔註92〕並見傅亞庶《劉子校釋》，中華書局1998年版，第56～57頁。

〔註93〕王利器《文子疏義》，中華書局2000年版，第286頁。蓋即據其師之說。

虎豹不使緣木」，祝氏不知上句脫「使」字，因刪下句「可」字以就之。《文子・上德》作「蝮蛇不可爲足，虎不可爲翼」，此尤足證明「爲」是動詞而非介詞也。

（50）饑馬在廄，寂然無聲，投芻其傍，爭心乃生

按：寂，《意林》卷1引《文子》同，《文子・上德》作「漠」。寂，讀爲叔。漠，讀爲嘆。《說文》：「叔，叔嘆也。嘆，叔嘆也。」《呂氏春秋・胥時》：「飢馬盈廄，嘆然，未見芻也。」高注：「嘆然，無聲。」爲此文所本，正作本字「嘆」。

（51）引弓而射，弦非不能發矢

高注：引，張引（弓）也。發，遣也。

按：引，《文子・上德》作「張」。

（52）循繩而斲則不過，懸衡而量〔則〕不差，植表而望則不惑

按：馬王堆帛書《稱》：「有義（儀）而義（儀）則不過，侍表而望則不惑，案法而治則不亂。」〔註94〕《鶡冠子・天權》：「立表而望者不惑，按法而割者不疑。」爲此文所本。《楚辭・哀時命》：「志怦怦而內直兮，履繩墨而不頗；執權衡而無私兮，稱輕重而不差。」亦可互證。差，古音磋，故與「過」、「惑」、「頗」爲韻。斲，當從《文子・上德》作「斷」，字之誤也。斷，決斷、裁決。循繩，猶言遵法。《荀子・王霸》：「百吏畏法循繩，然後國常不亂。」循繩而斷，依法判決。割亦斷也，植亦立也。《韓子・揚權》：「上操度量，以割其下。」彭裕商解爲「遵循墨繩砍削」〔註95〕，非也。帛書「侍」當讀爲植，整理者括注爲「恃」，亦非也。

（53）蠹衆則木折，隙大則墻壞

按：此爲古成語。《商子・修權》「諺曰：『蠹衆而木折，隙大而牆壞。』」〔註96〕《韓子・亡徵》：「木之折也必通蠹，牆之壞也必通隙。」《鬼

〔註94〕馬王堆帛書《稱》，收入《馬王堆漢墓帛書〔壹〕》，文物出版社1980年版，第81頁。

〔註95〕彭裕商《文子校注》，巴蜀書社2006年版，第120頁。

〔註96〕《意林》卷4、《御覽》卷952引二「而」字作「則」，與此文合。

谷子‧謀》：「故墻壞于其隙，木壞于其節。」〔註 97〕《易林‧乾之大壯》：「邠大墻壞，蠹眾木折。」〔註 98〕《人間篇》：「夫牆之壞也於隟，劍之折必有齧。」

（54）懸垂之類，有時而隧；枝格之屬，有時而弛

高注：隧，墮。弛，落。

按：《文子‧上德》作「古法以類，有時而遂；杖格之屬，有時而施」。朱起鳳曰：「杖乃枝之誤。」〔註 99〕王利器曰：「《淮南子》作『懸垂之類』，與下句『枝格之屬』對文，義勝。遂，讀如隧。『杖格』誤，當從《淮南子》作『枝格』。《說文》：『挌，枝挌也。』段注：『枝挌者，遮禦之意。《玉篇》曰：「挌，枝柯也。」《釋名》：「戟，格也。旁有枝格也。」庾信《賦》：「草樹溷淆，枝格相交。」格行而挌廢矣。』」〔註 100〕「枝格」同「枝挌」，抵觸之意，段云「遮禦之意」，亦是。《說文》：「嬉，好枝格人語也。」字或作「枝落」，《詩‧七月》：「蠶月條桑，取彼斧斨，以伐遠揚，猗彼女桑。」鄭箋：「條桑，枝落之，采其葉也。女桑，少枝長條，不枝落者，束而采之。」字或作「歧格」，《時則篇》：「行冬令格。」高注：「格，歧也。象冬斷刑，恩澤歧格不流下。」字或作「歧閣」，《史記‧梁孝王世家》：「竇太后議格。」《集解》引如淳曰：「歧閣不得下。」《索隱》引周成《雜字》：「歧，閣也。」《漢書‧淮南王傳》：「格明詔。」顏注：「格，音閣，謂歧閣不行之。」《廣雅》：「閣，歧也。」「歧格」、「歧閣」同義連文。字或作「支格」，《太平廣記》卷 403 引《洽聞記》：「支格交錯。」《通典》卷 193 同，《新唐書‧西域傳》作「枝格」〔註 101〕。朱起鳳曰：「枝格，樹枝也，引申為撐拄之義。」〔註 102〕張雙棣曰：「枝格蓋謂樹之枝。」《漢語大詞典》解為「長枝條」〔註 103〕，並失之。

〔註 97〕《意林》卷 2、《書鈔》卷 99 引作「牆壞於有隙，木毀於有節」。
〔註 98〕《剝之中孚》「邠」作「隟」。
〔註 99〕朱起鳳《辭通》，上海古籍出版社 1982 年版，第 2545 頁。
〔註 100〕王利器《文子疏義》，中華書局 2000 年版，第 285 頁。
〔註 101〕《御覽》卷 792 引《通典》誤作「枝條」，《太平寰宇記》卷 184 誤作「支條」。
〔註 102〕朱起鳳《辭通》，上海古籍出版社 1982 年版，第 2544 頁。
〔註 103〕《漢語大詞典》（縮印本），漢語大詞典出版社 1997 年版，第 2488 頁。

（55）柳下惠見飴，曰可以養老；盜跖見飴，曰可以黏牡

按：《困學紀聞》卷 17 指出語本《呂氏春秋》，于大成、張雙棣亦指出語
本《呂氏春秋·異用》「仁人之得飴，以養疾侍（持）老也；跖與企
（蹻）得飴，以開閉取楗也」。黏牡，《御覽》卷 852 引作「粘牝」，
又卷 911 引作「粘鼠」。「牝」爲「牡」之誤。卷 911 所引爲《獸部
二十三》「鼠」條，則「鼠」無誤，此蓋別本。「粘鼠」不詳。見，
猶得也〔註104〕。《中論·治學》：「譬如寶在於玄室，有所求而不見，
白日照焉，則群物斯辨矣。」《御覽》卷 607 引「見」作「得」，敦
煌寫卷 S.1380《應機抄》亦作「得」。

（56）蠶食而不飲，二十二日而化；蟬飲而不食，三十日而蛻；
蜉蝣不食不飲，三日而死

按：《大戴禮記·易本命》：「萬物之性各異類，故蠶食而不飲，蟬飲而不
食，蜉蝣不飲不食。」爲此文所本。

（57）瓦以火成，不可以得火；竹以水生，不可以得水

高注：瓦得火則破，竹得水浸則死矣。

按：高注非也。此言瓦以火成，但瓦中不能得火；竹以水生，但竹中不
能得水也。《金樓子·立言篇上》：「成瓦者炭，而瓦不可以得炭；潤
竹者水，而竹不可以得水。」即本此文。

（58）槁竹有火，弗鑽不燃；土中有水，弗掘無泉

高注：掘，窮也。

按：王念孫據《文子·上德》，改「無泉」爲「不出」，非也。趙宗乙據
《御覽》卷 869、962、《記纂淵海》卷 1 引並作「無泉」以駁王說
〔註105〕，是也。《事類賦注》卷 8 引亦作「無泉」。考《金樓子·
立言篇上》：「蒿艾有火，不燒不燃；土中有水，不掘無泉。」即本
此文。是蕭氏所見，亦作「無泉」。燃，《事類賦注》卷 8 引作「燃」，
《初學記》卷 25、《事類賦注》卷 24、《記纂淵海》卷 1 引作「然」，

〔註104〕參見蕭旭《古書虛詞旁釋》，廣陵書社 2007 年版，第 151 頁。
〔註105〕趙宗乙《淮南子札記》，黑龍江人出版社 2009 年版，第 243 頁。

字並同；《文子・上德》作「熏」。《御覽》卷 869 引有注：「爇，音然。」高注「窮」當作「穿」，字之誤也。《廣雅》：「掘，穿也。」今言挖掘。字或作堀、欿、鑎、撅、闕，已詳《原道篇》「水居窟穴」條校補。《御覽》卷 869、962 引已誤作「窮」字。

（59）蠪（蚝）象之病，人之寶也

高注：蠪（蚝），大蛤，中有珠。象牙，還以目疾，故人得以爲寶也。

按：注「目」當從一本作「自」，《御覽》卷 941 引作「還以自病」。還，猶反也。言蚝有珠，象有牙，反以自害也。張雙棣曰：「『以』與『已』同。已，止也。以目疾，即治眼病。」失之。蚝象，鄭良樹謂當作「蚝蜃」，未必是。高注「象牙」云云，是高氏所見，即作「象」字；《御覽》卷 941 引亦作「象」字。

（60）一膊炭煓，掇之則爛指；萬石俱煓，去之十步而不死，同氣異積也

高注：一膊，一挺也。

按：《文子・上德》作「今有一炭然，掇之爛指，相近也；萬石俱熏，去之十步而不死，同氣而異積也」〔註106〕。注「挺」，讀爲梃。《說文》：「梃，一枚也。」字或作脡，《儀禮・士虞禮》：「脯四脡。」鄭注：「古文脡爲挺。」惠士奇曰：「蓋膊者垺之式，則垺亦可名爲膊。入火而煓，則膊爲瓦器之垺矣。垺音普回反，又芳符反。」〔註107〕惠氏之意，即解爲製陶器的模型，與高說不同，錄以備參。朱駿聲曰：「膊，叚借爲髆。」〔註108〕考《說文》：「髆，肩甲也。」朱說非是。

（61）植而蹢之，上材弗易

按：植，《文子・上德》作「立」。

〔註106〕王利器《文子疏義》以「然」字屬下句，非也。中華書局 2000 年版，第 268 頁。

〔註107〕惠士奇《禮說》卷 14，收入阮元《清經解》第 2 冊，鳳凰出版社 2005 年版，第 1711 頁。

〔註108〕朱駿聲《說文通訓定聲》，武漢市古籍書店 1983 年版，第 403 頁。

（62）百梅足以為百人酸，一梅不足以為一人和

按：《御覽》卷 970、《事類賦注》卷 26 引作「百梅足以爲百人酸，一梅不足以爲百人酸」，下句「百人」當作「一人」。《記纂淵海》卷 92 引作「百梅足以爲一人酸，一梅不足爲百人酸」，「一人」、「百人」當互乙。二書所引，「和」皆作「酸」。《金樓子・立言篇上》：「百梅能使百人酸，一梅不足成味也。」即本此文。言「不足成味」者，即不足爲一人酸也。《類聚》卷 86 引作「梅以爲百人酸不足，一梅不足爲一人之」，雖有譌脫，但可證下句確作「一人」二字。《俶眞篇》高注：「譬若梅矣，百梅足以爲百人酸，一梅不足爲百人酸也。」當即本此文爲說，下句「百人」當作「一人」，《御覽》卷 77 引正作「一人」。

（63）有以飯（噎）死者，而禁天下之食；有以車為敗者，〔而〕禁天下之乘，則悖矣

按：王念孫指出語本《呂氏春秋・蕩兵》「夫有以餲死者，欲禁天下之食，悖；有以乘舟死者，欲禁天下之船，悖」。爲，猶而也〔註 109〕。言有以車而敗者。何寧據《御覽》卷 741 引校「爲」作「馬」，檢景宋本、《四庫》本《御覽》引並同今本，不知何氏所據何本。《記纂淵海》卷 74 引作「重馬」，二字並誤。鄭良樹謂「馬」字義長，亦非。二「而」字，猶欲也〔註 110〕，《呂氏》正作「欲」字。《漢書・遊俠傳》：「子欲爲我，亦不能；吾而效子，亦敗矣。」「而」、「欲」互文，而亦欲也。《漢紀》卷 18 作「子欲學我，亦不能；吾欲效子，亦敗矣」，亦其確證。楊樹達曰：「而，猶如也。」〔註 111〕失之。

（64）釣者靜之，罛者扣舟，罩者抑之，罠（罾）者舉之，為之異，得魚一也

高注：罛者，以柴積水中以取魚。扣，擊也，魚聞擊舟聲，藏柴下，壅而取之也。

〔註 109〕參見吳昌瑩《經詞衍釋》，中華書局 1956 年版，第 35～36 頁。裴學海《古書虛字集釋》，中華書局 1954 年版，第 119～121 頁。

〔註 110〕參見蕭旭《古書虛詞旁釋》，廣陵書社 2007 年版，第 251 頁。

〔註 111〕楊樹達《漢書窺管》，收入《楊樹達文集》之十，上海古籍出版社 1984 年版，第 729 頁。

按：罛者扣舟，《文選‧西征賦》李善注引作「魚者扣舟」，《意林》卷2引作「網者動之」，蓋皆臆改；《御覽》卷834引作「眾者舟之」。《六書故》「眾」字條引作「眾」，釋之云：「蓋急流取魚之網也。」此蓋別本。罛，莊逵吉、王念孫據《爾雅》、《說文》等書校作「罧」，《說文》：「罧，積柴水中以養魚也。」二氏說本楊慎《古音餘》卷4：「罧，音滲，積柴水中取魚也。《淮南子》作『罛』。」〔註112〕為之異，《初學記》卷22、《御覽》卷834引同，《意林》卷2引作「為道異」，《埤雅》卷2、《詩緝》卷18、《毛詩李黃集解》卷20引作「為之雖異」，《呂氏家塾讀詩記》卷18、《段氏毛詩集解》卷17、《韻府群玉》卷15「罾罝」條引作「為之難異」。「難」即「雖」字形誤。

（65）見象牙乃知其大於牛，見虎尾而知其大於狸，一節見而百節知也

按：《說苑‧尊賢》：「故見虎之尾而知其大於貍也，見象之牙而知其大於牛也，一節見則百節知矣。」即本此文。

（66）蔭不祥之木，為雷電所撲

高注：蔭，木影。撲，擊也。

按：蔭，《文子‧上德》作「蔽」。蔭，隱蔽，高注未得。雷電，《事類賦注》卷24引同，《御覽》卷952引脫「雷」字，「電」字同今本；《御覽》卷13、《事類賦注》卷3引作「雷霆」，《文子‧上德》同。《玉篇》：「霆，電也。」另參見《兵略篇》「疾霆不暇掩目」條校補。

（67）蘭芝〔芷〕欲脩，而秋風敗之

高注：脩，長。

按：蘭芝欲脩，《文子‧上德》作「叢蘭欲脩」。《文子》之文，《治要》卷35引同今本，《文選‧辯命論》李善注、《意林》卷1、《類聚》卷3、《貞觀政要》卷6、《帝範》卷2、《事類賦注》卷5、《記纂淵海》

〔註112〕楊慎《古音餘》卷4，收入景印文淵閣《四庫全書》第239冊，臺灣商務印書館1986年初版，第318頁。

卷 2 引作「叢蘭欲茂」，《白帖》卷 3 引作「叢蘭欲芳」，《類聚》卷
81 引作「叢蘭脩發」，《初學記》卷 27 引作「叢蘭欲發」，《御覽》卷
4、《記纂淵海》卷 59 引作「叢蘭欲秀」，《御覽》卷 24、《記纂淵海》
卷 50 引作「藂蘭欲茂」，《御覽》卷 983 引作「藂蘭欲脩」。叢、藂，
正、俗字。何寧謂「脩」本作長養之「長」。《文子》、《御覽》卷 983
引並作「脩」，可知「脩」字非後人所改，何說非也。脩，讀爲秀。
睡虎地秦簡《日書》甲種：「人毋故而鬼惑之，是螯鬼，善戲人。」
整理者注：「螯，讀爲誘，迷惑。」〔註 113〕是其比。《御覽》卷 4、《記
纂淵海》卷 59 引作「秀」者，用本字。高注訓長，非也。《廣雅》：
「秀，茂也。」《玉篇》：「秀，榮也。」指開花。諸書作「茂」、「芳」、
「發」者，易以訓詁字或近義字也。《類聚》卷 81 引作「叢蘭脩發」
者，蓋誤合二本「脩」、「發」而成。

（68）屠者羹藿，為車者步行，陶者用缺盆，匠人處狹盧，為者不得用，用者弗肯為

按：王念孫據《御覽》卷 758 校作「屠者藿羹，車者步行，陶人用缺盆」，
是也。《記纂淵海》卷 55 引同《御覽》。《埤雅》卷 10：「屠者擪於藜
藿，而市扇者常苦喝。」盧，一本及《御覽》卷 758、《記纂淵海》
卷 55 引作「廬」，正字。

（69）夜行者掩目而前其手，涉水者解其馬載之舟，事有所宜，而有所不施

按：《繆稱篇》：「夜行瞑目而前其手，事有所至，而明有〔所〕不害。」
《慧琳音義》卷 2 引《字書》：「掩，閇也。」「閇」同「閉」。後出
專字作揜，《廣韻》：「揜，閉目。」《說文》：「瞑，翕目也。」《慧
琳音義》卷 53 引《考聲》：「瞑，閉目也。」

（70）橘柚有鄉，萑葦有叢

按：此蓋古諺語。《風俗通義‧祀典》：「《傳》曰：『萑葦有藂。』」《鹽鐵
論‧論誹》：「檀柘而有鄉，萑葦而有藂。」即本此文。叢、藂，正、

〔註 113〕睡虎地秦簡《日書》甲種，收入《睡虎地秦墓竹簡》，文物出版社 1990 年版，
第 216 頁。

俗字。王利器校「萑」爲「萑」〔註114〕。

（71）獸同足者相從遊，鳥同翼者相從翔

按：《戰國策・齊策三》：「淳于髡曰：『夫鳥同翼者而聚居，獸同足者而俱行。』」爲此文所本。《御覽》卷 993 引《策》「居」作「飛」，又卷 914 引《春秋後語》同。

（72）附耳之言，聞於千里也

高注：附，近也。近耳之言，謂竊語。聞於千里，千里知之。語曰：「欲人不知，莫如不爲。」

按：高注引語，蓋二漢諺語也。《漢書・枚乘傳》《上書諫吳王》：「欲人勿聞，莫若勿言；欲人勿知，莫若勿爲。』」《說苑・說叢》亦有此語。《金樓子・戒子》引枚叔言作「欲人不聞，莫若不言；欲人不知，莫若勿爲」。

（73）故大白若辱

莊逵吉曰：鄭康成《儀禮》注曰：「以白造緇曰辱。」辱者，汙辱也，故與白對。注家皆未得其義。

按：顧炎武曰：「《儀禮》註：『以白造緇曰辱。』故老子謂楊朱曰：『大白若辱。』」〔註115〕早已言之，莊氏或未見耶？《說山篇》：「以潔白爲污辱，譬猶沐浴而抒溷，薰燧而負彘。」以「污辱」與「潔白」對舉，此尤爲辱訓汙辱之顯證。諸家並失引。

（74）中夏用箑，快之，至冬而不知去；襄衣涉水，至陵而不知下

按：《意林》卷 2 引作「中夏用篓，至多不去；舉衣過水，至陸不下」。陵。陸地，古楚語，參見附錄二《〈淮南子〉古楚語舉證》。王念孫謂「陵」爲「陸」字之誤，非也。「篓」同「箑」，見《玉篇》，亦古楚語，參見附錄二《〈淮南子〉古楚語舉證》。《慧琳音義》卷 98 引

〔註114〕王利器《鹽鐵論校注》，中華書局 1992 年版，第 305 頁。
〔註115〕顧炎武《日知錄》卷 32，陳垣校注本，安徽大學出版社 2007 年版，第 1843 頁。

《考聲》:「褰，舉也。」本字爲爲攘，《說文》:「攘，摳衣也。」

（75）滿堂之坐，視鉤各異，於環帶一也

高注:滿堂坐人，視其鉤，各異形。鉤與環帶一法也。類雖異，所用者同。

按:環，讀爲繯，《說文》:「繯，落也。」《廣雅》:「繯，絡也。」「落」同「絡」，猶今言繫扣。字亦作摲，《集韻》:「摲，繫也。」句言各人之鉤雖各異，其於繫扣腰帶，其功能則一也。《方言》卷5:「其橫，關西曰㯭，宋魏陳楚江淮之閒謂之枑，齊部謂之㭘。所以縣㯭……宋魏陳楚江淮之閒謂之繯，或謂之環。」〔註116〕繫帶謂之繯、環，縣㯭亦謂之繯、環，其義一也。陶鴻慶謂「環」當作「摲」，引《廣雅》「摲，著也」，未得本字。

（76）君子有酒，鄙人鼓缶；雖不見好，亦不見醜

高注:醜，惡也。

按:鼓缶，擊缶也，爲秦樂。《說文》:「缶，瓦器，所以盛酒漿，秦人鼓之以節謌。」《風俗通義·聲音》同。見好，景宋本作「可好」。二句言君子飲酒，小人擊缶以助興，雖未必受到歡迎，但也不會被厭惡。《文子·上德》作「君子有酒，小人鞭缶；雖不可好，亦可以醜」，舊注:「言君子飲酒之過，小人鞭缶爲誡，在小人猶不可好，君子固可爲醜也。」《文子》改作「鞭缶」、「亦可以醜」，舊注云云，皆非是。惟朱弁本作「亦不可醜」，得之。《孔叢子·連叢子上》引《淮南》作「君子有酒，小人鼓缶；雖不可好，亦不可醜」，與景宋本相合，可知《淮南》固作「亦不見醜」也。李定生、徐慧君以作「可以醜」爲是，謂「醜」訓類，高注誤〔註117〕，所謂以不狂爲狂也。

（77）若蹍薄冰，蛟在其下

按:蹍，《御覽》卷430引作「履」，義同；又卷930引誤作「展足」二字。

〔註116〕從戴震校本。
〔註117〕李定生、徐慧君《文子校釋》，上海古籍出版社2004年版，第247頁。

（78）清酏之美，始於耒耜；黼黻之美，在於杼柚

　　高注：酏，清酒也。《周禮》「酏齊」是。

　　按：酏，字本作醠，或省作盎。《說文》：「醠，濁酒也。」《集韻》：「醠、酏，濁酒，或作酏，通作盎。」《周禮・天官・酒正》：「辨五齊之名，一曰泛齊，二曰醴齊，三曰盎齊，四曰緹齊，五曰沈齊。」鄭注：「盎，猶翁也，成而翁翁然蔥白色，如今酇白矣。」《釋名》：「盎齊，盎滃滃然濁色也。」劉氏亦訓濁酒，與許同，高注非也。古代酒分清酒、濁酒，以質言也；又分甜酒、苦酒，以味言也；又分白酒、紅酒、綠酒，以色言也；等等。要之皆為美酒，故此云清、濁之美。桂馥曰：「清酏，酏之清者，故云清酒。」恐未得。徐文靖謂《正字通》「酏」字條「引《說文》訓濁誤」〔註118〕，亦非也。清酏，《御覽》卷823引作「清英」，引注作「清英，酒也」；《記纂淵海》卷72引作「清酤」，皆臆改也。《吳越春秋・王僚使公子光傳》：「有頃，父來，持麥飯、鮑魚羹、盎漿。」又借用「鴦」字，《山海經・中山經》郭璞注：「今河東解縣南檀首山上，有水潛出，停〔而〕不流，俗名為盎漿，即此類也。」〔註119〕《水經注》卷6、《御覽》卷64引作「鴦漿」。「停〔而〕不流」即指水濁，義正合也。「在」、「始」對舉，在亦始也。在讀為才，字或作材、財、裁、纔。《說文》：「才，草木之初也。」《集韻》：「才，始也。」王筠曰：「凡始義，《說文》作才，亦借材、財、裁，今人借纔。」〔註120〕字或作哉，《爾雅》：「哉，始也。」《記纂淵海》卷72引「在」作「始」。鄭良樹謂作「始」疑是，未達通假之指。

（79）靨酺在頰則好，在顙則醜

　　高注：靨酺者，頰上窒。窒者在顙，以（似）盤，故醜。

　　按：靨酺，《御覽》卷367引作「厭顙」，有注：「顙，音父。」「顙」為「酺」形誤。酺，《脩務篇》：「靦酺搖。」高注：「靦酺，頰邊文，婦人之媚也。」酺，字或借作輔。《說文》：「酺，頰也。」《左傳・僖公五年》：「諺所

〔註118〕徐文靖《管城碩記》卷23，中華書局1998年版，第419頁。
〔註119〕「而」字據《御覽》卷64、《太平寰宇記》卷46引補。
〔註120〕王筠《說文解字句讀》，中華書局1988年版，第220頁。

謂『輔車相依，脣亡齒寒』者，其虞虢之謂也。」孔疏：「《易・咸卦》：『上
九：咸其輔頰舌。』三者並言，則各爲一物……頰之與輔，口旁肌之名也。盖
輔車一處，分爲二名耳。輔爲外表，車是內骨，故云相依也。」《玉篇》引《左
傳》作「酺」，云：「亦作輔。」《易・咸》虞翻本作「䩉」，云：「耳目之間稱
䩉頰。」《楚辭・大招》：「靨輔奇牙，宜笑嫣只。」王注：「輔，一作酺。」
惠棟曰：「酺與輔同，輔近口，在頰前。《淮南子》云：『靨輔（酺）在頰前則
好。』耳目之間爲權，權在輔上，故《洛神賦》云：『靨輔承權』是也。頰所
以含物，輔所以持口，孔穎達云：『輔、頰、舌三者並言，則各爲一物。』明
輔近頰而非頰，虞以權爲輔，許以輔爲頰，皆失之。」〔註121〕顪，《御覽》引
作「顔」。窐字或作洼、窪、漥、涬，俗作凹字。盤，景宋本作「槃」，通用。
以盤，猶言窐者似槃也。傅山曰：「窐，胡圭、古攜二切，甌孔也，亦作瓺。
槃字當作瘢。」〔註122〕傳說並失之。

（80）繡以爲裳則宜，以爲冠則譏

高注：譏，人譏非之也。

按：譏，王念孫據《御覽》卷815引校作「議」，與「宜」爲韻。《意林》
卷2引作「繡爲被則宜，爲冠則穢」，日本舊鈔本古類書《秘府略》
卷868、《御覽》卷815引並作「繡爲被則宜，爲冠則議」，「裳」皆
作「被」字。《記纂淵海》卷57引同今本，則宋代已改「譏」矣。
穢，疑讀爲憎。《廣雅》：「憎、憎，惡也。」《玉篇》：「憎，惡也，
憎也，悶也。」《廣韻》：「憎，心惡。」字或作嬒，《御覽》卷382
引《通俗文》：「可惡曰嬒，烏會反。」《廣韻》：「嬒，《方言》云：『嬒，
可憎也。』或作憎。」〔註123〕

（81）石生而堅，蘭生而芳，少自其質，長而愈明

高注：質，性也。明，猶盛也。

按：此爲當時諺語。《文子・上德》：「石生而堅，芷生而芳，少而有之，

〔註121〕惠棟《九經古義》卷1《周易古義》，收入阮元《清經解》第3冊，鳳凰出版
　　　　社2005年版，第2807頁。
〔註122〕傅山《讀子二・淮南存雋》，收入《霜紅龕集》卷33，《續修四庫全書》第1395
　　　　冊，上海古籍出版社2002年版，第672頁。
〔註123〕今本《方言》無此文。

－582－

長而逾明。」《論衡・本性》:「石生而堅，蘭生而香，〔生〕稟善氣，長大就成。」〔註124〕又《福虛》:「石生而堅，蘭生而香。」並可互證。《隸釋》卷1漢《帝堯碑》:「性發蘭石，生自馥芬。」又卷1漢《成陽靈臺碑》:「體蘭石之操，履規矩之度。」又卷6漢《孔謙碣》:「务體蘭石，自然之姿。」《類聚》卷50晉・潘尼《益州刺史楊恭侯碑》:「稟天然不渝之操，體蘭石芳堅之質。」皆用此典。

（82）扶之與提，謝之與讓，故之與先，諾之與已，也之與矣，相去千里

按:《鄧子・轉辭篇》:「若扶之〔與〕攜，謝之與議，故之與右，諾之與已，相去千里也。」爲此文所本。《文子・上德篇》作「扶之與提，謝之與讓，得之與失，諾之與已，相去千里」。洪頤煊曰:「右，當作古，古猶先也。」〔註125〕伍非百曰:「原本『謝之與讓，得之與失』作『謝之與議，故之與右』，據《淮南子》、《文子》互校改正。俞樾《諸子平議》云:『故之與先，當作「得之與失」，草書「得」、「故」相似，隸書「先」、「失」相近，皆形近而誤，可據《文子》校正。』今從俞說。」〔註126〕按此皆相對之概念，「議」當作「讓」，責備也，俞樾改是。洪據此文校「右」爲「古」，可通;《文子》改作「得之與失」，于大成指出未可據改此文，俞樾說非也。俞樾又曰:「惟『提』與『攜』義本相近，不必改也。」〔註127〕此說得之。于大成亦曰:「提、攜義同。」《廣韻》:「提，提攜。」楊樹達、彭裕商、陳廣忠謂「提」訓投擲、攻擊〔註128〕，皆非也。「也」與「矣」是古書的語末虛詞，用法不同。俞樾謂「之與矣」三字衍文，鄭良樹、陳廣忠從之，皆以「也」字屬上句，未得其讀，亦未得其誼。

〔註124〕下二句《意林》卷3引作「生稟善氣，長大乃成就也」。
〔註125〕洪頤煊《讀書叢錄》卷13，收入《續修四庫全書》第1157冊，第678頁。
〔註126〕伍非百《鄧析子辯偽》，收入《中國古名家言》，中國社會科學出版社1983年版，第853頁。
〔註127〕俞樾《俞樓雜纂》卷34《著書餘料》，收入《春在堂全書》，清光緒二十三年重訂石印本。
〔註128〕彭裕商《文子校注》，巴蜀書社2006年版，第122頁。陳廣忠《淮南子斠詮》，黃山書社2008年版，第950頁。

（83）腐鼠在壇，燒薰於宮

　　高注：楚人謂中庭爲壇。

　　按：「壇」爲古楚語，參見附錄二《〈淮南子〉古楚語舉證》。《文子·上德篇》作「腐鼠在阼，燒薰於堂」。燒薰，謂於香爐焚香而薰也。漢·衛宏《漢官舊儀》卷上：「女侍史執香爐燒薰從入臺護衣。」《中論·夭壽》：「煮鬯燒薰，所以揚其芬也。」楚人稱之爲「薰燧」，《說山篇》：「薰燧而負彘。」高注：「燒薰自香也，楚人謂之薰燧。」《御覽》卷 911 引《文子》「燒薰」作「燒香」，臆改。

（84）毋曰不幸，甑終不墮井

　　按：幸，《文子·上德篇》作「辜」，舊註：「辜，罪也。言人所獲戾非謂無辜，甑若不墮井，安得無由矣？」考《說文》：「刑，罰辠也。從井從刀。《易》曰：『井，法也。』」《論衡·四諱》：「〔世〕諱屬刀井上，恐刀墮井中也。或說以爲『刑』之字，井與刀也。屬刀井上，井刀相見，恐被刑也。」〔註129〕《初學記》卷 20 引《春秋元命苞》：「刑者，佃也。《說文》曰：『刀守井也。』飲之人入井，陷於川，刀守之，割其情也。」注：「井飲人，則人樂之；不已，則自陷於川，故加刀謂之刑，欲人畏懼以全命也。」此文「幸」當爲「辜」字形譌，意謂毋曰無辜，你肯定觸犯刑法了——刀墮在井中，終無甑墮井中之理也。這是比喻，是說不要強辭奪理。王利器曰：「『幸』字義勝。」〔註130〕王氏未申說義勝的理由，恐未得厥誼。彭裕商曰：「古人以瓶汲井，墜井的應該是瓶，甑乃炊器，沒有墜井的可能。」〔註131〕亦是想像之辭。瓶墜于井，得言辜罪乎？

（85）礳燭拚，膏燭澤也

　　高注：燭光拚澤，喻光明有明昧也。

　　按：拚，讀爲确、毃。《說文》：「确，磬石也。毃，或從毃。」《玄應音義》卷 1：「确盡：《孟子》曰：『确，瘠薄地也。』」又「确瘦：《通俗文》：『物堅硬謂之确。』」字或作塙、碻、墳、毃、礐，《爾雅》：

〔註129〕《意林》卷 3、《書鈔》卷 123、《御覽》卷 346 引「屬」作「礪」，正字。
〔註130〕王利器《文子疏義》，中華書局 2000 年版，第 292 頁。
〔註131〕彭裕商《文子校注》，巴蜀書社 2006 年版，第 125 頁。

「（山）多大石，礐。」《釋文》：「礐，字或作确，又作㙟，又作埆。」
《廣韻》：「礐，同『㕯』。」《集韻》：「㕯、埆、㙟，或作埆、㙟。」
字或作墝、燢，《集韻》：「墝，土堅。」又「燢，燥也。」字或作㮮、
㜲，《爾雅》：「（山）夏有水多無水，㮮。」《說文》：「夏有水多無水
曰㮮。㜲，或不省。」《集韻》：「㜲，同『㮮』。」字或作硞、皵，
《廣韻》：「硞，固也。」《玉篇》：「皵，苦角切，㿝皵，皮乾貌。」
敦煌寫卷 P.2058《碎金》：「乾皵皵：口角反。」《玉篇》：「塙，口角
切，土堅不可拔。」諸字並同源，「堅硬」、「牢固「之義，引申之，
則有「乾燥」、「無光澤」之義。唐・元稹《田家詞》：「牛吒吒，田
确确。旱塊敲牛蹄趵趵，種得官倉珠顆穀。」唐・戴叔倫《屯田詞》：
「麥苗漸長天苦晴，土乾确确鉏不得。」二例即「乾燥」之義〔註132〕。
此文「捐」、「澤」對舉成文，「捐」即「無光澤」之義。高注「明」
字疑爲衍文。二句意謂蘗製成的燭，其光刺目；膏製成的燭，其光
柔和。此文「膏燭」爲詞，《原道篇》：「此膏燭之類。」亦其例也。
《佩文韻府》卷 103 以「燭澤」爲詞，非也。《大漢和辭典》節引
此文高注作「捐，昧也」〔註133〕，實是未達厥誼。這個錯誤被後
來的辭書相繼承襲，《中文大辭典》解「捐」爲「昧」〔註134〕，《漢
語大詞典》、《王力古漢語字典》、《辭源》並解「捐」爲「暗昧」，《漢
語大字典》、《中華字海》解爲「暗昧不明」〔註135〕，都是繼承了
《大漢和辭典》的錯誤。「捐」無「暗昧」之義。《康熙字典》、《中
華大字典》尚未列「捐，昧也」一義，其誤始自《大漢和辭典》也。

（86）冬冰可折，夏木可結，時難得而易失

按：二語《文子・上德篇》同。《意林》卷 1 引《太公金匱》：「故夏條可

〔註132〕 參見蕭旭《敦煌寫卷〈碎金〉補箋》，收入《群書校補》，廣陵書社 2011 年版，
第 1346 頁。

〔註133〕 諸橋轍次《大漢和辭典》（修訂本），大修館書店昭和 61 年版，第 4888 頁。

〔註134〕 《中文大辭典》，華岡出版有限公司出版 1979 年版，第 5807 頁。

〔註135〕 《漢語大詞典》（縮印本），漢語大詞典出版社 1997 年版，第 3646 頁。《漢語
大字典》（第二版），崇文書局、四川辭書出版社 2010 年版，第 1996 頁。《王
力古漢語字典》，中華書局 2000 年版，第 369 頁。《辭源》（修訂本），商務印
書館 2009 年版，第 1382 頁。冷玉龍等《中華字海》，中國友誼出版公司 2000
年第 2 版，第 341 頁。

結，冬冰可釋，時難得而易失也。」《類聚》卷 88 引《六韜》：「冬冰可折，夏條可結。」〔註136〕並爲此文及《文子》所本。折，讀爲𢷑，折取、開採。《說文》：「𢷑，上摘山巖空青珊瑚墮之。」《廣韻》：「𢷑，摘也。」《墨子·耕柱》：「昔者夏后開使蜚廉折金於山川而陶鑄之於昆吾。」王念孫曰：「折金者，摘金也……𢷑與折亦聲近而義同。」並引《管子》「折取」爲證〔註137〕。《文選·七命》李善註、《玉海》卷 88 引作「採金」，以同義字改之也。《管子·地數》：「然則與折取之遠矣。」安井衡、尹桐陽並讀折爲𢷑，引《說文》及《墨子》爲證〔註138〕。《詩·七月》：「二之日鑿冰冲冲，三之日納于凌陰。」毛傳：「冰盛水腹則命取冰於山林。冲冲，鑿冰之意。凌陰，冰室也。」鄭箋：「古者日在北陸而藏冰，西陸朝覿而出之。」《周禮·天官·塚宰》謂凌人掌冰。「折冰」即謂鑿冰、取冰也。《意林》引《太公金匱》作「冬冰可釋」者，「釋」讀爲擇，亦取也。疑「夏木」、「夏條」即指桑條，夏條可結指採桑葉之事。《詩·七月》：「蠶月條桑，取彼斧斨，以伐遠揚，猗彼女桑。」鄭箋：「條桑，枝落之，采其葉也。女桑，少枝長條，不枝落者束而采之。」「結」即束而采之也。《文選·雜詩》：「弱條不重結，芳蕤豈再馥？」李善注引《文子》「冬冰可折，夏條可結」爲證，是也；李周翰注：「木之弱條未堅者，已爲霜殺，不復重結其勁；芳草之華，豈能再香也？」李周翰訓「結」爲「堅結」，非是。「冬冰可折、夏條可結」者，言趁時採冰、採桑也。逾其時節則不復可採，故云「時難得而易失」也。劉家立謂「折」、「結」當互乙，非也。《御覽》卷 952、《事類賦注》卷 24 引《淮南子》同今本〔註139〕，《齊民要術》卷 4 引《文子》亦同今本，並作「冬冰可折，夏木可結」。《書鈔》卷 154、《初學記》卷 3、《文選·雜詩》李善注、《御覽》卷 27 並引《文子》：「冬冰可折，夏條可結。」《文選·從軍行》李善注引《文子》：「夏條可結。」

〔註136〕《御覽》卷 21 引同。
〔註137〕王念孫《墨子雜志》，收入《讀書雜志》，中國書店 1985 年版。
〔註138〕並轉引自郭沫若《管子集校》，收入《郭沫若全集·歷史編》卷 8，人民出版社 1984 年版，第 182～183 頁。
〔註139〕《事類賦注》據《北京圖書館古籍珍本叢刊》第 75 冊，書目文獻出版社 1988 年版，第 510 頁。《四庫全書》本「冰」誤「木」。

皆足證劉氏妄乙之誤。梁·蕭統《答湘東王求文集及詩苑英華書》：「或夏條可結，倦於邑而屬詞；冬雪千里，覿紛霏而興詠。」《劉子·言菀》：「故春角可卷，夏條可結，秋露可凝，冬木（冰）可折。」亦可證「夏條可結」不誤。彭裕商曰：「折，讀爲坼，裂解。結，終結，此謂凋零。」陳廣忠曰：「折，疑通『析』，破裂、消釋；結，停止。」〔註140〕皆未得其指。

（87）木方盛茂，終日采而不知，秋風下霜，一夕而殫

高注：殫，盡也。

按：殫，《呂氏春秋·首時》作「蠃」，《文子·上德》作「零」。高注：「蠃，葉盡也。」《類聚》卷 88 引《呂令》作「零」。零，讀爲霝，落也。馬敍倫曰：「蠃借爲裸。《說文》『裸』爲『蠃』之重文。」陳奇猷曰：「蠃借爲零。」〔註141〕茲從陳說。

（88）病熱而強之餐，救暍而飲之寒……欲救之，反為惡

按：《記纂淵海》卷 58 引「餐」、「寒」上並有作「以」字。《人間篇》：「夫病溫而強之食，病暍而飲之寒。」別本「溫」作「濕」。王念孫謂作「溫」是。《文子·微明》作「夫病濕而強食之熱，病渴而強飲之寒」〔註142〕。于鬯謂「熱」、「溫」當作「濕」，云「蓋病濕則不能食……若作病熱，則世有病熱而能食者，又何必強之餐？強之餐，又何至反惡？爲良醫之所病？此理淺顯，王氏特惑于《道藏》本耳。」王校是，于說非也。《素問·熱論》：「帝曰：『熱病已愈，時有所遺者，何也？』歧伯曰：『諸遺者，熱甚而強食之，故有所遺也。』」許建平已引以爲證〔註143〕，是也。可知病熱者，若強食之，則有後遺症，故「病熱而強之餐」，乃「欲救之，反爲惡」也。《文子》「濕」字當據《人間篇》校作「溫」，「溫」爲熱病的總稱。《文子》之「渴」字

〔註140〕彭裕商《文子校注》，巴蜀書社 2006 年版，第 123 頁。陳廣忠《淮南子斠詮》，黃山書社 2008 年版，第 953 頁。

〔註141〕二說並見陳奇猷《呂氏春秋新校釋》，上海古籍出版社 2002 年版，第 782～783 頁。

〔註142〕《纘義》本「食」作「餐」。

〔註143〕許建平《淮南子補箋》，《中國典籍與文化論叢》第 6 輯，中華書局 2000 年版，第 355 頁。下引同。

亦當據此文校作「暍」〔註144〕。《說文》：「暍，傷暑也。」《六書故》：
「暍，中暑也。」又考《傷寒論・辨痓濕暍脈證》：「太陽中暍者，
身熱疼重而脈微弱，此亦夏月傷冷水，水行皮中所致也。」《巢氏諸
病源候總論》卷6：「譬如暍人，心下更寒，以冷救之，愈劇者，氣
結成冰。得熱熨飲，則冰銷氣通，暍人乃解。」又卷23：「夫熱暍不
可得冷，得冷便死，此謂外卒以冷觸其熱，蘊積於內，不得宣發故
也。」《備急千金要方》卷75載「治熱暍方」11則，皆以熱物治之。
是中暍者乃夏月傷冷水所致，救之而飲之寒，則更加重矣，救暍當
以熱熨飲。故「救暍而飲之寒」，亦「欲救之，反為惡」也。許建平
謂「暍」即指熱病，引吳昆《內經素問注》說以當之，非也。

（89）救經而引其索，拯溺而授之石

按：《鄧子・無厚篇》：「譬如拯溺錘之以石，救火投之以薪。」《荀子・
仲尼》：「是猶伏而咶天，救經而引其足也。」〔註145〕《呂氏春秋・
勸學》：「是拯溺而硾之以石也，是救病而飲之以堇也。」皆為此文
所本。

（90）伏苓掘，兔絲死

按：伏苓掘，《意林》卷2、《類聚》卷81引作「茯苓抽」，《御覽》卷
993引作「伏苓抽」。「掘」為「抽」形誤。《證類本草》卷6：「茯
苓抽，則菟絲死。」所見亦作「抽」字。《爾雅翼》卷2引同今本，
則誤自宋代也。兔絲下不著地，附於伏苓之上，故抽去伏苓，兔絲
則死矣。

（91）粟得水濕而熱，甑得火而液，水中有火，火中有水

按：《御覽》卷757引作「粟得濕而燠，甑得火而液」，有注：「燠，音罕。」
又卷840引作「粟得水而熱，甑得火而液」。呂傳元、張雙棣、何寧
謂「濕」字衍，是也。《記纂淵海》卷1引作「粟得水濕而熱，甑得
火燥而液」，蓋所見本已衍「濕」，因臆補「燥」字以就之。朱本則

〔註144〕參見王利器《文子疏義》，中華書局2000年版，第331頁。
〔註145〕《荀子・彊國篇》同。

「火」下補「蒸」字以就之，亦非；鄭良樹從之，斯未得也。《御覽》卷 869 引「甑得火而液」，同今本。

（92）無餌之釣，不可以得魚

按：無餌之釣，《御覽》卷 834 引同，又卷 474、914 引作「無餌之鉤」；《廣韻》引作「無鐖之鉤」，釋之云：「鐖，鉤逆鋩。」《集韻》、《附釋文互註禮部韻略》、《增修互註禮部韻略》、《增修校正押韻釋疑》、《類篇》、《六書故》、《五音集韻》、《韻府群玉》引並同，蓋皆承襲《廣韻》也。作「餌」，則「釣」字是；作「鐖」，則「鉤」字是。何寧引《說山篇》「故魚不可以無餌釣也」，謂是許、高之異。《文子・上德》亦云「魚不可以無餌釣」。《文選・贈何劭王濟》：「臨川靡芳餌，何為守空坻？」亦足參證。作「餌」為高本，作「鐖」為許本。《玉篇》：「鐖，鉤逆鋩。」《玉篇》釋義，多取許說。劉台拱謂今本為後人妄改，非也。于大成謂「釣即鉤字，不煩改字」，不知許、高之異也而強合之也。《鹽鐵論・詔聖》：「夫少目之罔，不可以得魚。」此又一說。

（93）遇士無禮，不可以得賢

按：遇，《御覽》卷 834 引作「愚」，借字。

（94）兔絲無根而生，蛇無足而行，魚無耳而聽，蟬無口而鳴，有然之者也

高注：然，如是也。

按：有然之者也，蜀《藏》本作「自然之者也」，景宋本《御覽》卷 944 引同，《四庫》本引作「自然者也」，《埤雅》卷 18 引作「皆自然者也」，《詩緝》卷 23 引作「皆自然也」。「有」當作「自」，字之誤也。「之」字衍。《大戴禮記・易本命》：「食土者無心而不息。」盧辯注：「蚯蚓之屬，不氣息也。若魚無耳而聽，蟋蟀無口而鳴，皆自然之性也。」亦足參證。劉文典所見鮑本《御覽》誤作「自然之音也」，王叔岷、何寧謂「自然之音」義不可通，「自」字「音」字皆為形譌，失之。馬宗霍謂「然」作「然其所然」解，亦未得。《道德指歸論》卷 2：「或無根而生，或無足而走，或無耳而聽，或無口而鳴。」《抱

朴子外篇・博喻》：「翠虯無翅而天飛，螣蛇無足而電騖，鱉無耳而善聞，蚓無口而揚聲。」皆本之此文。

（95）狂馬不〔自〕觸〔於〕木，猘狗不自投於河，雖聾蟲而不自陷，又況人乎

高注：聾，無知也。

按：聾蟲，即「馬」。《修務篇》：「馬，聾蟲也，而可以通氣志。」高注：「〔聾〕蟲，喻無知也。」〔註146〕

（96）質的張而弓矢集，林木茂而斧斤入

按：《荀子・勸學》：「是故質的張而弓矢至焉，林木茂而斧斤至焉。」《大戴禮記・勸學》：「是故正鵠張而弓矢至焉，林木茂而斧斤至焉。」于大成、許建平指出二文爲此文所本。楊倞注：「所謂召禍也。質，射侯。的，正鵠也。」《文子・上德》「弓矢」作「矢射」。

（97）待利而後拯溺人，亦必以利溺人矣

高注：利溺人者，利人之溺，得其利也。

按：《文子・上德》《纘義》本作「夫待利而登溺者，必將以利溺人矣」，明刊本「人」作「之」字。登，讀爲撜。《易・艮》：「不拯其隨。」漢帛書本「拯」作「登」。「撜」同「抍」，「拯」爲俗字。已詳《齊俗篇》「子路撜溺」條校補。

（98）舟能沉能浮，愚者不足加（加足）

高注：舟船能載浮物，愚者不敢加足，畏其沉。

按：《文子・上德》作「舟能浮能沈，愚者不知足焉」，舊註：「舟因水而浮，亦能溺之；人因利而生，亦能溺之。唯審止足之分，庶免沈溺之禍。」此文「加」爲「知」字形誤，又倒作「足加」。高注云云，是高氏所見本已誤。孫志祖解爲「舟但能浮，故人乘之，使亦能沉，雖愚者亦不登矣」，陶鴻慶謂「能浮」上當有「不」字，楊樹達解爲「此謂舟不堅者，雖愚者亦不敢乘之也」，蔣禮鴻解爲「托足」〔註147〕，

〔註146〕《御覽》卷896、《事類賦注》卷21引注作「聾蟲，無知也」，故據補「聾」字。

〔註147〕蔣禮鴻《續〈淮南子校記〉》，收入《蔣禮鴻集》卷3，浙江教育出版社2001

何寧申孫說，皆未得。

（99）騏驥驅之不進，引之不止，人君不以取道里

按：取道里，《文子·上德》作「求道理」。里、理，正、借字。求，亦取也。道里，道路、路途。

（100）刺我行者，欲與我交；訾我貨者，欲與我市

高注：刺，猶非。訾，毀也。

按：《文子·上德》作「刺我行者，欲我交；呰我貨者，欲我市」，《纘義》：「苦語利行，苦藥利病。刺我行者欲我交，君子循義也；呰我貨者欲我市，小人狥利也。」可以發明此義。呰、訾，正、借字。《高士傳》卷中：「益我貨者損我神；生我名者殺我身。」與此文正反為義。《劾言》卷下：「薄我貨者，欲與我市者也；訾我行者，欲與我友者也。」即本此文。

（101）駿馬以柳死，直士以正窮

按：柳，各本作「抑」，是。抑，壓抑，謂不遇也。何寧謂字當作「柳」，訓馬柱，非也。

（102）赤肉懸則烏鵲集，鷹隼鷙則眾鳥散

按：《呂氏春秋·貴當》：「窺赤肉而烏鵲聚，貍處堂而眾鼠散。」為此文所本。王念孫校「鳥」為「烏」，許維遹、陳奇猷並從之〔註148〕，王利器正引此文以證之〔註149〕。

（103）食其食者不毀其器，食其實者不折其枝

按：此為當時諺語。上博楚簡《弟子問》：「子曰：『刺（列）乎其下，不斬（折）其朸（枝）；食其實〔者不毀其器〕。』」〔註150〕郭店楚簡《語叢四》：「利木會（陰）者不折其檄（枝），利其渚者不賽（塞）

年版，第 374 頁。

〔註148〕並見陳奇猷《呂氏春秋新校釋》，上海古籍出版社 2002 年版，第 1640 頁。
〔註149〕王利器《呂氏春秋注疏》，巴蜀書社 2002 年版，第 2936 頁。
〔註150〕上博楚簡《弟子問》，收入馬承源主編《上海博物館藏戰國楚竹書（五）》，上海古籍出版社 2005 年版，第 281 頁。

其溪。」〔註151〕《韓詩外傳》卷 2：「田饒曰：『臣聞食其食者不毀其器，陰其樹者不折其枝。』」〔註152〕《吳越春秋·越王無余外傳》：「吾聞食其實者不傷其枝，飲其水者不濁其流。」

（104）農夫勞而君子養焉，愚者言而智者擇焉

按：楊樹達已指出《漢書·嚴助傳》亦有此二語，又指出語本《戰國策·趙策二》「農夫勞而君子養焉，政之經也；愚者陳意而知者論焉，教之道也」。《文子·上德》亦有此二語，《意林》卷 1 引「養」作「食」。《貞觀政要》卷 10 引此二語，有注：「養，當作食，出《文子》。」是唐人所見《文子》有作「食」字之版本也。

（105）捨茂林而集於枯，不弋鵠而弋烏，難與有圖

按：《國語·晉語二》：「人皆集於苑，已獨集於枯。」為此文所本。韋昭注：「集，止也。苑，茂木貌。」林，景宋本作「木」，《御覽》卷 952、《記纂淵海》卷 42、57 引亦作「木」，與韋注合。「弋」同「隿」，《說文》：「隿，繳射飛鳥也。」《玉篇》：「隿，今作弋。」

（106）見之明白，處之如玉石；見之闇晦，必留其謀

高注：玉之與石，言可別也。闇晦，不明。留猶思謀也。

按：闇晦，《文子·上德》作「黯黮」。張雙棣謂留訓盡，注「留猶思謀」當作「留其思謀」，可從。《人間篇》：「是故聖人者，常從事於無形之外，而不留思盡慮於成事之內。」留、盡同義對舉。此文「必」當作「不」，《文子》亦誤。「不留其謀」即「不留思盡慮」也。後人蓋誤以「留」為「留存」、「保留」，故改「不」作「必」。彭裕商解「留」為遲疑〔註153〕，亦非也。

（107）不能耕而欲黍梁（梁），不能織而喜采裳，無事而求其功，難矣

〔註151〕郭店楚簡《語叢四》，收入《郭店楚墓竹簡》，文物出版社 1998 年版，第 217 頁。
〔註152〕《治要》卷 8、《御覽》卷 204、《記纂淵海》卷 72 引「陰」作「蔭」，《新序·雜事五》同。
〔註153〕彭裕商《文子校注》，巴蜀書社 2006 年版，第 120 頁。

按：喜采裳，鮑本《御覽》卷 842 引作「意衣裳」，景宋本《御覽》引作「憙衣裳」。何寧據《御覽》校作「喜衣裳」。按《齊民要術‧耕田》、《分門瑣碎錄‧農桑》引作「喜縫裳」。無事，《齊民要術》引作「無其事」，此文當據補「其」字，《御覽》引已脫。

（108）有榮華者必有憔悴，有羅紈者必有麻蒯

按：憔悴，《文子‧上德》作「愁悴」。蒯，《文子》作「繢」，舊註：「繢，浮沸反。」《左傳‧成公九年》：「雖有絲麻，無棄菅蒯；雖有姬姜，無棄蕉萃。」王利器引以為證〔註 154〕，是也。惠棟曰：「蕉萃，猶憔悴也。」〔註 155〕《後漢書‧應劭傳》、《劉子‧適才》、《晉書‧刑法志》、《詩‧東門之池》孔疏引「蕉萃」正作「憔悴」，《文選‧為范尚書讓吏部封侯第一表》、《王文憲集序》、《西都賦》凡三引，亦作「憔悴」；《史記‧呂后本紀》《索隱》引作「顦悴」，亦同。「愁悴」亦即「憔悴」，朱起鳳曰：「愁、憔音之轉。」〔註 156〕《說文》以「顦顇」為正字。李定生、徐慧君曰：「愁悴，憂愁憔悴。」〔註 157〕未能求之音，望文生義也。《玉篇》：「蕆，苦怪切，草，中為索。《左氏傳》云：『無菅蕆。』蒯，同上。」「繢」字字書未見，舊註繢音浮沸反，則字當為「紼」之俗字。《書‧大禹謨》、《伊訓》、《太甲下》，《釋文》「咈」字注音凡 3 見，《史記‧李斯傳》《索隱》、《後漢書‧桓譚傳》李賢注「拂」，《文選‧魯靈光殿賦》李善注「粜」，又《長笛賦》李善注「佛」，並音扶弗反；《五音集韻》「狒」音扶沸切；《通鑑》「費」字，胡三省音註凡 18 見，並音扶沸翻；《禮記‧中庸》《釋文》：「費，本又作拂，同。扶弗反。」音並與「浮沸反」同。《廣韻》：「紼，分物切。」音亦同。李定生、徐慧君曰：「繢，疑為『紼』，大麻索；或為『繢』，布帛的頭尾。」〔註 158〕前說是。彭裕商徑刪去「繢」字〔註 159〕，甚不足取。

〔註 154〕 王利器《文子疏義》，中華書局 2000 年版，第 292 頁。
〔註 155〕 惠棟《春秋左傳補註》卷 3，收入《叢書集成新編》第 109 冊，新文豐出版公司 1985 年版，第 309 頁。
〔註 156〕 朱起鳳《辭通》，上海古籍出版社 1982 年版，第 1703 頁。
〔註 157〕 李定生、徐慧君《文子校釋》，上海古籍出版社 2004 年版，第 251 頁。
〔註 158〕 李定生、徐慧君《文子校釋》，上海古籍出版社 2004 年版，第 251 頁。
〔註 159〕 彭裕商《文子校注》，巴蜀書社 2006 年版，第 125 頁。

（109）水雖平，必有波；衡雖正，必有差；尺寸雖齊，必有詭

　　高注：詭，不同也。

　　按：《韓子・八說》：「先聖有言曰：『規有摩而水有波。』」〔註160〕爲此
　　　文所本。詭，《文子・上德》作「危」。朱駿聲謂「詭」借爲觤，〔註
　　　161〕《說文》：「觤，羊角不齊也。」「危」亦借字。《劉子・從化》：
　　　「故權衡雖正，不能無毫釐之差；鈞石雖平，不能無抄撮之較。」
　　　即本此文。

（110）兕虎在於後，隨侯之珠在於前，弗及掇者，先避患而後就
　　　利

　　按：《金樓子・立言篇下》：「兕虎在後，隋珠在前，弗及掇珠，先避後患。」
　　　即本此文。

（111）逐鹿者不顧兔，決千金之貨者不爭銖兩之價

　　高注：言在大不顧小。

　　按：楊樹達指出《漢書・外戚傳》「逐麋之狗，當顧菟邪」語意同，是也。
　　　顏師古：「言所求者大，不顧小也。」與高注正同。此蓋爲當時諺語。
　　　《御覽》卷906、《記纂淵海》卷98引此文作「逐麋者不顧雉兔」。
　　　何寧曰：「麋字是也，雉字衍文。」考《抱朴子外篇・安貧》：「不識
　　　逐麋者不顧兔，道遠者其到遲也。」本於此文，亦作「麋」字。麋
　　　爲鹿屬，「鹿」字未必誤也。

（112）陶人棄索，車人掇之；屠者棄銷，而鍛者拾之

　　按：銷，讀爲削，屠刀也。楊樹達、馬宗霍謂「銷」訓生鐵，《漢語大字
　　　典》說同〔註162〕，當即本楊說。其說非也。屠者所棄，是其屠刀耳，
　　　何涉於生鐵？另詳《齊俗篇》「刨劂銷鋸」條校補。古代陶人用繩子
　　　製作陶器上的繩紋，以增強陶泥的粘結性。

〔註160〕《荀子・正論》：「是規磨之說也。」楊注：「規磨之說，猶差錯之說也。規者，
　　　　正圓之器。磨久則偏盡而不圓，失於度程也。」
〔註161〕朱駿聲《說文通訓定聲》，武漢市古籍書店1983年版，第523頁。
〔註162〕《漢語大字典》（縮印本），湖北辭書出版社、四川辭書出版社1992年版，第
　　　　1750頁。

（113）百星之明，不如一月之光；十牖畢開，不若一戶之明

　　按：畢，《文子·上德》、《御覽》卷184引同，《意林》卷2引誤作「之」。

（114）太山之高，背而弗見；秋毫之末，視之可察

　　按：背，《文子·上德》作「倍」，借字。《弘明集》卷1漢·牟融《理惑論》：「毫毛雖小，視之可察；泰山之大，背之不見。」即本此文。

（115）山生金，反自刻；木生蠹，反自食；人生事，反自賊

　　按：刻，一本作「剝」。《說苑·辨物》：「夫肉自生蟲，而還自食也；木自生蠹，而還自刻也；人自興妖，而還自賊也。」于大成指出與此文義同。按《文子·符言》：「山生金，石生玉，反相剝；木生蟲，還自食；人生事，還自賊。」《劉子·防慾》：「身之有慾，如樹之有蠍。樹抱蠍則還自鑿，身抱慾而返自害。」

（116）巧冶不能鑄木，工匠不能斷金者，形性然也

　　按：《齊俗篇》：「故剞劂銷鋸陳，非良工不能以制木；鑪橐埵坊設，非巧冶不能以治金。」《泰族篇》：「故良匠不能斷金，巧冶不能鑠木，金之勢不可斷，而木之性不可鑠也。」〔註163〕並可互證。楊樹達指出語本《書鈔》卷99引《公孫尼子》「良匠不能斷冰，良冶不能鑄木」。《文子·上德》：「巧冶不能消木，良匠不能斷冰。」〔註164〕王叔岷謂「工與巧同義」，是也。《廣雅》：「工，巧也。」「工匠」即巧匠，與「良匠」、「良工」同義（「良工」之「工」爲名詞，即「匠」）。孫詒讓、何寧校「工」爲「巧」，非也。「斷冰」疑即鑿冰、折冰，另詳上文。楊樹達則謂「斷冰」無義，當作「斷金」。

（117）故蹞步不休，跛鼈千里；累積不輟，可成丘阜

　　按：于大成指出語本《荀子·修身》「故蹞步不休，跛鼈千里；累土不輟，丘山崇成」。按《文子·上德》：「蹞步不休，跛鼈千里；累土不止，丘山從成。」《玉篇》：「蹞，舉一足。蹞，同上。」楊倞註：「蹞

〔註163〕《御覽》卷952引「斷」誤作「斷」。
〔註164〕《意林》卷1、《白帖》卷3引「消」作「銷」，《白帖》卷3、《古今事文類聚》前集卷5引「斷」作「琢」。《記纂淵海》卷2引作《文中子》，「斷」作「琢」。

與跬同。」《治要》卷 38、《意林》卷 1、《類聚》卷 96、《御覽》卷 932、《埤雅》卷 2、《記纂淵海》卷 60、66、99 引「蹞」正作「跬」。梁啓雄曰：「崇，借爲終。」〔註 165〕「從」亦讀爲終。《文子》舊註：「凡爲學者，非貴疾於初心所美，久於其道，則千里可至，丘山必成也。」必、終義相會，舊注得之。王天海曰：「崇，聚也。梁說非也。」所謂以不狂爲狂也。彭裕商曰：「躠讀爲蹩。蹩，《說文》云：『踶也。一曰跛也。』《莊子·馬蹄》：『及至聖人，蹩躠爲仁，踶跂爲義，而天下始疑矣。』『蹩躠』是形容跛者走路吃力的樣子。則此『跋躠』亦當與《莊子》同，爲先秦古語。從，因此。」〔註 166〕彭氏不知「蹩躠」之語源〔註 167〕，漫以先秦古語說之，又不檢《荀子》，其說庸有當乎？何寧謂「積」當作「壇」，借爲「出」，可參。

（118）楊子見逵路而哭之，爲其可以南，可以北

高注：道九達曰逵。憫其別也。

按：《呂氏春秋·疑似》：「故墨子見岐道而哭之。」高注：「爲其可以南，可以北。言乖別也。」爲此文所本。《呂氏》有脫字，又誤正文入注語〔註 168〕。逵，《文選·贈劉琨》、《長安有俠邪行》、《感舊詩》、《觀朝雨》李善注凡 4 引並同，《記纂淵海》卷 41 引亦同，《類說》卷 25 引《炙轂子》亦同；《文選·辭隋王牋》、《北山移文》李善注凡 2 引並作「岐」，《白帖》卷 9、《御覽》卷 195、《古今事文類聚》續集卷 3、《蒙求集註》卷上、《韻府群玉》卷 2「悲絲」條引亦作「岐」；《御覽》卷 487 引作「衢」。作「岐」作「衢」，皆以同義改之。何寧謂「疑高作『逵』而許作『岐』也」，其說未然。苟如其說，則作「衢」字又何本乎？《文選·贈劉琨》、《感舊詩》、《北山移文》李善注凡三引高注，並作「閔其別與化也」。《後漢書·馮衍傳》：「楊朱號乎衢路兮，墨子泣乎白絲。」李賢注引此文作「楊子

〔註 165〕梁啓雄《荀子簡釋》，中華書局 1983 年版，第 20 頁。
〔註 166〕彭裕商《文子校注》，巴蜀書社 2006 年版，第 124 頁。
〔註 167〕「蹩躠」同「弊搬」，另詳《俶眞篇》校補。
〔註 168〕參見陳奇猷《呂氏春秋新校釋》，上海古籍出版社 2002 年版，第 1509 頁。

見逵路而哭之，爲其可以南，可以北，傷其本同而末異也。」「傷其本同而末異也」蓋改寫高注之語，非正文。

（119）烏不干防者，雖近弗射；其當道〔者〕，雖遠弗釋

高注：當道，爲作防害者，故曰不釋也。

按：防，讀爲妨。注「防害」即「妨害」。另詳上文。

（120）酤酒而酸，買肉而臭，然酤酒買肉不離屠沽之家，故求物必於近之者

按：故，猶以也〔註169〕。

（121）聖人者，隨時而舉事，因資而立功

按：二語亦見《文子·道原》。《氾論篇》：「隨時而動靜，因資而立功。」《齊俗篇》：「故聖人論世而立法，隨時而舉事。」《兵略篇》：「是故扶義而動，推理而行，掩節而斷割，因資而成功。」《修務篇》：「循理而舉事，因資而立權。」〔註170〕並可互證。皆本於《韓子·喻老》：「隨時以舉事，因資而立功。」

（122）涔則具擢對，旱則修土龍

高注：擢對，貯水器也。土龍，致雨物也。

按：「擢對」他書無徵。于省吾曰：「擢對乃銚銳之借字。朱駿聲以對爲舉字之誤，失之。《方言》五：『盌謂之盂，或謂之銚銳。』」考《主術篇》：「時有涔旱災害之患。」高注：「涔，久而水潦也。」此篇上文「宮池涔則溢，旱則涸。」高注：「涔，多水也。」雨水多而具貯水之物，焉能濟事？高注、于說並非也。蔣禮鴻曰：「擢對當作擢枻。枻、對形近而誤。枻，本亦作栧……濯、擢皆與櫂同。具櫂枻者，即具舟楫耳。」蔣說有理，然以「對」爲「枻」誤，則缺證據。竊謂「對」爲「轛」省借，《說文》：「轛，車橫軨也。」是車上一部件，用以借代車。字或作樹，《集韻》：「轛、樹：一曰車，或從木。」「擢」同「濯」、「櫂」，船槳，是船上之一部件，用以借

〔註169〕訓見裴學海《古書虛字集釋》，中華書局1954年版，第314頁。

〔註170〕《文子·自然》「立權」作「立功」。

代船。此皆以部分借代整體之例也。擢轖，猶言舟車。多雨則具舟車，以備遷移也。許匡一曰：「『擢對』乃『堤（隄）』的分音形式……謂連雨之時則修好堤防以防洪水。」〔註171〕亦為臆測，無有確證。

（123）臨菑之女，織絍而思，行者為之悖戾

高注：悖，巉惡也。

按：何寧以「行者」二字屬下為句，是。張雙棣、陳廣忠以「行者」二字屬上，非也。「悖」無「巉惡」之訓。悖戾，乖張、昏亂。已詳《地形篇》校補。言織女憂思，行人為之痴迷也。「行者為之悖戾」與下文「繪為之纂繹」同一句例。高注云「巉惡」，則屬之織絍而言，陶鴻慶因移「絍」於「為之悖戾」上，非也。

（124）室有美容，繪為之纂繹

高注：不密緻，志有感故。纂讀日淩繹纂之纂。

按：《慧琳音義》卷 10 引《考聲》：「纂，集。」又引《桂苑珠叢》：「纂，聚也。」又卷 39 引《國語》賈逵注：「纂，集也。」本字為儧，《說文》：「儧，最也。」《廣韻》：「儧，聚也。」字或作攢，不煩舉證，今俗猶用之。《說文》：「繹，抽絲也。」纂繹，言聚而抽絲，故高曰「不密緻」也。注「淩繹纂」未詳所出。感，感傷，與上文「思」同義。何寧改「感」為「惑」，非是。

（125）故侮人之鬼者，過社而搖其枝

高注：侮，猶病也。

按：侮，當作「痗」，字或作痗。《爾雅》：「痗，病也。」《詩·十月之交》：「悠悠我里，亦孔之痗。」傳：「痗，病也。」《釋文》：「痗，莫背反，又音悔。本又作悔。」《漢語大字典》解為「戲弄」〔註172〕，非也。

（126）晉陽處父伐楚以救江

按：《春秋·文公三年》：「晉陽處父帥師伐楚以救江。」

〔註171〕許匡一《〈淮南子〉分音詞試釋》，《武漢教育學院學報》1996 年第 4 期，第37 頁。

〔註172〕《漢語大字典》（縮印本），湖北辭書出版社、四川辭書出版社 1992 年版，第69 頁。

（127）木大者根欋，山高者基扶

按：（a）欋，《山海經·海內經》「建木……有九欘，下有九枸」郭璞注引此文作「欋」〔註173〕，云：「音劬」；《文子·上德》作「瞿」。郝懿行曰：「欋、枸音同。」〔註174〕楊樹達曰：「根欋謂其根四布也……衢、欋、欋義並同。」徐復曰：「欋，木根盤錯……又欋通作枸。」〔註175〕諸說並是也，「瞿」亦同「欋」，字或作拘、駒、據、劇〔註176〕，皆交錯盤曲之義。楊愼曰：「枸之為言曲也。《楚辭》：『麋蕪九衢之草。』字一作瞿……又作欋，《淮南子》：『木大則根欋。』」〔註177〕楊氏訓曲，非也。何寧曰：「欋乃攫字之譌，又誤為欋。攫、捲、拳通用。」大誤。（b）扶，《文子》同，何寧曰：「扶通枎。《說文》：『枎疏，四布也。』」字亦作蟠，錢大昕曰：「古讀扶如酺，轉為蟠音。《漢書·天文志》：『奢為扶。』鄭氏云：『扶，當為蟠，齊魯之間聲如酺，酺、扶聲近。蟠，止不行也。』《史記·五帝本紀》：『東至〔於〕蟠木。』《呂氏春秋》：『東至扶木。』……古音扶如蟠，故又作『蟠木』。」〔註178〕蟠，盤聚也，安止不行也，與「欋」義近。字亦作盤、磐，《六韜·豹韜·烏雲山兵》：「遇高山盤石。」《文選·苦寒行》：「俯入穹谷底，仰陟高山盤。」李善注引王弼《周易》注曰：「盤，山石之安也。」今本《易·漸》作「磐」。

（128）尾生之信，不如隨牛之誕

高注：尾生効信於婦人，信之失。隨牛弘高矯君命為誕，雖然，以存國，

〔註173〕《記纂淵海》卷1引「枸」作「衢」。

〔註174〕郝懿行《山海經箋疏》卷18，中國書店1991年版，第4頁。

〔註175〕徐復《淮南子臆解》，收入《徐復語言文字學晚稿》，江蘇教育出版社2007年版，第265頁。

〔註176〕另參見蕭旭《敦煌寫本〈莊子〉校補》「若撅株拘」條校補，收入《群書校補》，廣陵書社2011年版，第1229～1230頁。

〔註177〕楊愼《丹鉛總錄》卷4，收入景印文淵閣《四庫全書》第855冊，臺灣商務印書館1986年初版，第375頁。

〔註178〕錢大昕《十駕齋養新錄》卷5「古無輕脣音」條，收入《嘉定錢大昕全集（七）》，江蘇古籍出版社1997年版，第126頁。錢引《史記》脫「於」字，徑補。所引《呂氏春秋》見《為欲篇》。

故不如隨牛之誕。

    按：隨牛，俞樾改爲「隨生」，已爲楊樹達、于省吾所駁，二氏謂當「闕
        疑待考」，愼也；陳直改爲「隨朱（珠）」〔註179〕，陳說之非，何寧
        已駁之。于大成曰：「『隨牛』當爲『犕牛』，字之誤也。」何寧曰：
        「『隨牛』非人名，弘高將西販牛，故曰隨牛耳。隨牛即跟牛，猶今
        押車者謂之跟車。此以所從業相代，取『隨牛』與『尾生』字義相
        對，尾猶隨也。」今按「隨牛」疑用典。《易·繫辭下》：「服牛乘馬，
        引重致遠，以利天下，蓋取諸隨。」故以「隨牛」代稱弘高也。

〔註179〕陳直《讀子日札·淮南子》，收入《摹盧叢著七種》，齊魯書社 1981 年版，第
        111 頁。